투자의 배신

월가의 전설 켄 피셔가 폭로하는 주식시장의 거짓말

투자의 배신

Debunkery

켄 피셔 · 라라 호프만스 지음
이진원 옮김

길벗

감사의 글

나는 자본시장과 씨름하는 일에 종사하면서 가장 좋아하는 취미인 글쓰기와 삼나무 가꾸기도 열심히 즐기며 살아왔다. 그리고 퇴근하거나 주말이면 타자기 앞에 앉아 뭔가 치는 걸 좋아한다. 이제는 타자기라기보다는 컴퓨터라고 하는 게 맞겠다. 타자기가 컴퓨터로 대체된 지 이미 오래됐으니.

《투자의 배신》은 내 일곱 번째 책이다. 집필 과정은 즐거웠고, '쉽게' 썼다! 이 책의 편집자는 이런 말을 들으면 좋아하지 않을 것이다. 내가 열심히 안 쓰고 대충 '쉽게' 썼으니 책에서 얻을 게 별로 없을 수 있다는 오해를 살 수 있기 때문이다. 하지만 전혀 그렇지 않다! 독자 여러분에게 이 책은 큰 도움이 될 것이다. '쉽다'는 건 건성으로 썼다는 뜻이 아니라 내가 정말로 소중하게 생각하는 교훈이라서 술술 정리할 수 있었고, 여러분도 이해하기 쉬울 거란 의미다.

이 책에 담긴 교훈들 대다수는 다른 방법과 형식과 경로로 예전부터 정리해놓은 것들이다. 과거 출간된 책에 실려 공개된 내용도 일부 있지만 대부분은 내 회사를 위해 도움이 되는 교훈들을 정리한 것들이다. 글로 적지는 않았으나 고객 세미나나 언론 인터뷰 등에서 여러 번 고객들에게 강조했던 교훈도 있다. 그밖에 다른 사람들도 나처럼 부단히 고민하거나 적용해보면 좋을 것 같다는 생각에 새롭게 포함한 주식 투자에 꼭 필요한 교훈들도 있다.

2010년은 투자와 관련된 통념과 신화가 틀렸다는 걸 드러내기에 특히 좋은 시기였다. 투자자들은 2008년의 끔찍한 약세장을 생생히 기억하고 있다. 약세장은 극단적인 강세장과 마찬가지로 사람들의 머리를 혼란스럽게 만든다. 약세장을 보고 있으면 감정적으로 괴로워지고, 사람들은 단기적인 고통을 줄이려고 애쓰다가 굳게 지키려던 투자 전략을 수정하기도 한다. 당장은 기분이 나아질지 몰라도 장기적으로는 부적절할 수 있는 잘못된 전략이 절대다수다. 아이러니하게도 그렇게 바꾼 전략 탓에 사람들은 결국 지금 느끼는 고통보다 훨씬 더 심각한 고통을 느낄 수 있지만, 이미 돌이키지 못할 만큼 너무 많이 와버렸을 것이다.

혹은 정확하지 않은 '어림짐작'이나 '모두 이미 알고 있는' 방법들을 따름으로써 사람들은 집단적인 행동이 주는 안전함과 편안함을 추구한다. 이런 유혹에 빠질 때 여러분은 이 책에서 보게 될 징글징글할 정도로 오래가는 문제에 빠질 수 있다. 그래서 나는 투자자들의 장기적 투자 성과를 빼앗아가는 잘못된 통념과 신화에 논리적으로 반박하고 검증하는 책이 지금 특히 필요하다고 판단했다.

앞서 말한대로 이 책을 쓰기는 '쉬웠지만' 결코 '가볍게 보고 넘길' 책은 아니라는 걸 재차 강조하고 싶다. 다행히 나는 엄청난 사람들의 도움을 받는 행운을 누렸다. 명석한 인재들이 데이터를 추적하고, 사실을 검증하고, 사실관계를 확인하며 집필 부담을 덜어주는 혜택을 누린 나 같은 저자들은 많지 않을 것이다. 라라 호프만스는 하던 일을 중단하고 나를 도와 우리 회사 웹사이트인 마켓마인더MarketMinder.com에 들어갈 내용을 써줬다. 또 존와일리앤선즈John Wiley&Sons의 임프린트인 피셔인베스트먼트프레스Fisher Investments Press의 문제를 처리해주는 한편, 각 장의 초안과 구성을 확인해주고, 내용의 신뢰성과 사실관계를 확인하기 위해 연구진들을 닦달하는 역할을 대신함으로써 큰 도움을 주었다. 덕분에 나는 재미있는 부분인 '글쓰기'에만 매진하면 됐다.

그리고 곧 명백해지겠지만 이 책에는 온갖 데이터와 분석 자료가 포함되어 있다. 이 점에 있어 이렇게 똑똑한 사람을 두 번 다시 만나기 힘들 거란 생각이 들 만큼 정말 똑똑한 앤드루 토이펠이 이끄는 우리 회사의 지칠 줄 모르는 연구팀과 두려움을 모르는 상사인 빌 글레이저와 마이크 핸슨에게 감사를 표한다. 그리고 오스틴 프레이저, 아카시 파텔, 찰스 티스, 재러드 크리즈 등도 이 책에 들어간 분석에 도움을 줬다.

이 책에는 거의 모든 장에 하나 이상의 그래프가 들어가 있을 만큼 많은 그래프가 나온다. 그래프와 관련된 모든 데이터를 가져와 확인한 다음 차트 형식으로 만든 뒤 다시 데이터를 확인하며 수정했다. 꼼꼼함과 집중과 시간과 인내심이 요구되는 작업이었다. 이 힘든 일을 우리 회사 연구분석 · 생산팀 팀장 매트 슈레이더와 애널리스트인 제시카 울프가 함께 담당했다. 제시카는 힘들고 지루한 그래프 작업 전반을 책임졌다. 꼼꼼하기로 둘째가라면 서러운 사람이며 작업 내내 훌륭한 태도를 보여줬던 제시카에게 진심으로 감사한다. 또한 브래드 로톨로, 제이슨 벨스키, 앤드루 베이츠, 스콧 보터먼, 린지 스코팔, 톰 홈즈, 칼 원스톨렌도 큰 도움을 줬다.

모든 그래프가 데이터를 토대로 만들어진 것은 아니다. 일부는 사내 그래픽 디자이너인 레일라 아미리가 그린 가상의 그래프다. 레일라는 이 책의 표지도 만들었다. 그녀는 전반적으로 추상적인 개념에 창의적인 의견을 덧붙이는 데 탁월하다. 우리 회사 브랜딩을 담당하고 있는 몰리 리에넥은 이 책뿐만 아니라 내가 예전에 냈던 몇 권과 피셔인베스트먼트프레스에서 낸 책들의 표지 디자인 구상에 참여했다. 그녀는 뛰어난 안목을 가지고 있으며 내가 아는 그 누구보다도 소비자 경험을 잘 이해하고 있다. 우리 회사의 최고혁신책임자[CIO]인 마크 하버만과 견줄 만한 수준이다. 내가 아는 한 혁신 전담 부서가 있는 투자 회사는 드물다. 적어도 우리만큼 깊이 있고 확실하게 혁신에 몰두하는 회사는 결단코 없다. 마크는 제목과 책 개념을 논의할 때 중요한 역할을 했다. 그리고 우리의 웹 전문가인 팹 오나니와 마케팅 책임자인 토미 로메로가 이 책이 주목을 받을 수 있도록 도왔다. 이전 책이 잘 팔려야 다음 책이 나올 수 있는 법이다.

라라가 책 쓰는 일을 돕는 동안 아론 앤더슨, 엘리자베스 아나탄, 제이슨 도리에, 캐롤라인 펭, 토드 블리먼이 고객을 상대로 한 콘텐츠 작성에 도움을 줬다. 원고의 사실 확인, 인용, 교열 작업 백업은 에블린 채가 맡아줬다. 채는 바보 같은 오타를 잡아내는 데 최고의 인재다. 이 책에 대한 법적 검토는 프레드 해링, 니콜 제라드, 톰 피셸이 해줬다. 그들은 책 편집과 관련해서도 좋은 의견을 줬다.

항상 그렇듯이 내 에이전트인 제프 허먼에게도 감사한다. 그리고 와일리에서 낸 첫 세 권이자 나의 네 번째, 다섯 번째, 여섯 번째 책인 《3개의 질문으로 주식시장을 이기다》(2006), 《억만장자가 되는 9가지 길》(2008), 《금융사기》(2009)를 낼 수 있게 이끌어준 데이비드 푸 등 존와일리앤선즈의 직원들에게도 감사한다. 이 책들은 모두 〈뉴욕타임스〉, 〈월스트리트저널〉, 〈비즈니스위크〉, 〈USA 투데이〉를 비롯한 다양한 언론사의 베스트셀러 명단에 올랐다. 모두 데이비드와 와일리 팀이 훌륭히 일해준 덕분이다. 데이비드의 후임인 로라 월시와 함께 일하는 것도 즐거웠다. 내가 하고 싶은 말을 마음껏 할 수 있게 해준 켈리 오코너와 아드리아나 존슨, 와일리의 편집인인 조앤 오닐에게도 감사드린다.

우리 회사의 선임 매니저인 앤드루 토이펠, 스티브 트리플릿, 다미안 오나니에게도 감사한다. 함께 일하기 즐거운 총명하고 부지런한 세 젊은이(모두 나보다 어리므로 앞으로도 항상 그들을 '젊은이'로 부를 것이다)들은 엄청난 노력으로 회사의 성공에 기여했다. 우리 회사가 성공하지 못했다면 사람들은 내 책을 읽고 싶어하지 않았을 것이다. 또한 자기성찰과 통찰로 우리 회사를 지금처럼 좋은 회사로 키워준 부회장 제프 실크에게도 정말 고맙다는 말을 전한다.

끝으로 나의 아내 셰릴린에게도 감사의 마음을 전한다. 집필하는 동안 그녀와 함께 시간을 보내지 못한 것이 미안하다. 아내가 영원히 숲처럼 있어주면 좋겠다. 이 책의 집필은 신나는 경험이었다. 여러분도 신나게 읽어주길 바란다.

캘리포니아 우드사이드에서
켄 피셔

머리말

시장은 진화한다, 진실이라 믿는 것을 버려라

이 책의 영어 제목인 debunkery, 무슨 뜻일까? debunk는 '생각이나 믿음이 틀렸음을 밝힌다'는 의미의 동사이고 debunkery는 그 명사형이다. 이 단어를 본 내 아내는 자신이 만든 comberation이라는 단어와 마찬가지라고 말했다. 수십 년 전 아내는 '이해할 수 있을 것 같기도 하고 없을 것 같기도 하다'는 뜻으로 comberation이라는 단어를 만들어 부르기 시작했다. '조합'을 뜻하는 combination과 '역겨움'을 뜻하는 abomination을 섞어서 만든 단어란다. 낯선 단어지만 영어권 독자라면 대충 무슨 뜻인지는 짐작할 수 있을 것이다. debunkery도 그런 식으로 이해하면 좋겠다.

이 책에서 우리는 자본시장과 투자와 돈에 대해 이야기할 것이다. 죄다 진지한 주제들이지만 무겁지 않게 다뤄볼 생각이다. 투자 공부를 좀 가볍게 하자는 것이 뭐 나쁜 일인가?

제목으로 사용한 debunkery는 진실을 파헤치거나 아니면 최소한 대부분의 투자자들이 빠지기 쉬운, 흔하지만 널리 퍼져 있으며 해롭기도 한 시장의 거짓과 신화와 오해를 뒤집는다는 뜻이다. 간단히 줄여서 '미신 타파'라고 하겠다.

시장에 퍼진 미신을 타파하는 방법을 논하기에 앞서 이 책이 시장을 이기기 위한 어떤 '방법'에 관한 책이 아니라는 것을 먼저 말해두고 싶다. 시장을 뛰어넘는 수익률을 올리는 공식도 없거니와 구체적인 투자 방법을 알려주는 책도 아니다. 또한 투자 전략을 논하는 진지한 입문서를 원한다면 내가 쓴 다른 책들을 읽어보기 바란다. 이것은 잘못된 통념과 미신을 타파함으로써 실수를 줄이고 성공 투자 확률을 올리는 방법을 알려주는 책이니 말이다.

2006년에 냈던 내 책 《3개의 질문으로 주식시장을 이기다》와 이 책은 유사점이 꽤 있다. 《투자의 배신》은 3개의 질문을 더 구체적이고 다양하게 파헤침으로써 투자와 관련된 통념을 제대로 뒤집는 방법을 알려주는 소개서가 될 것이라 믿는다.

실수를 줄여라, 가급적 최대한!

내 경험상, 성공 투자를 위해 가장 중요한 것은 바로 다수가 반복적으로 저지르는 실수를 피하는 것이다. 이 책에서 집중적으로 다룰 문제다. 사람들은 대부분 투자는 확실한 게임이 아니라는 것을 내면

깊숙이 받아들이지 못한다. 애초에 투자는 확실할 수가 없다. 자본시장은 너무나도 복잡하기 때문이다. 투자는 의학, 공학, 과학과 마찬가지로 '확률 게임'이다. 우리는 의학과 관련해 그렇다는 사실을 받아들인다. 우리는 처방이나 시술의 위험을 알고 있다. 잘못됐을 때 치명적인 결과로 이어지지 않으리라고 보장할 수 없다는 것을 안다. 그런데도 어떤 이유에선지 우리는 투자를 할 때만은 절대적인 결과를 얻기를 원한다. 이런 욕망으로 인해 심각한 실수가 발생하는 것이다.

투자자라면 누구나 실수를 저지른다. 심지어 최고의 투자자도 마찬가지다. 나 역시 실수를 거듭한다. 그것도 엄청난 실수를! 앞으로도 많은 실수를 저지를 것이다. 실수를 안 할 것 같다는 생각은 오산이다. 자신이 실수한 적이 없다고 생각한다면 투자를 많이 해보지 않았거나 착각에 빠진 것이다. 나의 아버지는 "심각한 실수를 저질러보지 않은 직원을 승진시키지 말라. 충분히 많은 일을 해보지 않은 직원을 승진시키는 것과 마찬가지다"라는 말을 했던 미국 최대 화학회사인 다우케미컬Dow Chemical의 설립자인 허버트 H. 다우Herbert H. Dow의 팬이셨다. 다우가 한 말은 투자에도 똑같이 적용된다. 최고의 투자자, 그리고 최장기간 최고였던 투자자도 많은 실수를 저지른다. 어떤 장기 투자자라도 그가 내린 결정이 70퍼센트 이상 옳은 적이 없다. 그 정도 수준으로라도 올라갈 수 있다면 여러분은 살아있는 전설이 될 것이다. 워런 버핏을 역사상 최고의 투자자로 여기는 사람이 많다. 그조차도 몇 가지 유명한 특이한 행동을 했다. 누구도 예외가 아니다. 우리의 목표는 실수를 아예 없애는 게 아니라 장기적으로 틀릴 때보다 맞출 때가 더 많도록 하는 것이다.

압도적 다수의 투자자가 맞출 때보다 틀릴 때가 더 많다. 따라서 시장을 이기는 수익률을 내지 못한다. 틀릴 때보다 맞출 때가 더 많으면 아마추어건 프로건 시장 수익률을 상회하는 소수의 투자자가 될 수 있다. 따라서 실수를 줄이는 게 가장 의미 있고 가치 있는 목표다.

만약 앞으로 실수, 그것도 많은 실수를 저지를 것이라는 사실을 받아들인다면 여러분은 적응력이 개선된 소수의 투자자가 될 것이다. 투자 성적이 좋아지면 여러분의 배우자도 여러분을 더 좋아할 것이다. 실수 확률을 낮추려고 노력한다면 적응력이 더 개선될 뿐만 아니라 향후 더 나은 결과를 얻을 수 있다. 그러면 평범한 투자자들을 훨씬 더 능가하게 된다! 실수 확률만 낮춰도 가능한 일이다. 이런 면에서 이 책에선 심각한 실수로 이어질 수 있는 몇 가지 흔한 오해를 보여주고자 한다. 그런 오해들을 잘 파악하면 잘 피하는 법도 배울 수 있다. 무엇보다도 그런 학습 과정에서 비롯되는 많은 오해와 오류를 이해함으로써 스스로 많은 오해에서 벗어나면서 재미를 느낄 수 있을 것이다.

누구나 실수를 한다, 그것도 많이

사람들은 프로, 전문가, 학자, 심지어 노련한 개인 투자자까지 세상을 완전히 잘못 보는 경우가 잦다는 사실을 믿기 힘들어한다. 그래서 그들은 앞으로도 계속 바보 같은 실수를 연거푸 반복할 것이다.

하지만 그게 사실이다. 사실이 아니라면 왜 전문 투자자 대다수가 시장을 이기지 못하는 것일까? IQ가 낮아서 그런 게 아니다. 그렇지 않다(대부분은 나보다 똑똑하다). IQ 때문이 아니라면 왜 그렇게 많은 투자자가 시장에 한참 뒤처지는 것일까? 사람들은 왜 열기가 식을 때에 맞춰 '뜨거운' 업종에 몰려드는 실수를 반복하는 걸까? 그리고 왜 결코 오지 않을 '더 확실한' 미래를 기다리면서 약세장 바닥에서 벗어날 때 생기는 거대한 호황을 수수방관하고 마는 걸까?

어쩌면 여러분은 세상을 잘못 보지 않고 있고, 자신이 꽤 잘하고 있으며 다른 사람들이 잘못하고 있다고 생각하고 있을지 모른다. 좋다! 하지만 자신의 투자 능력을 과대평가하는 것은 흔한 인지 오류라는 것을 명심하라. 실제로 여러분이 이미 훌륭한 투자자라 하더라도 실수 확률을 낮춤으로써 혜택을 볼 수 있다. 누구나 그렇다. 나는 환갑의 나이임에도 불구하고 여전히 그 방법에 대해 연구하고 있다. 다시 말하겠다. 나는 장기간 시장 평균을 뛰어넘는 수익을 냈고*, 320억 달러가 넘는 돈을 운용하는 대기업을 경영했으며[1] 지금까지 26년 동안 〈포브스〉에 '포트폴리오 전략'을 주제로 칼럼을 써왔다. 또 이 책을 포함해서 지금까지 총 일곱 권의 책을 썼고, 그중 세 권

* 1995년 1월 1일 FIPCG(Fisher Investments Private Client Group)의 GTR(Global Total Return) 전략이 도입되어 MSCI 세계지수(MSCI World Index)에 기반하여 운용되고 있다. 도입 이후 2009년 12월 31일까지 FIPCG GTR 운용성과 수익(자문료, 수수료 및 기타 비용 제외, 배당금과 기타 수익의 재투자는 반영 후)은 MSCI 세계지수와 S&P500 지수의 총수익률을 넘어섰다. 물론 과거의 성과가 미래의 수익을 보장해주지는 않는다. 주식 투자는 늘 손실 위험을 수반한다.

은 〈뉴욕타임스〉 베스트셀러에 올랐다. 향후 쌓아갈 경력은 지금까지 쌓아온 경력에 비해 짧지만 나는 여전히 내 실수 확률을 낮추는 방법을 계속해서 배우려고 한다. 그것이 실제로 큰 효과를 내는 방법의 하나이기 때문이다.

그렇다면 사람들은 투자 세계를 왜 그렇게 자주 잘못 판단하고 빈번한 실수를 저지르는 걸까? 우리 뇌가 자본시장을 감당할 수 있을 만큼 진화하지 않은 게 큰 이유다. 인간은 직관적인 생물이지만 시장은 본래 반직관적이다. 우리는 소위 상식적인 사고와 직관에 따라 투자하면서 종종 큰 피해를 본다. 사람들은 또한 편견이나 이념 외에도 수많은 인지적 오류로 인해 눈이 먼다. 행동경제학은 투자 시 우리의 뇌가 실수를 유도하는 많은 방법을 연구했고 알려주는 유용한 학문이다.

투자자들이 실수하는 두 번째 이유는 때때로 상황이 바뀌기 때문이다. 상황은 우리에게 유리하게 전개되다가 갑자기 바뀌곤 한다. 어떤 경우에는 불리하게 전개되다가 반대가 되기도 한다. 왜 그럴까? 주식시장은 광범위하게 알려진 정보의 가치를 효율적으로 할인하는 곳이기 때문이다. 그러나 사람들은 자신의 견해를 바꾸는 데 어려움을 겪는다. 특히 아주 오랫동안 아주 많은 사람들이 다 같이 무언가를 믿고 있었다면 더 그렇다. 그리고 그 무언가의 효과가 더 오랫동안 지속되는 것처럼 보일수록, 그것을 믿는 사람들은 그것의 효과가 멈출 수도 있다고 생각하지 못하는 것 같다. 하지만 어떤 것도 액면 그대로 믿어서는 안 된다.

예를 들어보자. 수십 년 전에는 정보를 얻기 힘들었고 구하는 데 돈도 많이 들었다. 투자자들은 어떤 수단을 쓰건 핵심 정보를 얻을 수만 있다면 힘과 돈을 얻곤 했다. 지금은 누구나 회사 수익, 대차 대조표, 가치 평가를 비롯해 인간의 뇌가 처리할 수 있는 양보다 더 많은 정보를 거의 실시간으로 얻을 수 있게 됐다.

나는 2007년 처음 썼던 책 《슈퍼 스톡스》에서 주식 가치가 매출액의 몇 배인지를 나타내는 '주가매출액비율PSR: Price-to-Sales Ratio'을 통해 초저평가된 주식을 찾는 법에 대해 알려줬다. 당시 PSR은 알려지지 않은 개념이었고 이전까지 이 개념을 이해하고 있던 사람이 없었다. PSR은 효과가 있었다! 잠시 동안은. 하지만 시간이 흘러 PSR이 인기를 끌자 이에 대한 정보를 쉽게 찾을 수 있게 되었다(당시만 해도 PSR 정보를 얻기 위해 나는 비용을 지불하고, 직접 비율을 구해야 했다). 지금은 누구나 인터넷에서 원하는 모든 PSR을 무료로 얻을 수 있다. 그러다 보니 PSR이 예전에 가졌던 예측력이 상당 부분 사라졌다. 여전히 가끔은 도움이 될 수 있지만, 언제 그럴 수 있는지를 알고 있어야 한다(이 문제와 관련해서는 《3개의 질문으로 주식시장을 이기다》에서 자세히 살펴본 바 있다). 한때 효과가 있었던 것이 예전처럼 계속 효과가 있으리라고 기대할 수 없는 이유가 이것이다. 시장이 현재 주가에 반영하지 않는 것은 계속 진화한다. 항상 그래왔다.

투자자들이 실수하는 세 번째 이유는, 금융 서비스 산업이 가끔 투자자들에게 정말로 필요하지도 않은 것을 필요하다고 가르치기 때문이다. 왜 그럴까? 판매 보수가 짭짤한 상품을 팔고 싶은 욕구가 아주 커질 수밖에 없는 산업 구조 때문이다. 손절(12장), 커버드콜(13장), 달러평균원가법(14장), 변액연금과 지수연계형 연금보험(15, 16장)은 위험을 완화할 수 있는 상품들로 알려져 있다. 하지만 모두 미신이다. 오히려 그런 상품들이 더 위험하다. 하지만 그 상품들을 팔면 판매자는 확실히 높은 수수료를 챙길 수 있다. 이는 의심할 여지가 없는 사실이다.

'상식'을 버려야 시장의 미신을 깰 수 있다

워런 버핏이 다시 대중화시킨 오래된 격언이 하나 있다. "다른 사람들이 두려워할 때는 욕심을 부려야 하고, 다른 사람들이 욕심을 부릴 때는 두려워해야 한다"라는 격언이다. 좋은 조언이다. 특히 그런 극단적인 감정을 느낄 때 더욱 떠올릴 필요가 있는 조언이다. 하지만 그런 극과 극의 감정 사이에서 종종 감정이 엄청나게 혼탁해진다. 절반의 사람들이 탐욕스럽고 절반은 두려워한다면? 어느 쪽 감정이 맞는 것일까? 왜? 하지만 당신의 선택이 맞을 확률은 얼마나 될까? 그것이 맞다는 걸 어떻게 측정할 수 있을까? 이때가 바로 미신 타파를 통해 얻을 수 있는 명확성이 필요할 때다.

일단 여러분이 일반적으로 받아들이는 많은 투자 지혜가 실은 현명하지 않고, 어쨌든 실수하더라도 실수 확률을 낮추고 결과를 개선할 수 있다는 사실을 받아들이면 '미신 타파'가 쉬워질 수 있다. 정말로 간단해진다! 허위를 폭로하기 위해선 다음과 같이 할 수 있다.

- **규모를 키워라.** 큰 숫자는 우리에게 공포를 안겨준다. 이것은 여전히 진화하는 우리의 두뇌보다 구석기 시대 때 두뇌에 더 어울릴 법한 생각이다. 하지만 적절한 맥락에서 큰 숫자를 바라보면 그렇게 무섭지 않아 보일 것이다.
- **반직관적이 돼라.** 상식을 이정표로 삼지 말라. 언제나 반직관적으로 사고하려고 노력하라.
- **과거를 확인하라.** 여러분은 언론에서 "무슨 무슨 일이 일어났는데 악재다"라거나 "어떤 종목이 앞으로 유망하다!"라는 말을 끊임없이 듣는다. 하지만 그런 '무슨 무슨 일'이 예전에도 악재로 드러났거나 그 '어떤 종목'이 진짜 좋았다는 걸 보여주는 증거가 있는 걸까? 확인해보면 알 수 있겠지만 정말로 확인하려는 사람은 거의 없다. 과거에 어떤 일이 예상했던 결과로 확실히 이어지지 않았다면 사람들은 왜 지금은 그때와 상황이 다른지를 설명해줘야 한다. 그런데 대개 그러지 못한다.
- **세계적 차원에서 생각하라.** 우물 안 개구리처럼 생각하다가 투자자들의 세계관이 왜곡될 수 있다. 세계적 차원에서 생각하면 많은 오해가 사라진다. 고정관념에서 벗어난 사고만큼이나 국경을 벗어나서 사고할 수

있는 게 중요하다.

- **데이터를 직접 확인하라.** 이것은 과거를 검증하는 것과 같다. 무료로 제공되는 과거 데이터가 충분히 많다. 여러분은 거의 모든 데이터를 직접 검토할 수 있다.
- **몇 가지 간단한 연관성을 따져봐라.** 엑셀 사용법을 배워라. X와 Y 사이에 인과관계가 있다고 읽었다면 정말 그런지 직접 확인해보아라. 대부분 X와 Y 사이에 인과관계가 있다고 믿었지만 실제로 없는 경우가 아주 흔하다. X와 Y 사이에 인과관계가 전혀 없거나, X가 Q처럼 전혀 다른 결과를 만들어낼지 모른다.
- **모두가 사실이라고 믿는 것을 의심하라.** 모두가 뭔가가 악재라고 말한다면, 호재면 어떻게 할 건지를 물어라. 이어 과거 자료를 확인하고 참고할 만한 자료가 있는지 확인하라(반대의 경우도 마찬가지다. 즉, 모두가 호재라고 생각하는 게 실제로는 악재가 아닌지 확인해보라).
- **네 가지 가능성을 통해 결과를 확인하라.** 방법을 가르쳐주겠다. 가령 우리는 1월 증시 하락은 연간 증시 하락의 신호라는 말을 자주 듣는다. 이 미신이 맞는지를 과거 네 가지 가능한 결과(1월 하락 후 연간 하락, 1월 하락 후 연간 상승, 1월이나 연간 모두 상승, 1월 상승 후 연간 하락)가 일어났던 기록을 통해 확인해보라. 확인 과정을 24장에서 볼 수 있다.

이 책에서 이 모든 것을 어떻게 검증하는지 보여주겠다. 때로는 단 하나를 갖고 오해를 공격할 수도 있고, 때로는 여러 개를 합쳐서 공격할 수도 있다. 하지만 어쨌든 공격하는 법을 배워라. 스스로 연습하라! 여기서 배운 내용을 토대로 다양한 투자 신념에 다양한 방법으로 적용해보라. 아니면 내가 지금 보여준 게 틀렸다는 걸 입증해보라. 그것이 훌륭한 연습이 될 것이다.

투자에 100% 확실한 것은 없다

어렸을 때 나는 수목 관리원이 되려고 임업 학교에 갔다. 이곳에서 삼나무가 성공적으로 종자 번식을 하기 위해선 여름철 안개 목욕을 해야 한다는 것을 배웠다. 종속변수 y의 변화량이 독립변수 x의 변화량에 비례하는 일차함수처럼 안개의 양이 많을수록 삼나무의 번식에 더 좋은 것으로 추정된다. 안개가 가장 심한 캘리포니아 해안 산맥 북쪽에 가장 높고 큰 삼나무 숲이 있다는 관찰 결과도 이런 추정에 일부 힘을 보태줬다. 그리고 이것이 통념이 되었다. 최고의 삼나무숲 한복판에 있는 후볼트 주립대학 교수로 있는 내 죽마고우 스티브 실렛은 그것이 어느 선까지는 사실임을 입증했다.

하지만 과도하게 많은 안개는 오히려 역효과를 낸다. 역효과가 나는 시점에서는 햇빛을 많이 받는 게 더 중요해진다. 이런 사실이 지난 몇 년 동안 확인됐다. 100년 동안 이어진 통념이 뒤집힌 것이다.

투자할 때도 바로 그래야 한다. 불편하건 재미있건 간에 도전해서 통념과 상식을 뒤집을 수 있는 것들을 찾아야 한다.

여러분 역시 내가 여기서 하는 모든 말을 믿을 필요는 없다. 안 그래도 된다! 나는 방금 아무것도 믿지 말라고 말한 셈이니 내가 하는 말조차 믿을 필요가 없다. 하지만 단순히 "바보 같은 소리! 나는 당신 말을 안 믿어"라며 반응하지는 마라. 그것은 직감, 직관, 상식에 의존한 반응에 불과하다. 그런데 주식시장이나 그보다 더 적절한 명칭인 '위대한 능멸자The Great Humiliator'는 직감, 직관, 상식이 당신에게 불리하게 활용되기를 바란다. 그리고 투자자들은 실제로 그들의 활용에 끔찍하리만큼 서툴다. 따라서 시간이 들더라도 기본 통계 분석 도구를 이용하여 여러분이 옳고 내가 틀렸다는 걸 입증해보라. 이것은 가치 있는 훈련이다. 내가 틀렸다는 걸 입증하는 게 보람도 있고 재미도 있을 것이다.

또한, 자본시장이 믿기 힘들 정도로 복잡한 이상 여러분이 시장의 미신을 성공적으로 타파했다고 하더라도 시장이 항상 생각대로 움직이지는 않는다. 재차 말하지만, 투자는 확률 게임이지 확실한 게임이 아니다. 흔하지는 않더라도 가끔 일어날 확률이 낮은 일이 일어난다. 동전을 던질 때 앞면이 연속해서 100번 나올 수도 있다. 실제 그런 일이 일어난다. 그래도 100차례 연속 앞면에 걸어야 한다는 뜻은 아니다. 그렇게 나올 확률은 거의 없다! 하지만 그런 일어날 것 같지 않은 일이 일어나면 개의치 말고 배울 수 있는 것을 배우고, 계속 나아가라.

거짓 진실을 간파할 줄 알아야 한다

내가 앞서 썼던 두 책《90개 차트로 주식시장을 이기다》와《시장을 뒤흔든 100명의 거인들》과 마찬가지로 이 책은 여러분이 굳이 어떤 특정한 순서를 따르지 않고 한 장이나 여러 장씩 소분小分해서 읽을 수 있게 해놓았다. 목차를 살펴본 뒤 읽고 싶은 곳부터 자유롭게 읽으면 된다! 어느 부분을 먼저 읽어도 상관없다. 어떤 장은 다른 장과 연결되어 배경 정보를 추가로 제공하고 다른 장에 나온 내용을 언급하고 있지만 그런 일이 있으면 알려주겠다. 궁극적으로 이 책은 즉시 적용 가능한 몇 페이지 분량의 짧은 교훈을 전달해주는 게 목적이다. 또는 이 책을 몇 시간 동안 계속해서 쭉 읽을 수도 있다. 어떻게 읽을지는 알아서 선택하라.

그리고 여러분이 읽고 검증하는 것을 연습하기 시작할 때 모든 장이 다음 다섯 가지 카테고리 중 하나에 해당된다는 것을 발견할 것이다.

1. **시장에 팽배한 미신이 당신의 발등을 찍는다**: 자본시장과 자본주의의 원칙에 대한 가장 중대하고 기본적인 오해들을 파헤친다. 여기부터 시작하라. 먼저 읽고 싶은 다른 주제가 따로 없다면, 이 섹션부터 읽어라.
2. **월가街의 지혜가 당신의 돈을 노린다**: 때로는 업계 자

체가 여러분이 실패하는 걸 돕게 설정되어 있다. 이러한 미신을 꿰뚫어 보면 무엇이 진짜고, 치러야 할 대가가 큰 전통(다만 전체적으로 봐서 해는 크지 않은)이 무엇이며, 무엇이 완전히 치명적인지 알 수 있다.

3. **'투자 상식'이 당신의 계좌를 망친다**: 경험 법칙과 통념은 마음을 편하게 해주지만, 그렇다고 옳다는 건 아니다. 모두 다들 알고 있지만 결코 도움이 되지 않는 하찮은 미신들에서 벗어나야 한다.
4. **역사적 교훈은 당신을 손실로 이끈다**: 사람들은 역사적 자료를 통해 자신이 믿고 있는 것이 사실인지 간단히 확인할 수 있는데도 그렇게 하지 않는다. 그 때문에 많은 유해한 미신들이 사라지지 않고 있다.
5. **미국 증시만으론 충분하지 않다**: 사람들이 자국 중심으로만 생각하고 세계적 사고를 하지 못해서 얼마나 많은 미신이 오랫동안 지속되는지 알면 놀랄 것이다. 세계를 고려하는 시각을 가지면 그런 미신에 속는 일은 없을 것이다.

각 파트마다 여러분은 표준화된 미신 타파 전략을 사용하게 될 것이고, 내가 관련 전략을 추가로 더 소개해줄 것이다. 그러나 이 책이 결코 완벽한 건 아니다. 나에게 시장에 퍼진 미신과 오해들에 대해 책을 쓰라고 하면 10권 분량의 백과사전을 쓸 수도 있다. 그것도 수

박 겉핥기식과 거리가 먼 수준으로 상세하게 기록할 수 있다. 하지만 어떤 출판사도 2,000페이지가 넘는 책을 출판하길 원하지 않을 뿐 아니라 여러분은 이 책의 몇 페이지만 읽어도 여기 실리지 않은 나머지 내용은 스스로 알아낼 수 있을 만큼 충분히 배울 수 있다. 이것이 내가 독자들에게 줄 수 있는 가장 가치 있는 선물이다.

이 책에 나는 최근 몇 년 사이 가장 많이 접한 오해들을 담았다. TV에서 듣고, 기사로 보고, 고객이나 〈포브스〉 독자들에게서 듣고, 다른 전문가들과 대화하면서 들은 것들이다. 따라서 여러분도 지금은 물론이고 앞으로도 자주 접하게 될 오해들일 것이다. 그 중에는 오래전에 나왔지만 지금도 회자되는 것들도 있고, 새로 등장했거나 2010년과 그 이후에 더 수긍이 가는 것들도 있다.

그리고 어떤 것들은 공감을 얻었다가 말았다 하기도 한다. 심각한 대규모 무역적자에 대해 투덜대지 않다가도 갑자기 그에 대한 공포가 다시 엄습하기도 한다(48장). 그리고 어떤 사람들은 지나친 달러 약세를 걱정하다가 다시 지나친 달러 강세를 걱정하는 등 툭하면 이랬다저랬다 마음이 바뀐다. 따라서 이 책은 오해 유발 소지가 있는 잠재적 오류를 소개해주는 안내서 역할을 할 뿐만 아니라, 나중에 그리고 영원히 여러분 스스로 그런 오류에 말려들지 않는 법을 배울 수 있는 수련장 역할도 해줄 것이다.

그리고 여러분이 이런 오해를 몇 개만 믿건, 대부분 믿건, 아니면 아예 안 믿건 상관없이 이 책은 여전히 유용하다. 그런 오해들은 전반적으로 시장에서 실패하는 투자자들이 믿는 '거짓 진실'이기 때문이다. 적어도 나는 그렇다고 생각한다. 세상을 더 분명하게 보면 진정한 힘이 생긴다.

이제 본격적으로 미신을 타파해보자. 여러분이 이 책을 즐겁게 읽어주길 바라며, 힘들지만 보람 있는 투자라는 게임도 즐기길 기대한다. 거짓을 구분하고, 세상을 좀 더 분명하게 볼 수 있다면 그에 따른 보상은 훨씬 더 커질 것이다.

Contents

Part 2

월가의 지혜가 당신의 돈을 노린다

Part 3

'투자 상식'이 당신의 계좌를 망친다

Part 5
미국 증시만으론 충분하지 않다

Part 1

시장에 팽배한 미신이 당신의 발등을 찍는다

투자자가 원하는 만큼의 수익을 내지 못하는 이유는 무수히 많다. 사람들은 '시장을 이긴다'는 낭만적인 목표를 추구한다. 이것은 어렵긴 해도 달성할 수 있는 고상한 목표지만 대부분 시장만큼의 수익률도 내지 못하거나 시장보다 부진한 수익률에 허덕인다. 여기서 시장이란 미국 증시의 벤치마크인 S&P500 지수를 말한다.

여러분은 오늘날 쉽게 구할 수 있는 기술과 정보를 맘껏 활용하고 지금까지 나온 모든 집단 지성을 동원하면 전반적으로나 평균적으로 뛰어난 투자 성과를 올릴 수 있다고 믿는다. 그러나 압도적 다수의 투자자가 처한 현실은 그렇지 않다.

거기에는 여러 가지 이유가 있다. 그중 주요한 한 가지 이유는 우리 두뇌가 투자에 적합하게 진화하지 않았다는 점이다. 나중에 더 자세히 살펴보겠지만 우리의 뇌는 의식주를 해결하는 데 최적화되게 진화했다. 그래서 크고 강하고 안전한 건물을 짓고, 목숨을 살리는 백신을 개발하는 일엔 도움이 되더라도 자본시장을 정복하는 데는 아무런 도움이 되지 않는다. 사실 오히려 해를 끼칠 수도 있다. 인간은 직관적으로 행동하지만, 시장은 본래 반직관적 방식으로 돌아가기 때문이다.

쉽게 말해서 우리 두뇌가 진화된 방식 탓에 우리는 시장을 완전히 오판할 위험이 있다. 그래서 사실은 위험이 가장 적을 때조차 오히려 위험이 커졌다고 느낀다(7, 9장). 그리고 패턴이 없는 곳에서 패턴을 찾으려는 성향으로 인해(10장) 아주 혼란스러운 것이 있으면 그것에서 질서를 찾고 싶어 한다. 그런데 의미가 없을 때 의미를 부여하려는 이런 내재적 욕구에도 불구하고 우리는 명백한 패턴을 완전히 무시하고, 심지어 조롱하기도 한다(1, 2장).

1부에서는 증시에 대해 우리가 가진 가장 기본적이고 근본적인 미신을 다룬다. 이런 미신들은 이론적인 오류를 낳을 뿐만 아니라 투자자들이 계속해서 값비싼 대가를 치르는 실수를 만드는 오해들이다. 가령 오랜 세월 축적되어 온 역사적 증거에도 불구하고 투자자들은 증시가 근본적으로 하락보다는 상승하는 경향이 강하다는 사실을 받아들이지 못한다(1, 2, 6, 8장).

또한 투자자들은 지나치게 단기적으로 생각하곤 한다. 인류가 단기적인 생존을 확보하는 데 집착해 왔으니 그럴 수밖에 없기도 하다! 그래서 우리 조상은 추위를 이기며 살아남을 수 있었다. 그러나 이러한 본능은 장기적인 투자 전략을 고수하는 데 방해가 된다(3, 4, 8장). 그리고 장기적인 성장 목표를 가진 투자자라면 대부분 장기적인 시각을 가져야 한다는 사실을 알고 있고, 또 평상시엔 그래야 한다고 말하면서도 시장에 변동성이 커지는 순간 정신줄을 놓고 만다(1, 6, 7, 8장). 탐욕, 공포, 두려움, 소화불량, 불면증 등에 휘말려 합리적이고 냉정한 장기적인 목표와 어긋나게 투자 전략을 수정하는 일이 잦아지면 증시의 장기 평균 수익률에도 못 미치는 수익을 낼 가능성이 심각하게 커진다(2, 5장).

변동성도 문제다. 변동성에 맞닥뜨리면 장기적인 사고를 하는 훈련을 받지 못한 사람들은 이성을 잃게 된다. 그러나 변동성은 시장의 일반적인 특성이다. 아무리 베테랑 투자자라 하더라도 자본시장에서 평균은 수학적인 의미만을 지닐 뿐이라는 사실을 종종 망각한다. 시장은 극단적인 움직임을 보일 수 있으며, 그게 원래 정상이다(5, 7, 9장). 이 사실을 이해하지 못하는 사람들은 평정심을 쉽게 잃고 장기적으로 높은 투자 수익률을 올릴 기회를 놓쳐버린다. 심지어 사기를 당하기도 한다(11장).

자본주의의 속성을 제대로 이해하면 이러한 미신들을 궁극적으로 이겨낼 수 있다. 인간의 창의성은 무한하다. 창의성은 결과적으로 기업의 미래 이익을 창출하므로 증시를 밀어 올린다. 금융이론과 금융사에 따르면 장기적으로 불확실성이 높은 주식 투자보다 단기적으로 보장된 국채 같은 안전자산 투자를 통해 확실한 수익을 노린다면 결국엔 더 낮은 수익률에 만족해야 한다. 그래서 '위험도와 수익률은 상충적 관계[risk/reward trade-off]'라는 말이 나오는 것이다(1, 2, 3, 4, 5, 6장 등).

자본주의의 힘을 믿지 않아도 좋다. 자본주의가 여러분을 믿으니 여러분까지 꼭 자본주의를 믿을 필요는 없다. 그러나 만성적인 비관론자들처럼 여러분도 자본주의가 망가져서 더 이상 제 기능을 발휘할 수 없다거나 도덕적으로 문제가 있다고 생각한다면 미안한 말이지만 아예 주식 투자를 접어주길 바란다. 이 책을 쓰는 2010년 현재 많은 사람이 시장 상황을 바라보면서 자본주의가 미국 정부나 다른 국가의 정부에 존재하는 반자본주의적 힘을 극복하지 못하는 것은 아닌지 우려하고 있다. 그러나 궁극적으로 자본주의는 다른 어떤 억제력보다 강한 추진력을 지녔다. 믿지 않을지 모르지만, 그것이 사실이다.

투자로 돈을 벌고 싶다면 자본주의가 단기적으로는 완벽하지 않더라도 장기적으로는 완벽에 가깝다는 믿음을 가져야 한다. 투자는 자본이 무한한 미래의 부를 창조할 수 있도록 최적의 장소로 흐르게 만드는 최선의 길이다(10장). 성공 투자를 위해선 미신을 타파할 수 있는 용기와 배짱, 원칙과 밝은 시각이 필요하다. 지금부터 본격적으로 이야기를 시작해 보도록 하자.

투자의 배신 01	채권은 주식보다 안정적인 수익을 보장한다
투자의 배신 02	투자하고 잠이 잘 와야 좋은 투자다
투자의 배신 03	은퇴자는 보수적으로 투자해야 한다
투자의 배신 04	자산 배분은 나이에 따라 다르게 해야 한다
투자의 배신 05	투자 시 시장 수익률 정도는 보장되어야 한다
투자의 배신 06	자산 보존과 증식을 동시에 이룰 수 있다
투자의 배신 07	당신의 직감은 언제나 맞다
투자의 배신 08	폭락을 한 번 맞으면 투자는 끝장 난다
투자의 배신 09	추세가 전환되었는지 확인한 뒤 진입해야 한다
투자의 배신 10	성장주가 언제나 최고 수익을 낸다
투자의 배신 11	능란한 사기꾼에겐 당할 수밖에 없다

투자의 배신
01

채권은 주식보다 안정적인 수익을 보장한다

채권은 안전한 것처럼 느껴진다. 채권을 뜻하는 영어 단어 bond가 들어간 My word is my bond라는 표현이 "약속한 건 반드시 지킨다"로 해석되듯이 채권이란 명칭 자체가 안정감을 선사한다. 주식 투자에 지레 겁을 먹고 채권이 안전하리라 가정하며 장기 투자를 추구하는 투자자 천지다. 그런데 채권 투자는 정말로 안전할까? '안전하다'란 의미를 어떻게 정의하느냐에 따라 질문에 대한 답이 달라진다.

안전하다는 게 단기 변동성은 적게 겪지만 장기적으로 낮은 수익률을 올릴 확률이 높다는 뜻일까? 아니면 안전하면 장기 성장과 현금 유동성 요구를 충족해줄 수 있을 만큼 충분히 투자자산을 키울 확률이 올라가나? 은퇴 후에도 일정한 생활 수준을 유지하려면 어느 정도 자산을 불려야 하는데도 지나치게 오랫동안 낮은 변동성과 위험에 안주하다가 나중에 결국 생활 수준을 낮춰야 한다는 걸 깨달았을 때 당신은 채권이 더 이상 안전한 자산이라고 느끼지 못할 것이다. 그리고 그런 사정을 배우자에게 알려줘야 할 때도 마찬가지다. 초인플레이션이 일어난다면 특히 더 그렇다.

채권 투자로도 손실이 날 수 있다

주식의 단기 변동성이 크다는 사실은 널리 알려져 있어 특히 초보 투자자라면 투자하기 두려울 수 있다. 그러나 사람들은 채권 또한 때때로 단기적으로 가치가 하락한다는 사실을 잊는다. 2009년 채권은 주식(당시 세계 증시는 30퍼센트 폭등했다)[1]에 비해 상대적으로 고전했다. 10년 만기 미국 국채 가격이 9.5퍼센트 하락했으니 절대적으로도 그랬다.[2] 초안전 자산이지만 변동성도 높았고 투자 수익률은 더욱 신통치 않았다.

그렇지만 주식은 채권보다 훨씬 가파르게 하락할 수 있고, 실제로도 그렇다. 2008년에 세계 증시는 무려 40.7퍼센트나 빠졌다![3] 하지만 이런 기록이 모두 단기 수익률에 불과하다는 사실을 명심해야 한다. 주식은 단기적으로는 투자하기에 더 위험하지만, 장기적으로는 더 나은 수익을 올려줄 것으로 기대된다. 그리고 그런 기대는 실제로도 옳다(장기 투자 관점에서 주식 투자가 더 유리하다는 사실에 대해선 2장 참조). 장기 투자를 하려고 한다면(그리고 투자자들은 대부분 장기 투자를 한다. 투자자들이 손해를 보면서도 시간이라는 요소를 어떻게 과소평가하곤 하는지는 3장 참조) 대체로 주식에 투자하는 게 더 낫다. 그리고 자산의 규모를 키워야 하고 다소 장기 투자할 수 있다면 주식은 예전부터 '더 안전한' 투자처였다! 변동성보다 투자 기간이 중요하다.

채권과 주식의 장기 수익성 비교

내년에 월세를 내야 할 돈으로 주식을 산다면 그건 누가 봐도 멍청한 짓이다. 그러나 약간만 시간이 있다면 역사적으로 주식은 채권보다 더 높으면서도 놀랍게도 더 일관되게 플러스 수익을 내왔다. [그림 1-1]은 10년 만기 미 국채의 연도별 3년 단위 기간 수익률을 보여준다. 인플레이션 조정 후 실질 수익률이다. 그림을 보면 국채인데도 투자 수익률이 하락한 기간이 많은 것을 볼 수 있다. 어떤 경우 몇 년간 연속해서 하락할 때도 있다. 이처럼 국채 투자 수익률 하락기에는 보호받지 못한다.

이번에는 [그림 1-1]을 S&P500의 연도별 3년 단위 기간 수익률을 보여주는 [그림 1-2]와 비교해보자(내가 미국 주식을 선택한 이유는 장기간에 걸쳐 확실한 데이터를 확보할 수 있기 때문이다. 그러나 다른 나라 주식을

〔그림 1-1〕 10년 만기 미국 국채의 장기 연 수익률(1926~2009년)

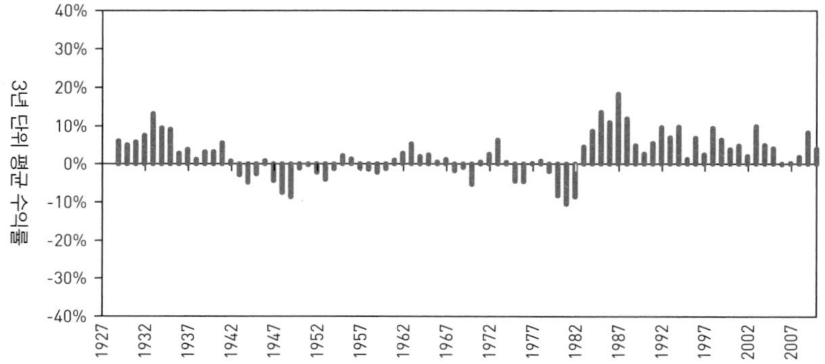

출처: 글로벌 파이낸셜 데이터Global Financial Data

〔그림 1-2〕 미국 주식의 장기 연 수익률(1926~2009년)

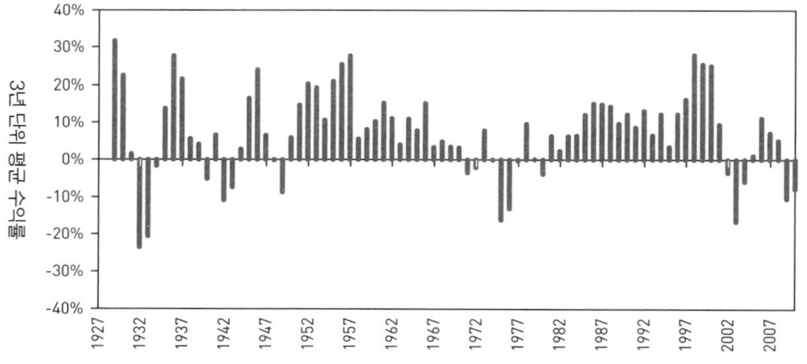

출처: 글로벌 파이낸셜 데이터

예로 들어도 결과는 크게 다르지 않다). 보다시피 역사적으로 3년 연속 마이너스 수익이 난 경우가 주식이 채권보다 적다. 또한 마이너스보다 플러스 수익이 난 경우가 훨씬 더 많고, 수익 폭도 확연히 더 크다. 역사적으로 볼 때 주식 수익률이 채권 수익률을 압도하며, 3년 연속 혹은 그 이상 마이너스 수익이 난 적은 더 적다.

인플레이션은 채권 투자의 적

사람들은 인플레이션이 미치는 영향을 망각하곤 한다. 여러분이 장기 투자하는 동안 인플레이션이 한두 번 크게 높아지는 기간이 생긴다면 두 가지 일이 동시에 일어날 수 있다. 첫째, 일반적으로 장기 금리가 인플레이션과 함께 오른다. 채권 금리와 가격은 반대로 움직이기 때문에 금리가 오르면 장기 채권의 가격과 가치는 금리가 오른 만큼에 비례해서 떨어진다.

둘째, 채권은 가치가 떨어진 달러로 상환받게 되므로 엎친 데 덮친 격이 된다. 이 책을 쓰고 있는 2010년 현재 전 세계의 발권량과 막대한 재정적자를 고려해보면 인플레이션은 발생 가능성이 큰 중대 위험으로 간주하지 않을 수 없다. 인플레이션이 발생한 기간에 주식 수익률은 역사적 평균보다는 낮았지만 그래도 낮은 변동성 속에서 플러스 수익을 나타내는 경향을 보였다. 수익률은 일반적으로 인플레이션보다 높아서, 실질 구매력을 유지해주는 수준은 됐다.

나는 '영원한 시장 낙관론자'라는 비난을 종종 받지만 사실은 그렇지 않다. 나는 지금까지 경력을 쌓아오면서 시장에 비관적이었던 때가 세 번 있었는데 그때마다 대외적으로 그 사실을 분명히 밝혔기 때문이다.

하지만 나는 시장을 비관적으로 볼 마땅한 이유를 찾지 못해서 시장을 낙관적으로 보는 경향이 강하다. 왜 그럴까? [그림 1-1]과 [그림 1-2]에 나온 그래프들을 다시 보라! 자본시장은 복잡하게 얽혀 있다. 어떤 개인이나 집단도 거대한 세계 시장의 복잡한 상호작용을 전부 이해할 수 없다. 따라서 투자에서 확실한 것은 없다. 확률만 존재할 뿐이다. 그리고 역사는 비관적으로 보기보다 낙관적이 되길 원하는 사람이 이긴다는 사실을 말해준다. 비관론자들은 이런 가르침을 이해하지 못한다. 그들은 주식시장의 큰 하락기를 보고 겁나서 비명을 지른다. 하지만 그들은 장기적으로 보면 주식이 채권보다 더 일관되게 플러스 수익을 내줬다는 분명한 진실을 보지 못한다. 장기적으로는 주식 투자의 위험성은 낮았고 수익은 높았다. 그렇다면 주식이 채권보다 안전할까? 내 답은 "그렇게 보인다"이다.

투자의 배신
02

투자하고 잠이 잘 와야 좋은 투자다

투자한 뒤 느긋하게 발 뻗고 잘 수 있는가? 어떤 이유에선지 투자 전문가들은 투자자들이 밤에 잠을 잘 자는지 아닌지에 관심이 유별날 정도로 많다. 그들은 확실히 단정하기 힘든 투자자의 '숙면 여부'를 감안해서 투자 조언을 하곤 한다. 그러나 믿건 말건, 숙면 여부는 투자의 주된 결정 기준은 아니다(이와 관련해서는 4장에서 자세하게 다룰 것이다).

변동성을 견디지 못하는 사람이 많다. 극심한 가격 변동에 직면하면 사람들은 미친다! 주가를 확인할 때마다 속쓰림과 불면에 시달리곤 한다. 이러한 사람들에게 평생에 걸쳐 지지부진한 수익밖에 내지 못할 것이라고 단언하기 전에 몇 가지 질문을 던지고 싶다.

정말 주식이 문제라고 단언할 수 있는가?

첫째, 채권도 가격이 하락할 수 있다는 사실을 아는가? 1장을 읽었다면 그렇다는 걸 알 것이다. 물론 2008년에 주가가 폭락했다는 건 주지의 사실이다. 그러나 이 책을 읽지 않은 사람들은 대부분 2009년에 10년 만기 미 국채 가격도 9.5%나 하락했다는 것을 모른다.[1]

둘째, 여러분이 극심한 가격 변동을 싫어하는 것이 확실한가? 사람들은 하방 변동성을 나쁘게 생각하면서 가격이 오를 때 나타나는 변동성은 좋아한다. 그러나 상방 변동성 역시 변동성이다. 하락장의 막바지에 손실을 입고 다시는 주식에 투자하지 않겠다고 해놓고서 상승장이 2년이고 3년이고 6년이고 이어지면 갑자기 태도를 바꿔서 다시 매수에 나서는 사람이 얼마나 많은지 놀라울 정도다. 그런데 하필 재진입 시기가 상승장 끝물이라 다시 손해를 보게 되는 경우가 종종 생긴다. 그들은 갑자기 위험을 얼마든지 감수하려는 태도를 보이며, 아무리 많은 위험이라도 감수하고 싶어 한다. 이런 사람들은 위험을 싫어하지 않는 게 아니라 단지 시야가 좁을 뿐이다. 그들은 추격 매수에 열을 내고, 대중을 따라 우르르 몰려다닌다. 이런 근시안적 시각에서 벗어나 장기적인 시각을 갖는 훈련을 한다면 주식에 대한 공포를 어느 정도 떨쳐버릴 수 있다. 물론 그렇게 하지 못하는 사람이 다수다.

그만큼 쉽지 않은 일이기에 훈련이 필요한 것이다. 단기적인 생존에 집착하는 건 인지상정이다(7장). 그러나 훈련을 통해 장기적으로 사고할 수 있게 되면 숙면 요인 따위는 점차 의미가 없어진다. 왜 그럴까? 장기적으로 볼 줄 아는 시야를 가지면(이 책을 읽는 사람은 그런 시야를 갖게 될 것이다) 더 나은 투자 수익을 올릴 확률이 올라가기 때문이다. 그러면 변동성이 커진 어려운 시기에도 잠을 편히 청할 수 있다. 곧 받게 될 선물에 흥분되는데도 크리스마스 전날 착하게 잠자는 법을 배운 어린 시절의 여러분처럼 말이다.

투자는 확률 게임이다

과거의 성과는 절대 미래의 성과를 알려주지 못한다는 건 분명한 사실이다. 그러나 역사는 어떤 예상을 하는 게 더 합리적인지를 알려줄 수 있다. 투자는 확실성의 게임이 아니라 의학 등 다른 과학 분야처럼 확률 게임이다. 30년을 보고 투자한다면(은퇴가 얼마 남지 않은 사람을 포함해서 투자자들은 보통 이렇게 투자한다) 주식 투자가 유리할 가능성이 높다. 1927년부터 2009년까지 54차례 매년 30년 평균 수익률(첫 30년 수익률 비교 시점은 1927년에서 30년이 지난 1956년이며, 이후 매년 30년 평균 수익률을 비교 시 2009년까지 총 54차례 비교가 가능하다 – 옮긴이 주)을 비교해보면 해마다 주식이 채권보다 나은 수익률을 올렸다는 걸 알

〔표 2-1〕 미국 주식과 국채의 30년 평균 수익률 비교(1927~2009년)

30년 평균 수익률	
미국 주식	2,509%
미국 국채	524%

출처: 글로벌 파이낸셜 데이터

수 있다. S&P500 기준으로 본 주식의 평균 수익률도 10년 만기 국채를 기준으로 본 채권의 평균 수익률보다 4.8배나 높았다(표 2-1).

20년 동안을 기준으로 살펴봐도 주식의 우위는 확연하게 드러난다. 마찬가지로 1927년부터 2009년까지 매년 20년 평균 수익률을 따져보면 주식이 미 국채를 앞선 해가 64차례 중 62차례(97퍼센트)였으며, 평균적으로 수익이 3.7배 높았다(표 2-2).

혹자는 줄곧 비관적인 시각으로 주식시장을 바라본다. 그들은 확률적으로 주식이 분명한 우위에 있는데도 불구하고 국채 수익률이 주식 수익률을 앞선 드문 사례를 들먹인다. 이것은 도저히 일어날 것 같지 않지만 일어나면 파급력이 엄청난 '블랙스완black swan' 같은 일을 의식하는 격이다. 실제로 2008~2009년 금융위기 이후 한 세기에 한 번 일어날까 말까 한 블랙스완 같은 재난이 수년 단위로 발생할 것이라고 믿는 사람들이 대폭 늘어났다. 그러나 20년 단위로 따져봤을 때 국채 수익률이 주식 수익률을 앞선 드문 기간에도 평균 수익률 차이는 1.1대 1 정도에 불과했다(표 2-2). 결국, 역사적으로 이처럼 아주 낮은 확률에 돈을 걸더라도 딸 수 있는 금액은 보잘 것 없었다. 실속 있는 투자라고 말하기 힘들다. 또한, 주식은 국채보다

〔표 2-2〕 미국 주식과 국채의 20년 평균 수익률 비교(1927~2009년)

20년 평균 수익률	
미국 주식	909%
미국 국채	247%
10년물 국채 수익률이 주식 수익률보다 높았던 기간의 평균 수익률	
미국 주식	239%
미국 국채	262%

출처: 글로벌 파이낸셜 데이터

수익률이 뒤처진 기간에도 여전히 플러스 수익을 냈다. 수익률이 높지는 않았더라도 그 점은 국채도 마찬가지였다.

국채 수익률이 주식 수익률을 앞선 두 시기를 살펴보면 그중 한 시기는 역사적인 급락장인 2007~2009년에 끝난다는 사실을 알 수 있다(표 2-3). 그렇다고 치더라도 1989년에서 2009년까지 20년 동안 주식에 계속 투자했다면 여전히 404퍼센트의 수익을 올릴 수 있었다. 1989년에 주식과 국채에 10만 달러를 투자했다면 이 돈은 각각 50만 4,000달러와 53만 3,000달러로 불어났다. 이 정도면 의미 있는 차이로 볼 수 없다. 결론적으로 투자 기간이 20~30년으로 길다면 국채가 주식을 수익률 면에서 앞설 가능성이 낮으며, 설령 앞선다 하더라도 그 차이는 크지 않다. 물론 때로는 그렇게 가능성이 낮은 일도 일어난다. 그렇다고 해서 1.1대 1 정도의 작은 차이가 나는 보상을 노리고 낮은 확률에 돈을 걸고 싶은가?

라스베이거스 카지노에 가서 당첨 확률이 97퍼센트고 3.7배의 당첨금을 주는 게임에 돈을 걸겠는가, 아니면 당첨 확률이 3퍼센트고

〔표 2-3〕 주식과 국채의 수익률 차이-그리 크지 않다

10년물 국채 수익률이 주식 수익률보다 높았던 20년	미국 주식	미국 국채
1929년 1월 1일~1948년 12월 31일	74%	91%
1989년 1월 1일~2008년 12월 31일	404%	433%

출처: 글로벌 파이낸셜 데이터

1.1배의 당첨금을 주는 게임에 돈을 걸겠는가? 여러분은 당연히 전자에 베팅할 것이다. 너무 뻔한 베팅이다. 그런데 이상하게도 많은 사람들이 주식 투자를 하면서는 이처럼 쉬운 결정을 내리지 못한다. 단기적인 변동성에 판단력이 흐려져 장기적으로 더 나은 수익을 낼 기회를 포기하는 사람들이 부지기수다. 바꿔 말하자면, 지금 당장은 급격한 가격 변동 때문에 잠을 설치는 것 같은 느낌을 받더라도 그것을 극복할 수 없어서 지금으로부터 10년이나 20년이나 30년 후에 낮은 수익률 때문에 잠을 설치게 되길 원할 리 없다. 그때 겪는 불면증이야말로 진짜 고통스러울 것이다.

그런데도 20년이나 30년 뒤가 너무 긴 시간이라 미래를 그리지 못하겠다는 사람이 있다. 좋다. 당신이 그런 경우라면 조금이라도 더 긴 미래를 보고 생각하는 훈련부터 시작하라. 주식은 일정한 시간만 주어져도 채권보다 꾸준히 더 나은 수익을 내기 시작하기 때문이다 (1장을 명심하라).

아무리 노력해도 장기적인 시야를 갖고 생각할 수 없는 사람들이 있다. 그들은 당장의 속 쓰림과 불면증을 도저히 견디지 못한다. 그

렇다면 어쩔 수 없다. 변동성을 견딜 수 없는 사람들은 수익률에 대한 기대치를 낮추고 다른 방식으로 돈을 더 벌거나, 절약하거나, 다른 일을 하면서라도 부족한 수익률을 메꿔야 한다. 주식의 변동성을 피하면서 주식과 같은 수익률을 올릴 수 있는 방법은 존재하지 않는다. 만약 그런 위험 없이 주식과 같은 수익률을 올리는 방법이 있다고 말하는 사람이 있다면 십중팔구 사기꾼이라고 보면 되므로 5장과 11장을 읽어보도록 하라. 사기꾼에게 속아서 투자금을 전부 날리게 된다면 분명 수많은 밤을 뜬눈으로 지새워야 할 것이다.

투자의 배신
03

은퇴자는 보수적으로 투자해야 한다

투자자들은 대부분 장기로 투자하면 주식이 뛰어나고 적절한 투자 수단이라는 사실을 알고 있다. 그렇다면 은퇴를 앞둔 투자자는 어떻게 해야 할까? 향후 투자할 수 있는 시간이 길다면 축하할 일이다. 투자할 시간이 짧다면 은퇴 후 오래 살지 못한다는 뜻이므로 이 책을 읽는 건 분명 시간 낭비나 다름없다. 얼마 남지 않은 여생을 다른 더 중요한 일을 하면서 보내는 편이 낫다.

언론과 심지어 업계 전문가들조차 은퇴를 앞두고 있거나 이미 은퇴한 50대 후반과 60대 투자자들에게 투자 기간에 대해 완전히 잘못된 조언을 해주고 있다. 내 생각에는 그렇다. 사람들은 대부분 은퇴와 동시에 실질적인 투자 활동도 끝난다고 생각한다. 자연스러운 생각이다. 퇴직연금에 돈을 넣는 일을 중단하거나 퇴직금을 야금야금 빼서 쓰기 시작할 때라서 그렇다. 그래서 변동성에 따른 위험을 피하고 보수적으로 자금을 운용해야 한다고 생각한다.

우리는 생각보다 오래 산다. 그렇다면 투자는?

그런 생각은 노후에 삶의 질을 불필요하고, 때로는 심각하게 떨어뜨릴 위험을 초래할 수 있다는 게 내 생각이다. 왜 그럴까? 사람들의 수명은 과거보다 훨씬 더 늘어났는데도 여전히 70세 정도에 사망할 것을 전제하고 투자하는 것 같은 사람이 많아서다. 식생활 개선과 의학의 놀라운 혁신 덕에 사람들은 40년 전 선구적 사상가들이 생각했던 것보다도 훨씬 더 오래 산다. 최근 미국 국세청IRS: Internal Revenue Service 자료에 따르면 현재 65세 노인의 평균 기대수명을 85세로 보고 있다(그림 3-1). 즉, 85세가 평균이므로 65세 노인의 절반은 그보다 오래 살 거란 뜻이다. 나는 그보다도 더 오래 살 거라고 본다. 이유는 뭘까? 똑같은 이유 때문이다! 앞으로 20년 동안 의료 기술은 지금 우리가 상상할 수 없을 정도로 발전할 것이다.

따라서 당신이 현재 65세라고 해도 투자할 수 있는 기간은 절대 짧지 않다. 길다. 장수하는 집안 출신이고 건강 상태가 양호하다면 투자

[그림 3-1] 길어지는 기대수명

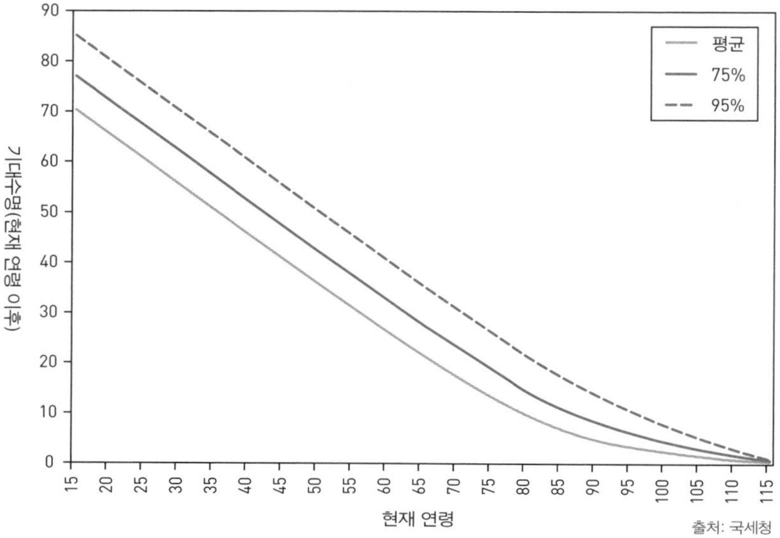

출처: 국세청

기간은 더 길어질 것이다. 사람들은 위험을 줄이는 것이 현명하다고 생각하고, 안전하고 보수적으로 투자한다. 사실 이때 '보수적'이라는 말의 뜻이 정확히 정해져 있지는 않지만, 일반적으로 변동성이 낮은 채권과 현금 위주로 자산을 관리한다는 의미로 간주된다.

채권과 현금 자산의 변동성이 낮은 건 맞다. 2009년처럼 국채 가격 역시 단기적으로 하락할 수도 있고, 실제로 하락하기도 하지만 말이다(1장). 그러나 변동성은 위험의 한 종류에 불과하다. 채권 만기가 도래한 시점에서 단기 금리가 하락하여 기대 수익률이 떨어지거나 장기 금리가 올라서 아직 만기가 도래하지도 않은 채권 가격이 하락하며 생기는 재투자 위험도 존재한다.

더 나은 투자 기회를 놓칠 위험인 기회비용 위험이란 것도 존재한다. 충분한 장기 투자 계획을 세우지 못하고 지나치게 보수적으로 투자함으로써 돈을 잃게 되는 위험이다. 주식의 변동성 때문에 단기적으로 마음이 불안해질 수는 있지만, 여러분이 배우자의 여생에 대한 충분한 대비 없이 먼저 세상을 뜬다면 장담하건대 배우자가 당신의 죽음을 애도하는 시간이 훨씬 짧아질 것이다.

노후의 빈곤은 비참하다

투자 기간을 지나치게 짧게 잡는 은퇴자는 감히 말하자면 아내를 미워하는 사람이다. 일반적으로 여자가 남자보다 장수하기 때문에 남은 돈을 쓰게 되는 사람은 남편이 아닌 아내가 되는 경향이 강하다. 그래서 의도했건 하지 않았건 상관없이 투자 기간을 지나치게 짧게 잡으면 홀로 남은 아내가 가난한 노후를 살게 된다. 그게 아니더라도 아내가 장수할 가능성에 대비해서 투자 기간을 길게 잡았을 때보다 아내가 훨씬 힘들게 살 가능성이 크다. 그런데 가난한 노후만큼 비참한 것은 없다. 여러분과 배우자가 평균 수명만을 누리고 20년만 더 살다가 죽을 것이라는 근거 없는 믿음에 도박을 걸어서는 안 된다. 그랬다가 여러분과 배우자가 생각보다 건강해서 30년을 더 살게 되었는데 20년 후에 돈이 고갈되면 그때부터는 어떻게 하겠는가? 게다가 나이가 들수록 돈으로 살 수 있는 편안함이 더 절실해지게 마련이다. 따라서 지나치게 보수적인 투자는 오히려 매우 위험하며 전혀 보수적인 게 아니라고 볼 수 있다.

무엇보다 투자 기간이 길면(대부분의 독자가 그럴 것이다) 주식 투자로 수익을 올릴 가능성이 올라간다. [표 3-1]은 1926년 이후 30년에 걸쳐 주식과 국채의 투자 기간별 평균 수익률을 보여준다. 이 표에서 알 수 있듯이 투자 기간이 길수록 주식이 현금이나 국채보다 나은 수익률을 안겨줄 가능성이 높아진다. 그것도 아주 큰 폭으로 말이다. 단순하게 말하면, 20년 동안 주식이 국채보다 수익률이 뒤처지는 경우는 거의 없다. 주식과 국채의 20년 평균 수익률이 908퍼센

〔표 3-1〕 투자 기간별 주식과 국채 수익률 비교

투자 기간	1년	2년	3년	4년	5년	10년	15년	20년	30년
국채보다 주식 수익률이 높을 확률	63%	67%	69%	69%	72%	82%	91%	97%	100%
주식보다 국채 수익률이 높을 확률	37%	33%	31%	31%	28%	18%	9%	3%	0%
주식 평균 수익률 (누적)	12%	24%	38%	54%	71%	209%	470%	908%	2,509%
10년 만기 국채 평균 수익률 (누적)	6%	12%	18%	25%	32%	80%	149%	247%	524%

출처: 글로벌 파이낸셜 데이터, S&P500 대 10년 만기 미 국채

트와 247퍼센트라는 사실만으로도 확실해진다. 물론 30년으로 잡으면 국채가 주식에게 더욱 상대가 되지 않는다.

투자 기간이 20년 이상인 투자자들은 일정한 자산증식이 필요하다. 인플레이션의 영향도 감안해야만 한다(30장). 인플레이션만큼 혹은 그 이상으로 포트폴리오를 불리면서 일정 수준의 현금흐름을 확보해야 하는 은퇴자들은 투자 자산의 변동성을 전부 또는 대부분 제거하려고 해서는 절대 안 된다. 위험을 감수하지 않고선 자산을 불릴 수 없다. 그리고 불리지 않으면 빼내서 쓰다 보면 시간이 갈수록 자산은 줄어들 수밖에 없다. 자산을 오래 유지하려면 대부분의 시간 동안 일정 부분을 주식에 할애해야 한다.

지금 기준으로 65세는 그렇게 많은 나이가 아니며, 여전히 투자할 수 있는 기간이 길다. 이제는 은퇴자들은 여생 동안 투자를 해야 한다. 배우자도 마찬가지다. 그리고 누가 알겠는가? 은퇴한 후에 두 번째나 세 번째 배우자를 만나서 살게 될지.

투자의 배신
04

자산 배분은 나이에 따라 다르게 해야 한다

자산 배분을 주제로 하는 책, 세미나, 논문은 셀 수 없을 만큼 많다. 전문가와 학자와 아마추어마다 각자 자산 배분에 관해 수없이 많은 다양하면서 또 때로는 상충적인 견해를 갖고 있지만, 전적으로 나이를 기준으로 하는 방법이 인기가 높다. 가령 100이나 120에서 여러분 나이를 뺀 만큼이 여러분의 자산에서 주식에 투자해야 하는 비중이라는 식이다. 그러나 나이는 자산 배분 시 고려해야 할 한 가지 요인일 뿐 그것만으로 충분한 건 아니다.

나이가 그렇게 중요한가?

자산 배분에서 나이가 그렇게 중요하다면 비슷한 규모의 포트폴리오를 운용하는 두 명의 75세 노인들은 거의 같은 방식으로 자산을 배분해야 한다. 그것도 늘! 투자상담사들은 고객의 나이만을 기준으로 간단히 계산만 하면 되니까 업무가 수월해지고 책임을 피하기도 쉬워져서 좋아할 것이다. 단순한 계산을 따른 것은 여러분이므로 고객은 불만을 터뜨릴 수 없다. 깔끔하지 않은가!

그러나 3장을 읽었다면 자산 배분의 판단 요인으로 나이만을 삼는 것은 틀렸다는 사실을 알 것이다. 위의 75세 노인 짐과 밥은 나이와 운용 자산 규모는 비슷하더라도 그 외 다른 면에서는 비슷한 점이 거의 없다. 짐은 아내를 여의고 아들이 하나 있다. 그는 아들에게 물려주기 위해 자산을 최대한 불릴 생각이 없다. 그가 못된 아버지라서 그런 것은 아니다. 아들은 이미 사회적으로 크게 성공했고 재산이 많아 짐의 돈이 필요 없어서다. 하지만 짐은 죽을 때까지 먹고 살 돈이 있어야 한다. 그의 부모는 각각 68세와 72세에 사망했다. 그가 지금 특별히 건강이 나쁜 것은 아니지만 두 차례 심장발작을 겪었다. 유전자와 건강 상태를 고려하면 그가 앞으로 투자할 시간은 길다기보다는 짧다고 볼 수 있다.

밥의 경우를 보자. 그의 두 번째 아내는 올해 환갑이다. 두 사람은 아직도 매일 테니스를 칠 정도로 건강하다. 게다가 밥의 부모는 모두 100세 가까이 장수했다. 다행히 밥은 수입원이 여러 곳이 있어서 가진 자산을 축내지 않아도 된다. 그는 자신이 죽으면 남은 돈을 갖고 아내가 생활하기를 바라지만, 아내도 사실 그 돈이 필요하지 않으니 유산은 첫 번째 부인 사이에서 낳은 올해 51세와 49세의 두 자녀에게 갈 것이다. 그의 자녀는 최소 35년에서 45년은 더 살 것이다.

이 두 사람이 특이한 사례는 아니다. 짐이나 밥과 비슷한 처지에 있는 사람은 무수히 많다. 그렇다면 사람마다 목표, 필요한 소득, 수익 기대치, 가족이 처한 상황, 기대수명 등이 각자 다른데도 불구하고 왜 나이만을 기준으로 자산 배분 방식이 결정돼야 할까? 나이는 자산 배분 시 고려해야 할 하나의 요소에 불과하다. 자산 배분 결정은 대단히 중요하다. 그것이 자산의 성과 기준, 즉 벤치마크를 무엇으로 삼을지 혹은 자산을 운용해서 성취하려는 목표가 뭔지를 결정하기 때문이다.

벤치마크는 간단히 말해서 S&P500이나 MSCI 세계지수 같은 주가지수나 채권지수 혹은 둘을 섞어놓은 지수다. 여러분이 정한 벤치마크는 자산 확충의 이정표이자 위험 관리 도구이자 성과 측정 도구 역할을 한다. 항상 벤치마크에 편입된 종목만 갖고 똑같이 투자할 필요는 없다. 하지만 하락장이 예상된다면 방어적인 포지션을 취하거나, 시장 수익률을 상회할 것으로 믿을 이유가 충분한 일부 종목에서 추가적인 수익을 노리는 등 단기 목표를 달성하기 위해 벤치마크 외의 다른 투자 전략을 취할 수도 있다.

벤치마크를 결정하기 위해 해야 할 세 가지

자산 배분을 얘기하는 사람들은 그들이 기준으로 삼는 벤치마크에 대한 얘기도 빼놓지 않는다. 그렇다면 무엇으로 벤치마크를 결정해야 할까? 다음 세 가지 요소다.

1. 투자 기간
2. 기대 수익률
3. 현금흐름 수요

3장을 읽어봤으면 알겠지만, 투자 기간은 자산 운용에 필요한 전체 기간이지 은퇴일이나 현금 인출 개시일처럼 미래의 특정한 날을 가리키는 것은 아니다. 투자 전략을 짤 때 자산의 전체 유지 기간을 고려해야 하므로 투자 기간은 매우 중요하다. 여러분이나 배우자가 죽기 전에 자산이 바닥나길 원하는 사람은 없기 때문이다.

기대 수익률은 자산을 운용하고 얻고자 하는 수익률을 말한다. 순수하게 자산을 유지하기만 바라는 투자자도 있지만(6장) 내 경험상 그런 사람은 극히 드물다. 여러분이 5,000만 달러의 자산을 가졌고, 매년 5만 달러로 생활하고, 자선 활동을 하지 않고(실은 사람을 싫어해서), 자금 운용 계획을 전혀 세운 적이 없을 수 있다. 침대 매트리스 안에 돈을 숨겨둘 수 있는 아주 보기 드문 사람이다. 이런 사람의 기대

수익률은 당연히 낮다. 하지만 대부분의 투자자들은 그렇게 할 수도 없고 하지도 못한다. 그리고 여러분이 그럴 수 있는 사람이라면 이 책을 읽지도 않을 것이다. 대부분의 투자자들은 투자 기간이 끝날 때 최종 자산 가치를 극대화하거나, 그동안 필요한 현금 흐름을 확보하거나, 인플레이션에 대응하기 위해 자산을 불려야 한다(30장).

그래서 세 번째 고려 요소인 현금흐름 문제가 생긴다. 투자자들은 포트폴리오를 운영하여 현재나 미래에 생활비를 대야 한다. 언제, 얼마나 많이, 그리고 얼마나 오래 필요한가는 적절한 벤치마크를 정하는 데 매우 중요한 의미를 지닌다.

이 세 가지 요소보다 중요성이 약간 떨어지는 네 번째 요소도 있다. 일부 투자자들은 사회적 '요구'를 중시하기 때문에 일명 '죄악주'로 불리는 담배, 주류, 도박 등과 관련된 주식에 투자하기를 꺼린다. 그들에겐 죄악주를 제외한 벤치마크가 필요하다. 기업의 이사라서 특정 주식에 투자할 수 없거나, 직업적 특성상 자기 회사 주식 편입을 대폭 늘리는 경우도 있다(본인이 속한 회사 주식을 포함해서 한 가지 주식에 과도하게 노출됐을 때 겪을 수 있는 위험에 대해서는 34장 참조). 모두 중요한 세부 사항들이긴 하나 중대한 전략적 변화보다는 소소한 전술적 조치가 필요한 사항들이다.

내가 나이를 언급한 게 한두 번이 아니다. 나이는 물론 투자 기간에 큰 영향을 미치는 요소다(하지만 투자자들은 투자 기간을 제대로 따져보지 않는다). 그리고 기대 수익률과 현금 흐름에 대한 고려 역시 그렇다. 이 요소들을 모두 고려하지 않으면 안 된다. 투자자의 나이만 고려해 자산 배분 결정을 내린다면 중대한 실수로 이어질 수 있다. 이러한 실수는 명확하게 드러날 때까지 시간이 오래 걸리지만, 막상 드러났을 때는 바로잡기가 어렵거나 사실상 불가능할 수 있다. 향후 25년에 걸친 인플레이션을 반영한 현금 흐름 수요를 감당할 수 있을 만큼 충분한 자산 확충 계획을 세워놓지 않는다면 20년쯤 지나서 생활 수준이 급격히 나빠질 수밖에 없다. 그것은 정말 치명적인 실수가 아닐 수 없다.

투자의 배신
05

투자 시 시장 수익률 정도는 보장되어야 한다

사람들이 투자 사기꾼에게 당하는 한 가지 이유(이 주제와 관련해서는 11장에 추가로 설명해놓았다)는 매년 꾸준히 높은 플러스 수익률을 달성할 수 있다는 달콤한 유혹에 속아 넘어가기 때문이다. 해마다 플러스 수익은 당연하고, 안정적으로 꾸준히 높은 수익까지 안겨준다니 꿈만 같은 제안이 아닐 수 없다. 매년 10~12퍼센트의 수익률을 기대하는 것이 합리적이라고 믿기 때문에 사기를 당하거나 엉터리 투자 결정을 내리는 사람이 너무나도 많다. 그럴 수밖에 없는 이유가 있다. 측정 기간에 따라 다소 차이가 있기는 하지만 주식은 실제로 장기 투자 시 평균적으로 그만한 수익률을 달성했다는 걸 많은 사람들이 알기 때문이다.

어쨌든 매년 평균 10퍼센트의 수익을 낼 수 있다고 하는 게 뭐가 문제란 말인가? 장기간 투자한다고 하면 전혀 문제가 없다. 다만 미국 역사상 최악의 금융 사기범으로 알려진 버나드 메이도프Bernard Madoff 같은 몇몇 사기꾼이 매년 빠짐없이 10~12퍼센트의 수익을 올릴 수 있다고 주장하는 게 문제다. 그들은 장기간에 걸친 평균이 아니라 꾸준히 그런 수익을 낼 수 있다고 말한다. 지수가 35퍼센트 올라도 12퍼센트의 수익을 올리고, 15퍼센트 내려도 10퍼센트의 수익을 올릴 수 있다는 것이다. 놀랄 만큼 대박을 치지는 못하더라도 영원히 지수가 급락하는 일이 없으니 꾸준하게 수익을 올릴 수 있다는 것이 그들의 주장이다. 어떤 사람들은 그들이 만난 사기꾼이 이처럼 대단한 일을 해낼 수 있다고 믿는다.

일부 사기꾼들은 탐욕을 자극하여 피해자들을 꼬드긴다. 그들은 터무니없게도 손실 위험 없이 평균을 훨씬 상회하는 수익을 보장한다고 약속한다. 반면 대부분의 사기꾼들은 변동성에 대한 공포와 약간의 탐욕을 역이용한다. 그들은 평균보다 약간 더 높은 수익을 아주 꾸준하게 올릴 수 있다고 주장한다. 결국 메이도프에게 당한 피해자들도 평균을 훨씬 상회하는 수익을 요구한 것이 아니기 때문에 자신들이 보수적으로 접근한 걸로 생각했다고 주장했다. 그러나 매년 장기 평균 수익률을 달성하겠다는 것도 허황된 욕심이기는 마찬가지다. 과거의 수익률을 확인해보면 쉽게 알 수 있다. 사실 평균 수익률만큼 버는 일은 결코 쉽지 않다. 보통 연수익률은 해마다 극단적인 모습을 보인다. 평균 수익률은 대부분 평균에서 많이 벗어난 연도들의 수익률을 모아서 산출한다. 재차 강조하지만, 여느 한 해의 수익률만 놓고 보면 극단적으로 흐르는 경향이 있다.

연수익률은 종종 극단적으로 나타난다

[표 5-1]은 S&P500 연수익률을 수익률 범위와 수익 발생 빈도에 따라 정리한 것이다. 이 표를 보면 연간 20퍼센트가 넘는 높은 수익률을 기록한 해와 손실을 기록한 해가 평균 정도의 수익률을 낸 해보다 훨씬 더 많다는 사실을 알 수 있다. 평균에 가까운 수익률을 기록한 해는 그다지 많지 않다. 이 표에는 드러나지 않는 한 가지 사실은 사기꾼들이 당연히 달성 가능하다고 믿게 만들고자 하는 10~12퍼센트의 수익률을 올린 해는 1926년, 1959년, 1968년, 1993년, 2004년, 다섯 번에 불과하다는 것이다.[1] 이처럼 평균 수익률을 내기란 절대 쉽지 않다. 사실 전체 기간 중 38.1퍼센트의 해에서 20퍼센트가 넘는 높은 수익률을 올렸다. 또한 전체 기간의 3분의 2 동안 20퍼센트가 넘는 높은 수익률 내지 마이너스 수익률을 기록했다. 즉, 일반적인 연수익률은 극단적으로 나타난다. 사람들은 이 사실을 잘 모르고 이해하기도 어려워한다.

안정적이고 꾸준한 수익 달성은 누구나 목표로 삼을 수 있다. 그

〔표 5-1〕 S&P500 연수익률 범위와 수익 발생 빈도(1926~2010년)

연수익률 범위	1926년 이후 발생 횟수	빈도	첫 12개월 상승률
40% 이상	5	6.0%	고수익률 (전체 기간의 38.1%)
30~40%	13	15.5%	
20~30%	14	16.7%	
10~20%	16	19.0%	평균 수익률 (전체 기간의 33.3%)
0~10%	12	14.3%	
-10~0%	12	14.3%	마이너스 수익률 (전체 기간의 28.6%)
-20~-10%	6	7.1%	
-30~-20%	3	3.6%	
-40~-30%	2	2.4%	
-40% 이하	1	1.2%	
전체 연수	84년		
단순 평균	11.74%		
연환산 평균	9.7%		

출처: 글로벌 파이낸셜 데이터

러나 시장의 장기 평균 수익률에 근접한 수익률을 매년 내기는 대단히 어렵다. 안정적이고 꾸준한 수익을 원한다면 수익률이 낮은 채권이나 현금성 투자상품에 투자하는 수밖에 없다.

연평균 약 10퍼센트의 수익을 목표로 삼는 일도 가능하지만, 매년 높은 변동성을 각오해야 한다. 시장의 장기 평균 수익률을 달성하기도 사실 대단히 어렵다. 대부분의 투자 운용 전문가들조차 장기적으로 시장 평균 수익률을 하회하는 운용 실적을 낸다. 그리고 투자자들은 일시적으로 '뜨는 주식'을 좇느라 장기적인 투자 성과를 훼손

시키는 감정에 휘둘리는 결정을 내림으로써 스스로 피해를 자초하는 경향이 있다. 특히 이렇게 감정에 휘둘리면 때를 못 맞춘 채 단기 매매에 집착하게 된다(7, 17, 18장).

사실 장기간에 걸쳐 평균 수익률을 올리는 쉬운 전략이 있다. 지수를 추종하도록 포트폴리오를 구성하고 그대로 내버려 두면 된다. 이렇게 하면 시장 수익률 이상의 수익을 올리지 못하더라도 장기적으로 채권이나 다른 유동성 자산에 비해 나은 수익을 올릴 수 있다. 그리고 이 수익은 친구들이나 전문 투자자들이 올린 수익보다 나을 것이다.

다만 이 방법을 쓰려면 가슴 졸이며 급락장과 급등장을 견뎌야 한다. 재차 강조하지만, 내가 알기로 시장 수준의 하락을 겪어보지 않고 시장 수준의 수익률을 달성한 사람은 없다. 장기 평균 수익률만큼 올리고 싶다면 하방 변동성을 감수해야 한다. 그것을 피하는 방법은 없다. 일반적인 연수익률은 극단적인 양상을 띠기 때문이다.

투자의 배신
06

자산 보존과 증식을 동시에 이룰 수 있다

투자업계는 투자 원금 보존capital preservation과 증식이 동시에 가능하다고 떠들어댄다. 그리고 투자 원금을 보존하고 싶은 사람들은 1칼로리짜리 디저트 광고에 혹하듯 이런 말에 혹한다. 이것은 성가신 단기 변동성을 피하면서 자본을 보존하는 동시에 적절한 수익을 올릴 수 있다는 말이다. 정말 멋지지 않은가! 지방이나 칼로리가 없는 맛있는 음식이 있다는 말과 똑같으니 말이다. 모두가 투자 원금을 지키면서 수익을 내길 원하고, 또 그러려고 애쓴다. 그러나 결과는 원하는 수준과 한참 거리가 멀다. 이 두 가지를 동시에 추구하는 건 멋지게 들리지만 현실적으로는 불가능하다. 산타클로스처럼 비현실적이다. 그런데도 심지어 전문가를 비롯해 수많은 사람들이 이런 미신을 믿는 걸 보고 놀랄 때가 한두 번이 아니다.

투자 원금을 철저히 보존하고 싶다면 변동성 위험을 완전히 배제해야 한다. 다시 말해 하락하거나 상승하지 말아야 한다. 하락과 상승은 떼려야 뗄 수 없는 관계다. '변동성 위험'은 많은 위험 가운데 하나에 불과하다. 예를 들어, 금리 위험이 있다. 채권 만기가 도래한 상황에서 금리가 떨어지면 낮은 수익률에 만족하거나 과거와 비슷한 수익률을 약속하는 다른 고위험 상품에 재투자해야 한다. 또한 충분한 위험을 감수하지 않음으로써 앞으로 더 나은 장기 수익을 올릴 수 있는 다른 기회를 놓치는 기회비용 위험도 있다. 인플레이션 위험 역시 무시할 수 없다. 이처럼 위험의 종류는 무수히 많다. 그러나 투자 원금 보존을 목표로 하는 사람들은 대개 변동성 위험을 가장 걱정한다.

그렇다면 투자 원금 보존 전략 차원에서 미 국채를 사서 만기까지 보유할 수 있다. 그러나 미 국채라도 가격이 하락할 수 있고 실제로도 하락한다(1장). 미 국채라고 해서 단기 변동성의 예외가 아니다.

그래도 미 국채를 매수해서 만기까지 보유하면 투자 원금은 지키겠지만 수익률은 미미한 수준에 불과할 것이다. 이 글을 쓰고 있는 2010년 현재 기준으로 10년 만기 미 국채의 금리는 3퍼센트를 하회하고 있다. 물가가 조금만 올라도 물거품처럼 사라지는 수익 수준이다. 그래도 2010년 1퍼센트도 안 되는 예금 금리보다는 낫다. 이것이 소위 '투자 원금 보존의 실태'다.

진정으로 투자 원금 보존을 목표로 삼는 경우는 드물다

내 경험상 투자 원금 보존을 장기 목표로 삼는 경우는 드물다. 물가상승률을 뛰어넘으려고 하거나, 장기 현금 흐름을 확보할 수 있는 확률을 높이려거나, 자녀나 자선단체나 해양동물 보호단체에 더 많은 돈을 주기 위해 자산을 최대한 늘리려는 등 이유 불문하고 누구나 대체로 투자금을 불리기를 원한다. 투자자들이 원하는 증식 정도는 저마다 다르지만 보통 '어느 정도'의 증식이 공통적인 목표다. 말 그대로 투자 원금만 보존해서는 인플레이션이 오르는 참사가 벌어질 경우 구매력 상실로 이어질 수 있다(30장). 물가상승률이 아주 평범한 3퍼센트만 되어도 20년 후에는 지금 1달러의 가치가 절반으로 줄어든다는 사실을 잊지 마라. 그래서 정말로 투자 원금 보존을 원하는 경우는 사실상 극히 드물다.

그러나 투자 기간이 짧다면 이야기가 완전히 달라진다. 예를 들어 1~2년 안에 집을 사려고 계약금을 저축하고 있다면 이러한 자산은 투자 기간을 짧게 가져가고 위험을 피하는 것이 합리적이다. 증시는 강세장이 이어지는 와중에도 갑자기 조정에 들어갈 수 있다. 갑자기 17~18퍼센트 떨어졌다가 회복하는 경우도 흔하다. 따라서 단기 자금을 그렇게 변동이 심한 증시에 투자했다가는 낭패를 볼 수 있다. 주택 구입 자금을 모으고 있다면 그것은 당연히 단기 자금이다.

그러나 평범한 수준의 수익이라도 내려면 어느 정도 변동성 위험을 감수해야 한다. 다시 말해, 투자 원금 보존이라는 개념을 버려야 한다. 그렇다고 해서 주식에만 투자할 필요는 없다. 포트폴리오의 10퍼센트를 주식에 넣고 나머지는 국채에 넣을 수도 있다. 그러면 전체적으로 높은 수준은 아니더라도 어느 정도 자산을 불릴 수 있다. 이렇게 하면 포트폴리오의 전체적인 변동성은 상당히 줄어들더라도 주식 투자 부문의 변동성은 클 것이기 때문에 순수한 투자 원금 보존 전략에서는 벗어난 셈이다.

투자 원금 보존과 증식이 목표라는 말은 거짓이다. 누군가 그렇게 말한다면 사기꾼이거나 잘못된 정보를 가졌다고 보면 된다. 사기꾼을 만나면 도망가라. 잘못된 정보를 가진 사람을 만나도 역시 도망가라. 가장 기초적인 금융 이론과 경제 펀더멘털도 이해하지 못하는 사람에게 돈을 맡기고 싶은가?

지금까지 말한 것을 완전히 뒤집어서 "결과적으로 투자 원금을 보존하면서 불릴 수 있다"라고도 말할 수 있겠다. 장기적으로 포트폴리오를 불렸다면 뒤집어 말해서 당연히 자본도 지킨 셈이 된다. 1926년 이후 20년 단위로 살펴보면 주식은 단 한 번도 손실이 난 적이 없다[1](1, 2, 3장). 일정 기간 다른 투자 자산이 훨씬 더 높게 성장하기도 했지만, 언제나 어느 정도씩 성장했다. 다만 자산 증식과 투자 원금 보존은 자산 증식 목표로부터 시작하고 그 목표와 직접적으로 연관되어 있다. 투자 원금 보존 목표와는 아무런 관련이 없다. 자산을 증식하면서 투자 원금을 지키려면 단기적으로 주식시장의 변동성을 감수해야 하지만, 사람들은 투자 원금을 지키고자 할 때 통상 그런 변동성을 감수하려고 하지 않는다.

단기적인 투자 원금 보존이 목적이라면 자산을 크게 불릴 수 없는 법이다. 역사는 자산을 불리면서 이차적인 혜택으로 투자 원금을 지키는 최선의 방법은 주식에 장기 투자하는 것이라고 알려준다.

투자의 배신
07

당신의 직감은 언제나 맞다

직감대로 해본 적이 있는가? 여러분도 A 주식을 사야 한다는 걸 알았지만 어떤 이유에서건 사지 않았는데 그 주식이 300퍼센트 급등한 적이 있을 것이다, 아니면 B 주식을 팔아야 한다는 본능을 무시하는 사이 그 주식이 80퍼센트 폭락한 경험이 있을 것이다. 항상 이런 느낌이 들고 나중에 생각해보면 그것이 대체로 맞는 것처럼 생각된다. 그러나 이것은 두뇌가 여러분을 상대로 장난을 친 결과에 불과하다.

최근 행동경제학이라는 행동 심리를 경제적 차원에서 다룬 학문이 부상하고 있다. 행동경제학은 생존에 유리하도록 진화된 우리의 두뇌가 심각한 투자 실수를 초래하는 이유를 연구한다. 내가 2006년에 쓴 《3개의 질문으로 주식시장을 이기다》를 비롯하여 이 문제를 다룬 수많은 책들이 나왔으며, 앞으로도 계속 나올 것이다.

선택적 기억과 편향들의 농간

우리의 뇌는 기본적으로 우리 자신을 다소 속여서 주식시장처럼 반직관적인 문제를 해결하기 어렵게 만든다. 대표적인 속임수는 직감을 믿어야 한다는 인식이다. 우선 A 주식이 그렇게 많이 상승할지 당신이 정말로 알고 있었는지 묻고 싶다. 아니면 막연히 그럴 것 같다고 느꼈는데 상승한 후에 뒤늦게 상승을 확신했던 것처럼 오해한 것은 아닌가? 보통 그러기 마련이다. 혹시 어떤 사건의 결과를 알고 난 후 마치 처음부터 그 일의 결과가 그렇게 될 것이라는 걸 알고 있었던 것처럼 생각하는 사후과잉확신편향hindsight bias에 빠진 건 아닐지 묻고 싶다. 여러분이 확실히 오를 걸로 직감했던 주식이 A를 포함해서 20개였는데, 그중 A만 빼고 모두 하락했을 수 있다. 그러나 여러분은 틀린 주식은 잊어버리고 자신이 천재인 것처럼 우쭐하게 만들어주는 하나의 주식만 기억한다. 이러한 일은 자주 일어나지만 우리 두뇌는 그 사실을 기록하지 않는다. 다수의 투자 뉴스레터들이 "우리가 추천했던 6개 종목을 샀다면 엄청난 수익률을 올릴 수 있었을 것이다!"라고 주장하는 것도 이런 식이다. 그들은 추천했던 다른 847개 종목이 하락했다는 사실은 절대 말하지 않는다.

투자자들은 직감을 믿고 대량의 주식을 사는 경향이 있다. 게다가 '당장' 사지 않으면 안 될 것처럼 느낀다. 직감은 우리 조상들의 생존을 도왔다. 조상들은 맞서 싸울지 도망갈지를 직감으로 파악했다. 숲에서 맹수가 달려들면 조상들은 즉시 도망쳤다. 충분히 작은 동물을 만나면 창을 들고 싸워 죽여서 저녁거리로 삼았다. 그들은 본능적으로 어떻게 하면 될지 판단했고, 그 판단은 우리의 조상들에게 매우 요긴했다.

내 예상이 틀릴 때마다 고객들은 항상 내가 틀렸다는 것을 알고 있었다고 말한다. 그러나 그 말은 사실이 아니다. 단지 사후과잉확신 편향과 선택적 기억에 빠져서 내가 틀렸다는 것을 미리 알고 있었다고 오해한 것뿐이다. 사실 그들은 내가 맞기를 바랐고 틀릴까 봐 걱정하고 있었다. 100퍼센트 자연스러운 본능이다. '이 사람이 틀리면 어떻게 하나'라는 두려움이 그들의 마음속에서 '이 사람이 틀릴 줄 알고 있었다'라는 확신으로 바뀐 것이다. 이처럼 우리의 마음은 시장과 관련해 잔인한 장난을 친다.

우리 회사 고객 중에는 2007년부터 2009년까지 급락장이 나올 것임을 알고 있었다고 믿는 투자자들이 상당히 많다. 그들은 상식과 좋은 본능만 갖고 있으면 누구나 예견할 수 있는 일이었다고 말한다. 물론 실제로 그들이 진짜 알고 있었다면 미리 주식을 처분했겠지만, 그들은 그렇게 하지 않아서 큰 피해를 봤다. 결국 그들은 기억의 농간에 당한 것이다.

수익의 기쁨보다 손실의 아픔이 더 크다

투자자들은 손실의 아픔을 수익의 기쁨보다 2.5배나 더 강하게 느낀다는 사실이 측정을 통해 입증됐다.[1] 따라서 10퍼센트 손실이 주는 아픔은 평균적으로 25퍼센트 수익이 주는 기쁨에 맞먹는다. 이렇게 글로만 읽어선 터무니없어 보인다. 직감적으로도 수긍하기 힘들다. 또한 우리 조상들에게 임박한 고통의 위험을 피하는 것이 생명을 유지하는 길이었듯이 투자자들도 단기적인 손실을 볼까 두려우면 직감적으로 피하는 경향을 보인다. 이러한 편향을 근시안적 손실 회피 myopic loss aversion 라고 한다.

시장이 평온할 때는 투자자들은 대부분 장기적 관점에서 시장을 보고 단기적인 변동성을 무시해야 한다는 데 동의한다. 그리고 그에 맞춘 계획을 세운다. 그들은 냉철하다. 그러나 시장이 요동치면 더 강력한 본능이 고개를 들기 시작한다. 그래서 단기적인 고통의 위협을 제거할 수 있는 행동을 당장 취하길 원한다. 설령 이러한 행동이 미래의 수익을 해치더라도 말이다. 이유는 뭘까? 미래의 수익이 가져다줄 기쁨보다 현재의 손실이 가져올 고통이 훨씬 더 크게 느껴지기 때문이다. 결국 투자자들은 "가만히 있지 말고 뭔가 해야겠다"는 인식을 명확히 드러낸다. 도망치든 싸우든 해야 한다는 것이다. 아무

것도 하지 않는 것 또한 하나의 대응이며, 그것이 최선의 대응일 수도 있는데 말이다.

그렇다는 걸 보여주는 한 가지 사례가 있다. 1998년은 전 세계 투자자들에게 끔찍한 한해였다. 1월 1일부터 12월 31일까지 1년 내내 의식불명 상태로 만들어 줄 알약을 복용했다면 나중에 1998년은 영광스러운 한 해처럼 보였을 수 있다! 그러나 의식이 있었다면 괴로운 한 해였다. 시작은 좋았다. 7월 중순까지 세계 증시는 22퍼센트 가까이 상승했다.[2] 그러나 1997년 아시아에서 시작된 금융위기가 세계 다른 시장으로 전파될지 모른다는 공포가 퍼지기 시작했다. 이러한 공포는 러시아가 국가 부도를 선언하고 루블화를 평가절하하는 그 유명한 '러시아 루블 위기Russian Rouble crisis'가 터지면서 더욱 커졌다. 국가 부채를 둘러싼 우려가 서양으로 퍼지면서 과도한 레버리지에 의존하던 미국의 대형 헤지펀드인 롱텀캐피털매니지먼트Long-Term Capital Management가 파산 위기에 몰렸다. 사람들은 롱텀캐피털이 파산하면 미국의 금융 시스템 전체가 무너질지 모른다고 걱정했다. 이런 걱정 속에 세계 증시는 불과 11주 만에 20퍼센트나 급락했다.[3] 멀미가 날 정도로 급한 조정이었다.

그러나 펀더멘털이 아니라 심리적 요인에 따른 조정은 빠르게 지나가고 심리도 그만큼 빠르게 긍정적으로 변하기 마련이다. 사람들이 재빨리 공포를 이겨내면서 세계 증시는 다시 27퍼센트 반등하여 결국 연간 24.3퍼센트(미국 주식은 28.6퍼센트) 상승하며 거래를 마감했다.[4] 직감을 무시하고 버텼던 투자자들은 큰 보상을 누렸다. 반면 공포를 견디지 못해 주식을 처분한 투자자들은 저가에 주식을 매도했을 뿐 아니라 급반등 타이밍에 맞춰 빠르게 환매수하지도 못한 경우가 많았다. 게다가 그들은 거래 수수료와 세금까지 물어야 했다. 안타까운 일이다!

[그림 7-1]은 1998년의 세계 증시 수익률을 보여준다. 한 해 전체를 관통하는 실선을 통해 증시가 큰 폭으로 상승했음을 알 수 있다. 물론 실제 증시가 일직선으로 오르지는 않았다. 두 개의 점선은 무서운 폭락과 급반등을 보여준다. 대부분의 투자자들은 폭락의 고통을 두 배 이상으로 느낀다. 증시가 20퍼센트 떨어지면 50퍼센트 넘게 떨어진 것 같은 고통을 느끼는 식이다. 그러면 엄청난 공포를 느낄 수밖에 없다. 이후의 급반등은 좋았지만, 고통만큼 강렬한 느낌을 주지는 않았다. 투자자들은 그냥 24퍼센트 급등한 만큼만의 기쁨을 느

〔그림 7-1〕 1998년 세계 증시 동향

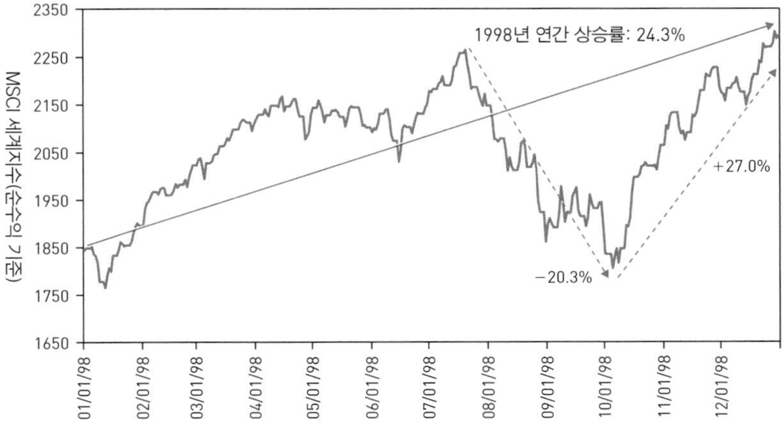

출처: 톰슨로이터, MSCI[5]

꼈을 뿐이다. 이 기쁨의 강도는 하락이 준 고통에 비할 바가 못 됐다.

알다시피 이러한 심리적 반응은 잘못됐다. 1998년은 결과적으로 증시가 크게 오른 해였다. 증시 급락을 애써 외면하지 않는 게 중요하다. 그러나 급락이 나오면 우리의 둥그런 두뇌는 불안한 나머지 나서서 뭔가를 하고 싶어 한다. 사람들은 조정 타이밍을 포착하는 게 가능하다고 생각한다. 결과적으로 어떤 전문가도 장기적으로 꾸준히 그런 포착에 성공하지 못했다. 그러니 직감에 이끌려 싸게 매도해놓고 거래 수수료만 더 내고 미래 수익을 포기하게 되기 쉽다. 가끔은 아무것도 하지 않는 것이 가장 적극적인 전략이다. 사람들은 아무것도 하지 않는 게 항상 쉽다고 생각하지만 사실은 그렇지 않다(17장). 직감이라는 강력한 충동을 이겨낸 것이기 때문이다. 그래서 거기에 대한 보상이 주어지는 것이다.

다음에 직감을 따르고 싶은 유혹을 느낀다면 명심하라. 석기시대 이후 바뀐 게 없는 우리 두뇌는 신체적 위험에 대한 대응에는 소질이 있을지 모르지만, 형편없는 투자 매니저 역할을 하는 여러분의 투자 직감을 통제하는 것도 똑같은 그 뇌라는 사실을.

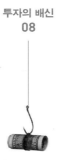

투자의 배신
08

폭락을 한 번 맞으면 투자는 끝장 난다

약세장은 감정을 크게 상하게 만든다. 나는 주식시장을 '위대한 능멸자'라고 부른다. 그리고 이 위대한 능멸자는 최대한 오래, 최대한 많은 사람들을 겁주어 최대한 많은 돈을 빼앗은 다음에야 비로소 상승하거나 하락한다. 약세장은 가장 끔찍한 위대한 능멸자의 모습이다.

위대한 능멸자는 사람들이 올린 수익을 어떻게든 강탈해간다. 우선 단기적으로 급락이 나오면 거대한 미실현 손실이 생기고, 사람들은 치욕과 공포와 절망에 시달린다. 위대한 능멸자는 사람들이 수익을 좋아하는 것 이상으로 손실을 싫어한다는 걸 안다. 그래서 약세장이 너무 괴로운 사람들은 궁극적으로 손해를 보게 될 미친 짓을 하고야 만다. 결과적으로 아무것도 하지 않았을 때보다 장기적으로 훨씬 더 큰 피해를 본다. 주가 수준이 절대적으로 낮아진 시점에 일종의 '항복매도capitualtion-selling'를 하기 때문이다. 너무나 많은 투자자들이 상황이 명확해질 때까지 기다려보겠다는 핑계로 이런 투매에 나섰다가 엄청난 손해를 본다. 약세장으로 인한 고통이 심해지면 많은 투자자들은 더이상 큰 폭의 변동성을 감당할 수 없다는 결정을 갑자기 내리고(혹은 수많은 다른 핑계를 대면서) 장기 투자 전략 따위는 없었다는듯이 채권과 현금을 대거 보유하기 시작한다. 문제는 그 시점이 대개 주가가 바닥을 치고 급반등을 시작하는 때라는 것이다(9장). 이처럼 씁쓸한 경험을 맛본 투자자들은 몇 년 동안 증시를 애써 외면한 채 강세장 내내 기회를 엿보기만 하다가 강세장 막판에 이르러서야 비로소 상황을 명확히 파악하게 됐다고 판단하고 시장에 되돌아온다. 하지만 그런 명확성은 머지않아 하락 반전하는 증시와 함께 금세 사라지고 만다. 이런 점에서 위대한 능멸자는 잔혹하고 악질적이다.

또 다른 유형의 투자자들은 본전을 되찾거나 다른 임의로 정해놓은 기준에 도달할 때까지 주식을 팔지 않고 기다리겠다고 말한다. 그러다가 전략을 바꿔, 채권이 더 안전하다는 이유를 대며 현금과 채권을 보유한다. 그러나 채권이 더 안전하지 않을 수도 있다(1장).

애초에 주식이 단기적으로 자산을 크게, 적어도 임의로 정한 수준까지 불려줄 수 있는 적절한 자산군이라고 생각했다면 장기적으로는 주식이 더 크게 상승할 가능성이 있다는 생각은 왜 하지 못하는가? 이 역시 비뚤어진 생각에 사로잡혔기 때문이다. 단기 목표를 세웠다면 투자 기간을 짧게 가져가야 하므로 주식은 적합한 투자 수단이 아니다. 장기 목표를 세웠다면 장기적으로 시간을 두고 투자하겠다는 뜻인데, 이때 주식은 적합한 투자 수단인 경우가 자주 있다. 하지만 이렇게 생각하는 투자자가 많지 않은 게 문제다.

급락장은 급등장으로 이어진다

투자 기간을 길게 설정하고(이 책을 읽는 독자라면 그렇게 할 것이다. 3장 참조) 증시 상승에 준하는 만큼 자산을 불리겠다는 목표를 정하면 약세장이 와도 바뀔 게 아무것도 없다. 앞으로 해야 할 일도 마찬가지다. 투자자들은 보통 빠져나올 수 없는 구멍에 빠지는 걸 두려워한다. 그들은 증시가 25퍼센트 하락하면 똑같이 25퍼센트 반등해도 본전을 되찾지 못한다는 사실을 안다. 본전을 되찾으려면 33퍼센트 반등해야 한다. 30퍼센트 하락하면 43퍼센트나 반등해야 본전이 된다. 2007년 10월부터 2009년 3월 사이처럼 주가가 58퍼센트 급락하면[1] 손실만 복구하려고 해도 주가가 138퍼센트 올라줘야 한다. 약세장에서 고통과 공포를 경험한 투자자로서는 증시가 그만큼 랠리를 펼칠 거라는 기대감을 갖기가 불가능하다. 이럴 때 위대한 능멸자가 활동을 재개한다.

손실을 복구하지 못할까 봐 겁나는가? 당연히 그럴 것이다. 그렇다면 손실을 복구하기가 불가능할까? 아니란 사실이 역사를 통해 확인된 바 있다. 약세장은 보통 주기적으로 반복된다. 때론 낙폭이 큰 급락장이 찾아오기도 한다. 그러나 역사상 증시는 하락하거나 심지어 급락하더라도 반드시 반등하여 계속 신고점을 경신하며 상승해 왔다. 약세장이 회복 불가능하다면 증시는 떨어지기만 하겠지만 절대 그럴 일은 없다. 증시는 항상 하락한 수준 이상으로 상승했고, 고르게는 아니더라도 궁극적으로는 시간이 지나면 상승 행진을 이어 간다. 그리고 거의 언제나 약세장의 낙폭이 클수록 뒤이은 강세장의 반등폭은 더 컸다. 항상 그랬던 것은 아니지만 대개는 그랬다. 설령 반등폭이 하락폭에 못 미치더라도 계속 보유하는 것이 저점에서 매도하고 현금을 들고 있는 것보다 결과적으로 나았다. 언제나 그랬다.

어쩌면 "이번에는 다르다"라고 생각할 수도 있겠다. 전설적인 투자자 존 템플턴John Templeton이 이것이 투자에서 가장 위험한 말이라고 지적했듯, 기본적으로 이번에도 다를 게 거의 없을 것이다. 맞다. 세부적인 양상은 달라도 증시에 영향을 주는 펀더멘털은 다르지 않을 수 있다. 따라서 길게 보면 주가는 결국 오르게 되어 있다. 다만 그 사이에 크고 작은 간헐적인 하방 변동성이 끼어들 뿐이다.

미래에는 무한한 인간의 창의성과 혁신과 바람이 만들어낼 현재로서는 가늠하기 힘든 새로운 제품과 서비스를 통해 상상할 수 없는 이익을 맛볼 수 있다는 사실을 기억하라. 항상 그래왔다. 사람들은 언제나 주가가 지나치게 높고 자본주의는 끝장났다고 투덜거렸다.

그러나 그들의 말이 옳았던 적은 한 번도 없다. 그러니 장기 투자한다면 이번에도 크게 다르지 않을 거란 쪽에 돈을 걸기를 권한다. 항상 이번만은 다를 것처럼 느껴지고, 언론에서도 이번은 다르고 앞으로도 다를 것이란 수많은 이유를 들이대더라도 말이다.

사회적 · 정치적 트렌드가 자본주의를 전복시킬 것이란 결론이 주목을 받곤 한다. 그러나 항상 그런 건 아니더라도 거의 언제나 전 세계의 민주국가에서 자본주의는 정치인과 사회 트렌드와 일시적 정치적 의지보다 더 강력해지면서 끝내 승리했다. 스티브 포브스Steve Forbes는 2009년에 펴낸 《자본주의는 어떻게 우리를 구원하는가How Capitalism Will Save Us》에서 이 점에 대해 잘 설명해주었다.

장기 수익률에 숨은 평균의 속임수

많은 사람들이 약세장을 극복하지 못할까 봐 두려워하는 한 가지 이유는 평균이라는 숫자에 속아서다(5월에 팔아야 한다고 믿는 사람들이 겪는 비슷한 문제에 대해선 25장 참조). 측정 기간과 방법에 따라 약간 차이가 있긴 하지만 증시는 장기적으로 연평균 10퍼센트 정도씩 상승했다. 따라서 본전을 되찾기 위해 33퍼센트나 45퍼센트, 140퍼센트에 이르는 반등이 필요하다면 정말로 긴 시간을 기다려야 할 것처럼 보인다. 그러나 많은 사람들이 간과하는 중요한 사실은 증시의 장기 평균 수익률에 약세장의 하락분도 포함하고 있다는 것이다. 다시 말하지만, 지금까지 증시는 약세장일 때마다 크게 하락했지만 여전히 연평균 약 10퍼센트의 수익률을 기록했다. 어떻게 그럴 수 있었을까? 일반적인 연수익률은 평균과 거리가 멀고, 높거나 낮은 극단적인 모습을 보인다(5장). 사람들은 증시가 급락할 수 있다는 사실을 받아들이면서 왜 종종 크게 상승할 수도 있다는 사실은 잊어버린단 말인가?

평균을 이루는 증시의 움직임들을 확인해봐야 이런 잘못에서 벗어날 수 있다. 항상 그래야 한다. 강세장은 사람들이 생각하는 것보다 더 오랫동안 강하게 유지된다. 그러다 보니 강세장 때 올리는 수익률은 평균을 상회하기 마련이다. 그래야 급락한 해의 하락분을 만회할 수 있다. [표 8-1]은 1926년 이후 모든 강세장의 수익률을 정리해놓은 것이다. 표를 보면 알 수 있듯이 평균적으로 강세장의 연 수익률은 21퍼센트에 이른다. 또한 지속 기간의 편차가 크지만 많은 사람들이 생각하는 것보다 훨씬 더 오래 지속된다.

그리고 하락폭이 클수록 더 크고 빠른 반등이 나온다(9장). 사람들은 급락장에서 큰 손실을 입으면 미래의 잠재적 위험으로부터 자신을 지키려고 주로 채권이나 현금을 들고 있어야 한다고 생각한다. 잘못된 생각이다. 과거는 미래에 일어날 일에 대해 아무것도 말해주지 않는다. 따라서 투자자들은 언제나 앞을 보고 자신의 장기 목표가 뭔지 생각해야 한다. 그래야 약세장이 조장하는 공포에 휘둘리지 않는다. 평균에 속지 마라. 강한 약세장이 끝나면 더 길고 강한 상승장이 오게 되어 있다. 앞으로도 예전만큼 강세장을 자주 보게 될 것이다.

〔표 8-1〕 강세장일 때의 수익률

저점	고점	지속 기간 (개월)*	연수익률	누적 수익률
1932.6.1	1937.3.6.	57	35%	324%
1942.4.28	1946.5.29	49	26%	158%
1949.6.13	1956.8.2	85	20%	267%
1957.10.22	1961.12.12	50	16%	86%
1962.6.26	1966.2.9	43	18%	80%
1966.10.7	1968.11.29	26	20%	48%
1970.5.26	1973.1.11	32	23%	74%
1974.10.3	1980.11.28	74	14%	126%
1982.8.12	1987.8.25	60	27%	229%
1987.12.4	1990.7.16	31	21%	65%
1990.10.11	2000.3.24	113	19%	417%
2002.10.9	2007.10.9	60	15%	101%
강세장 평균		57	21%	164%

* 1개월=30.5일

출처: 글로벌 파이낸셜 데이터

추세가 전환되었는지 확인한 뒤 진입해야 한다

약세장이 시작됐다고 치자. 아주 심하고, 나쁘고, 흉측한 약세장이! 이런 약세장이 이어지는 동안 계속 주식을 보유한다면 단기적으로 손실을 피할 수 없다. 게다가 약세장에는 변동성이 심해진다. 그렇다면 일단 정리하고 약세장이 끝날 때까지 기다렸다가 상승 신호가 분명해지면 다시 시장에 진입해야 할까?

그런데 언제 진입해야 하는 걸까? 증시는 정신없이 널뛴다. 차라리 확실하게 약세장이 끝나고 새로운 강세장이 시작돼서 모든 게 분명해질 때까지 기다리는 편이 좋을까?

그렇지 않다. 반직관적으로 들릴지 모르지만 투자심리가 가장 냉각되었을 때가 위험이 가장 적다. 바로 약세장에서 증시가 바닥을 쳤을 때다. 자본시장에서는 명확한 뭔가를 구하기가 너무 힘들며, 그럴 수 있다는 생각은 착각에 불과하다.

따라서 누구도 약세장이 바닥을 칠 시기를 완벽하게 단정할 수 없다. 그럴 수 있다고 말하는 사람은 착각했거나 여러분을 속이려는 것이다(11장). 아니면 한 번 정도 운이 좋아 맞췄을 수 있다. 약세장 후반의 거친 변동성이 단기적으로 고통스럽기는 하지만 누구나 새로운 강세장의 시작을 놓치고 싶지 않다. 새로운 강세장은 막판의 거의 모든 하방 변동성을 빠르게 지워가면서 정말로 기민하고 크게 나타난다. 설령 약세장의 마지막 15~20퍼센트 손실을 보더라도 그것은 이어지는 강세장의 초기 반등 시 올릴 수익에 비할 바가 못 된다.

약세장을 눌린 스프링이라고 생각하면 된다. 세게 누를수록 더 강하게 뛰어오르는 스프링 말이다. 약세장도 마찬가지다. 가상의 약세장 바닥과 새로운 강세장을 표현한 [그림 9-1]은 이러한 효과를 잘 보여준다. 약세장 초기에는 악화된 펀더멘털이 주가를 끌어내린다. 사람들은 흔히 약세장이 급락으로 시작한다고 생각하지만 통상적으로 그렇지 않다. 천천히 저점을 낮추다가 막판에 급락한다. 일정한 시점이 지나면 2008년 가을 일어난 금융위기 때처럼 줄어드는 유동성과 냉각된 투자심리가 펀더멘털보다 더 큰 영향을 미치고, 이때부터 투자자들은 공포에 빠진다. 공포는 대개 심리적인 요인에 불과하지만, 공포와 함께 일시적으로 유동성이 부족해지면 사람들은 종종

〔그림 9-1〕 가상의 V자 반등

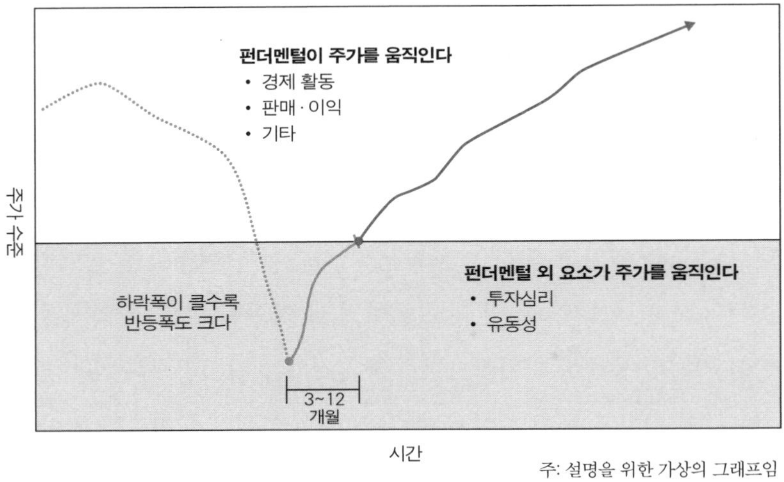

주: 설명을 위한 가상의 그래프임

펀더멘털에 문제가 생겼다고 착각한다.

바로 그때 큰 폭의 급락이 생길 수 있다. 그러나 새로운 강세장이 시작되면 반등도 하락했을 때만큼 빠르게 진행될 수 있다. 공포에 질렸던 사람들이 걱정했던 것만큼 상황이 심각하지 않으면 심리가 개선되고 유동성이 늘어나면서 증시는 가파르게 상승한다. 새로운 강세장의 초기에 급반등이 나오는 것은 상황이 좋아졌거나 개선돼서가 아니라 공포에 떨며 걱정했던 재난에 버금가는 일이 일어나지 않았기 때문이다. 이때 증시는 쏜살같이 오르며 약세장의 막판에 나타났던 속도와 모양이 비슷한 새로운 강세장이 형성된다. 나는 이것을 'V자 반등' 효과라고 부른다.

투자심리가 악화되며 변동성이 커진 약세장 후반부에 가장 많이 하락한 업종들은 대개 강세장의 초반부에 가장 많이 반등하는데 이것 역시 흔하게 볼 수 있는 'V자 반등' 효과라고 말할 수 있다(이 부분은 2부 9장 참조).

이론으로만 그런 게 아니라 실제로도 V자 반등은 역사 속에서 자주 발견된다. 때로 약세장은 몇 달 간격을 두고 두 번 바닥을 찍는 일명 '쌍바닥double bottom' 패턴(다른 말로 W 패턴)을 보이며 마무리되기도 한다. 이때 아주 짧은 시간 동안 차트 모양이 W자처럼 보일 수 있으나 곧바로 기본적인 V자 패턴으로 통합되며 W자의 바닥 부분이 차지하는 비중은 상대적으로 작아지기 시작한다. 왜 그럴까? 초반 반등이 매우 강하게 이루어지기 때문이다. 그런데도 사람들은 그보다 괴로울 정도로 장기간에 걸쳐 형성된 W자나 L자 패턴을 찾는다. 그런 사람들을 보면 나는 선진국 증시 역사상 그런 패턴이 있었던 사례를 세 번만 찾아봐 달라고 요구한다. 아무리 찾아도 전 세계적 차원에서조차 장기간 W나 L자 패턴이 나타난 사례를 단 한 건도 찾지 못했다. 물론 내가 측정을 잘못해서 놓쳤을 수도 있다. 그렇다면 실제 사례를 찾아 내가 틀렸다는 것을 증명해 달라. 지금까지 W자나 L자 패턴이 생긴 적도 많지 않았다. 지금까지 그래왔다면 어쨌든 앞으로도 그럴 것이라고 믿을 충분한 이유가 생긴다.

약세장에서 강세장으로 갈 때 나타나는 전형적인 V자 패턴

[그림 9-2]는 약세장의 마지막 단계와 2009년 3월부터 시작된 새로운 강세장이 전형적인 V자 패턴을 띠고 있음을 보여준다. 보다시피 새로운 강세장은 약세장 후반과 아주 흡사한 궤적을 그린다.

전형적인 V자 패턴이 나타났다. 어떤 의미에서 매우 특별한 패턴이기도 하다. 미국과 세계 증시가 3월 9일 저점에서부터 연말까지 각각 68퍼센트와 73퍼센트라는 역사적인 대규모 반등을 나타냈기

〔그림 9-2〕 2009년 세계 증시에서 나타난 V자 반등

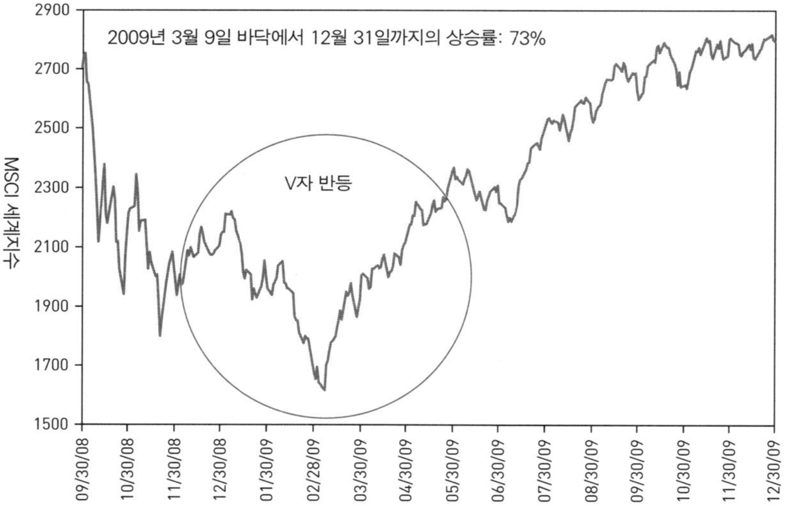

출처: 톰슨로이터, MSCI[1]

때문이다. 당시 강세장은 이례적이라고 말할 수 있을 정도로 초기 반등이 강했다.[2] 그러나 앞선 약세장에서 나온 하락폭도 엄청나게 컸다. [그림 9-2]에 나온 것처럼 새로운 강세장의 초기 반등은 대개 이전 약세장의 마지막 단계와 비슷한 속도와 형태를 띤다. 약세장의 끝과 강세장의 처음이 거의 완벽한 V자 패턴을 이룬다.

강세장 초반 반등이 시작할 때 투자하면 약세장에서 입은 손실을 상당 부분 빠르게 만회할 수 있다. 그러나 우리의 두뇌는 "이미 많이 떨어졌다! 더 떨어지기 전에 빨리 정리하라"라고 말한다. 그래서 정리하면 당장은 속이 편하겠지만 약세장이 바닥을 찍은 후 나타나는 V자 반등이 주는 엄청난 수익을 누리지 못할 것이다.

[표 9-1]은 이러한 초기 반등의 규모를 정리한 것이다. 보다시피 증시는 평균적으로 반등의 첫 3개월 동안 21.8퍼센트, 첫 12개월 동안 44.8퍼센트 상승했다. 정말 빠르고 높은 상승률이다. 이 경우는 5장 때와는 달리 평균이 오해를 초래하지 않는다. 반등이 일어난 12개월 동안 꾸준히 증시는 크고 빠르게 올랐기 때문이다. 물론 어떤 달은 다른 달보다 다소 더 크고 빠르게 올랐지만 어쨌든 모두 크고 빠르게 올랐다고 볼 수 있다. 강세장 첫해의 상승률은 평균적으로 강세장이 이어진 전체 기간의 상승률보다 두 배 이상 높고, 강세장이 이어진 전체 기간의 상승률은 증시의 장기 평균 상승률보다 두 배 이상 높다(8장). 그리고 첫해 상승률의 거의 절반은 보통 첫 3개월 동안 나온다. 다만 항상 그런 것은 아니다.

여기서 다시 시장의 농간이 등장한다. 첫 3개월 동안 가파른 반등

〔표 9-1〕 새로운 강세장의 첫 3개월과 12개월 상승률(S&P500 기준)

강세장 시작	강세장 마무리	첫 3개월 상승률	첫 12개월 상승률
1932.06.01.	1937.03.06.	92.3%	120.9%
1942.04.28.	1946.05.29.	15.4%	53.7%
1949.06.13.	1956.08.02.	16.2%	42.0%
1957.10.22.	1961.12.12.	5.7%	31.0%
1962.06.26.	1966.02.09.	7.3%	32.7%
1966.10.07.	1968.11.29.	12.3%	32.9%
1970.05.26.	1973.01.11.	17.2%	43.7%
1974.10.03.	1980.11.28.	13.5%	38.0%
1982.08.12.	1987.08.25.	36.2%	58.3%
1987.12.04.	1990.07.16.	19.4%	21.4%
1990.10.11.	2000.03.24.	6.7%	29.1%
2002.10.09.	2007.10.09.	19.4%	33.7%
2009.03.09.	???	39.3%	68.6%
평균		21.8%	44.8%

출처: 글로벌 파이낸셜 데이터

이 나오지 않으면 사람들은 그것을 절대로 상승이 오지 않을 것임을 알려주는 신호라고 생각하는 경향이 있다. 시장이 투자자들을 속이는 전형적인 전술에 당하는 것이다. 때로 약세장이 바닥에 이르거나 상승장이 시작될 때 증시가 횡보하면 투자자들은 낙심하기 쉽다. 그러나 1년 이상의 긴 시간을 두고 보면 거의 언제나 V자 패턴이 형성된다.

신기루 같은 뭔가를 기다리다가 초기의 강한 반등을 놓치면 약세장에서 입은 손실을 대폭 만회할 기회를 놓치게 된다. 그러면 수익률도 벤치마크보다 낮아지는 아픔을 겪게 된다. 초기 급반등은 험난한 약세장의 고통을 견뎌낸 사람들의 마음을 위로해준다. 약세장에서 입은 손실을 전부 되돌리지는 못하더라도 만회할 수 있는 확실한 계기가 생기는 것이다. 만회 기회를 놓치면 앞으로 약세장에서 입은 손실을 만회하는 데 더 긴 시간이 걸릴 수도 있고, 어쩌면 영원히 만회하지 못할 수도 있다.

강세장의 시작을 100퍼센트 확실히 알려주는 신호는 없다. 그런 신호가 있다면 우리도 알게 될 것이고, 누구나 그것에 주의를 기울일 것이다. [그림 9-2]에서 알 수 있듯이 첫 반등 3개월을 놓쳤을 때의 기회비용은 대단히 크고 오랫동안 부담스러울 수 있다. V자 패턴의 바닥에서는 양쪽 모두 변동성이 높아진다. 여러분이 약세장 후반과 강세장 초반 중 어느 쪽의 변동성을 견디고 있는지는 시간이 지나야 알 수 있지 당장은 알 수 없다. 그러니 초기 반등을 놓치고 나서 나중에 후회하지 말자.

투자의 배신
10

성장주가 언제나 최고 수익을 낸다

많은 투자자들, 심지어 투자 전문가들도 특별히 더 선호하는 투자 규모나 스타일이 있다. 대형주를 선호하는 사람도 있고 소형주를 선호하는 사람도 있다. 가치주를 선호하는 사람도 있고 성장주를 선호하는 사람도 있다. 또 기술주나 은행주나 소비재에만 투자하는 사람도 있다.

금융자산 운용사와 뮤추얼펀드들은 종종 특정 규모와 스타일 지침에 부합하는 투자상품만을 판매하곤 한다. 물론 그것이 잘못된 것은 아니다. 기관투자의 세계는 수십 년 동안 그렇게 운영되어왔다.

다만 일반적으로 기관들은 사실상 모든 주요 스타일과 규모의 주식에 두루(소형·중형·대형 성장주와 가치주, 국내와 해외 주식, 모든 기본 섹터들에 골고루) 투자하려고 한다. 그때 그들은 주요 지수의 등락에 따라 기계적으로 편입된 업종을 사고파는 '패시브 투자passive investment'를 하거나 섹터별로 최고의 포트폴리오 매니저를 두고 선별적으로 주식을 사고파는 '액티브 투자active investment'를 한다. 이와 달리 개인투자자들은 심지어 전문가라고 하더라도 자신이 선호하는 투자 규모나 스타일이 항상 최고라고 생각한다. 그래서 특정 규모나 스타일, 업종으로 일명 '몰빵' 투자를 한다. 중대한 실수를 저지르는 행위다!

뜨는 업종에 투자하면 좋은 결과가 나올까?

흥미롭게도 투자자들은 몇 년 동안 강세를 보인 업종에 몰려드는 경향이 있다. 예를 들어, 1990년대 말에는 투자자들 사이에서 장기간 상승세를 이어온 대형 성장주에 대한 인기가 뜨거웠다. 특히 기술주에 대한 관심이 남달랐다. 그러나 그 직후인 2000~2003년의 약세장에서 대형 성장주와 기술주들은 동반 폭락을 면치 못했다. 2000년대 초가 되자 이번에는 소형주가 인기를 끌었다. 그리고 2003~2007년에 걸친 강세장에서는 해외 주식 투자 열기가 내내 뜨거웠다. 당시 사방에서 미국 증시는 끝났다는 말이 들리자 갑자기 모두가 해외 주식에 투자하길 원했다. 1980년대에도 같은 말이 떠

돌았지만 결국 1990년대를 이끈 것은 미국이었다. 그러다가 2008년 들어 해외 주식은 최악의 하락률을 기록했다.[1]

그렇다고 해서 올해 인기를 끈 업종이 내년에 반드시 열기가 식는다는 뜻은 아니다. 중요한 사실은, 특정 업종이 장기간 시장을 선도하면 그 업종이 단순히 본래부터 뛰어난 투자가치를 지녔기 때문에 앞으로도 영원히 강세를 유지할 것이라고 믿고 싶은 투자자들이 몰린다는 것이다. 그런데 그것은 완전한 착각이다!

[그림 10-1]은 언뜻 구분하기 힘든 패턴이 마구 뒤섞인 퀼트처럼 보인다. 이 그림은 미국 대형주, 해외 대형주, 미국 대형 성장주, 소형 가치주, 채권 등[2] 주요 자산군과 그들이 다른 업종들에 비해 매년 어떤 성과를 거뒀는지를 보여주고 있다. 매년 최고의 성과를 낸 자산군은 맨 위에, 최악의 성과를 낸 자산군은 맨 아래 들어가 있다. 1990년에는 채권(투자등급 채권으로 구성된 바클레이즈 채권지수Barclays Aggregate 기준)이 가장 성적이 좋았고, 해외 주식(미국과 캐나다를 제외한 21개 선진국 거래소에 상장된 대형주와 중형주를 포괄하는 MSCI EAFE 지수 기준)이 가장 부진한 수익률을 기록했다. 그 뒤로 순위가 계속 바뀐다. 서너 해 동안 상위권에 있던 자산군이 다시 서너 해 동안 하위권으로 밀리기도 한다. 장기간에 걸쳐 지속적으로 우위를 지킨 자산군은 없었다.

모든 주요 자산군은 불규칙적으로 돌아가며 상위권에 올랐다. 상황이 이런데도 사람들은 편애하는 자산군에 유리한 데이터만 인용하길 좋아한다. 가령 1926년 이후 지금까지 소형주의 수익률은 전반적으로 시장 수익률을 상회해왔다.[3] 이것이 소형주가 본래 더 뛰어난 투자 가치를 지녔다는 걸 보여주는 증거일까? 시장 수익률을 웃도는 소형주의 투자 수익률은 높은 위험과 부족한 유동성 문제로 대부분의 투자자들이 선호하지 않는 끔찍할 정도로 작은 주식들에서 나온 것이다. 또한 예전부터 소형주는 매수와 매도 호가 차이가 커서 실제로 샀다가 팔 경우 수익이 기대만큼 크지 않지만, 그 점이 지수 수익률에는 반영되지 않는다. 1930년대와 1940년대에 소형주 투자 수익률이 장기간 시장 수익률을 상회했을 때 소형주의 매수와 매도 호가의 차이는 종종 주가의 20~30퍼센트에 달했다. 따라서 실제 매수하는 순간부터 큰 손해를 감수해야 했다. 그리고 소형주는 약세장이 끝난 후 반등 초기에 시장을 선도하는 경향을 보인다. 소형주가 가장 크게 오른 기간(1932~1935년, 1942~1945년, 1974~1976년, 2002~2004년)을 빼면 전체적으로 대형주의 수익률이 소형주 수익률보다 더 낫고, 수익률이 우세한 기간도 훨씬 길다. 그리고 그런 기간(보통 새로운 강세장의 초기)을 제대로 잡아내는 능력이 있다면 소형주 투자가 아니더라도 시장 수익률을 뛰어넘을 수 있는 다른 방법이 많다.

지금까지 소형주나 소형 가치주가 평균적으로 언제나 더 낫다는 과장을 믿었다면 오랫동안 다른 자산군에 못 미치는 수익을 올렸을 것이다. 앞에서 살폈듯이 평균을 구성하는 수치들을 실제로 확인해 봐야만 속지 않을 수 있다. 가령 1980년대 중반부터 2000년까지 아주 오랫동안 소형 가치주는 시장 수익률에 훨씬 못 미치는 부진을 보였다. 2000년이 되자 이제 소형 가치주에 대한 관심은 식고, 모두가 소형 가치주와 정반대 위치에 있는 대형 성장주와 기술주에 관심을 보였다. 그러나 사실 나는 항상 소형 가치주를 선호해왔다. 내가 투자 분야에서 승승장구할 수 있었던 것도 소형 가치주 덕분이다. 지금도 우리 회사는 소형 가치주에 수십억 달러를 투자해놓고 있다.

〔그림 10-1〕 언제나 잘 나가는 자산군은 없다

1990	1991	1992	1993	1994	1995	1996	1997	1998	1999
Barclays Agg **8.9%**	Russell 2000 Growth **51.2%**	Russell 2000 Value **29.1%**	MSCI EAFE **32.6%**	MSCI EAFE **7.8%**	S&P/Citi Growth **39.4%**	S&P/Citi Growth **25.7%**	S&P/Citi Growth **33.5%**	S&P/Citi Growth **41.0%**	Russell 2000 Growth **43.1%**
S&P/Citi Growth **2.6%**	Russell 2000 **46.0%**	Russell 2000 **18.4%**	Russell 2000 Value **23.8%**	S&P/Citi Growth **3.9%**	S&P 500 Index **37.6%**	S&P/Citi Value **23.9%**	S&P 500 Index **33.4%**	S&P 500 Index **28.6%**	S&P/Citi Growth **35.9%**
S&P 500 Index **-3.1%**	S&P/Citi Growth **44.1%**	S&P/Citi Value **9.5%**	Russell 2000 **18.9%**	S&P 500 Index **1.3%**	S&P/Citi Value **37.2%**	S&P 500 Index **23.0%**	Russell 2000 Value **31.8%**	MSCI EAFE **20.0%**	MSCI EAFE **27.0%**
S&P/Citi Value **-4.9%**	Russell 2000 Value **41.7%**	Russell 2000 Growth **7.8%**	S&P/Citi Value **16.6%**	S&P/Citi Value **-0.6%**	Russell 2000 Growth **31.0%**	Russell 2000 Value **21.4%**	S&P/Citi Value **31.5%**	S&P/Citi Value **16.3%**	Russell 2000 **21.3%**
Russell 2000 Growth **-17.4%**	S&P 500 Index **30.5%**	S&P 500 Index **7.6%**	Russell 2000 Growth **13.4%**	Russell 2000 Value **-1.5%**	Russell 2000 **28.5%**	Russell 2000 **16.5%**	Russell 2000 **22.4%**	Barclays Agg **8.7%**	S&P 500 Index **21.0%**
Russell 2000 **-19.5%**	S&P/Citi Value **22.2%**	Barclays Agg **7.4%**	S&P 500 Index **10.1%**	Russell 2000 **-1.8%**	Russell 2000 Value **25.7%**	Russell 2000 Growth **11.3%**	Russell 2000 Growth **12.9%**	Russell 2000 Growth **1.2%**	S&P/Citi Value **4.7%**
Russell 2000 Value **-21.8%**	Barclays Agg **16.0%**	S&P/Citi Growth **4.5%**	Barclays Agg **9.8%**	Russell 2000 Growth **-2.4%**	Barclays Agg **18.5%**	MSCI EAFE **6.0%**	Barclays Agg **9.7%**	Russell 2000 **-2.5%**	Barclays Agg **-0.8%**
MSCI EAFE **-23.4%**	MSCI EAFE **12.1%**	MSCI EAFE **-12.2%**	S&P/Citi Growth **0.2%**	Barclays Agg **-2.9%**	MSCI EAFE **11.2%**	Barclays Agg **3.6%**	MSCI EAFE **1.8%**	Russell 2000 Value **-6.5%**	Russell 2000 Value **-1.5%**

그러나 나는 지난 수십 년 동안 그것이 투자 면에서 장기적인 우위를 지닌다고 생각해본 적은 없다. 지금도 마찬가지다. 소형 가치주는 하나의 자산군일 뿐이다.

2000	2001	2002	2003	2004	2005	2006	2007	2008	2009
Russell 2000 Value **22.8%**	Russell 2000 Value **14.0%**	Barclays Agg **10.3%**	Russell 2000 Growth **48.5%**	Russell 2000 Value **22.2%**	MSCI EAFE **13.5%**	MSCI EAFE **26.3%**	MSCI EAFE **11.2%**	Barclays Agg **5.2%**	S&P/Citi Growth **34.6%**
Barclays Agg **11.6%**	Barclays Agg **8.4%**	Russell 2000 Value **-11.4%**	Russell 2000 **47.3%**	MSCI EAFE **20.2%**	S&P/Citi Value **9.3%**	Russell 2000 Value **23.5%**	S&P/Citi Growth **10.3%**	Russell 2000 Value **-28.9%**	Russell 2000 Growth **34.5%**
S&P/Citi Value **6.5%**	Russell 2000 **2.5%**	MSCI EAFE **-15.9%**	Russell 2000 Value **46.0%**	Russell 2000 **18.3%**	S&P 500 Index **4.9%**	S&P/Citi Value **19.7%**	Russell 2000 Growth **7.1%**	Russell 2000 **-33.8%**	MSCI EAFE **31.8%**
Russell 2000 **-3.0%**	Russell 2000 Growth **-9.2%**	S&P/Citi Value **-16.2%**	MSCI EAFE **38.6%**	S&P/Citi Value **15.3%**	Russell 2000 Value **4.7%**	Russell 2000 **18.4%**	Barclays Agg **7.0%**	S&P/Citi Growth **-35.5%**	Russell 2000 **27.2%**
S&P 500 Index **-9.1%**	S&P/Citi Value **-9.6%**	Russell 2000 **-20.5%**	S&P/Citi Value **31.6%**	Russell 2000 Growth **14.3%**	Russell 2000 **4.6%**	S&P 500 Index **15.8%**	S&P 500 Index **5.5%**	S&P 500 Index **-37.0%**	S&P 500 Index **26.5%**
MSCI EAFE **-14.2%**	S&P 500 Index **-11.9%**	S&P 500 Index **-22.1%**	S&P 500 Index **28.7%**	S&P 500 Index **10.9%**	Russell 2000 Growth **4.2%**	Russell 2000 Growth **13.4%**	S&P/Citi Value **1.9%**	Russell 2000 Growth **-38.5%**	S&P/Citi Value **21.6%**
S&P/Citi Growth **-22.2%**	S&P/Citi Growth **-19.5%**	S&P/Citi Growth **-30.2%**	S&P/Citi Growth **26.8%**	S&P/Citi Growth **6.3%**	Barclays Agg **2.4%**	S&P/Citi Growth **11.4%**	Russell 2000 **-1.6%**	S&P/Citi Value **-38.9%**	Russell 2000 Value **20.6%**
Russell 2000 Growth **-22.4%**	MSCI EAFE **-21.4%**	Russell 2000 Growth **-30.3%**	Barclays Agg **4.1%**	Barclays Agg **4.3%**	S&P/Citi Growth **2.3%**	Barclays Agg **4.3%**	Russell 2000 Value **-9.8%**	MSCI EAFE **-43.4%**	Barclays Agg **5.9%**

출처: 톰슨로이터2

대형주 역시 본질적인 우위를 지니지 못한다. 그렇다고 생각하는 투자자들은 많지만 말이다. 모든 주식 종목은 오랜 기간을 두고 보면 거치는 과정은 다르더라도 결국 비슷한 수익률을 올린다. 왜 그럴까? 바로 수요와 공급 및 투자은행 때문이다.

투자은행이 수요와 공급에 미치는 영향

주가는 우리가 시장에서 자유롭게 사는 모든 상품의 가격과 마찬가지로 수요와 공급에 따라 결정된다. 단기적으로 주식의 공급은 한정되어 있다. 기업공개IPO: Initial Public Offerings를 해서 신주를 발행하기까지 엄청난 시간과 노력이 소요되고, 많은 규정을 준수해야 한다. IPO 계획 발표 뒤 통상 신주가 발행되기까지 12~18개월의 시간이 소요되기 때문에 예상하지 못했던 신주가 대규모로 시장에 풀리는 법은 없다. 따라서 주가는 긍정과 부정이 널뛰기하듯 변하는 투자심리에 따라 달라지는 수요의 영향을 크게 받는다. 7장에 나왔던 1998년의 급격한 반등에서 보듯이 투자심리는 급변한다.

그러나 장기적으로는 공급의 압박이 다른 모든 요소들을 압도한다. 주식의 공급은 장기적으로 100퍼센트 예측 불가능한 패턴에 따라 거의 끊임없이 줄거나 늘어난다. 신주 발행은 공급을 늘리고, 자사주 매입과 현금이나 빚을 내서 한 매수는 시장의 공급을 줄인다. 주식을 공급하는 역할은 투자은행이 맡는다. 금융위기로 많은 비판을 받기는 했지만, 투자은행은 기업이 자본시장에 접근할 수 있도록 돕는 유용한 사회 기능도 수행한다. 여러분은 기업이 자본시장을 통해 성장하고 혁신하며, 채용을 늘리며, 자사주를 저가에 매입하거나, 헐값에 경쟁사를 인수하길 바랄 것이다. 기업이 그런 일을 하는 게 마음에 안 든다면 심리 치료서 같은 다른 책을 사볼 것을 권한다. 그리고 다른 기업도 그렇듯이 투자은행도 이익을 내고 싶어 한다. 그들이 이익을 내는 한 가지 방법은 기업이 신주나 회사채를 발행하게 돕는 것이다. 그들은 또 어떤 경우 자사주 매입, 인수, 합병 등을 통해 주식의 공급을 줄여 이익을 내기도 한다.

1990년대 말 기술주처럼 특정 업종이 인기를 끌면 투자은행은 해당 업종에 종사하는 신생기업들의 상장을 도와 새로운 물량을 공급하는데, 이렇게 늘어난 물량은 그 업종의 미래 수익률을 희석시킨다. 이런 일이 일어나면 같은 업종의 기존 상장사들도 쉽고 저렴하게 자금을 조달할 수 있는 기회를 포착하고 신주를 발행하기 시작한다. 연구·개발, 설비투자, M&A 등에 쓸 자금 마련을 위해서다. 투자은행은 결국 공급 물량이 수요를 압도하여 주가가 떨어질 때까지 신생 및 기존기업들을 위해 신주 발행을 이어간다.

주가는 때로는 천천히, 때로는 빠르게 떨어지지만, 수요가 줄어들면 투자은행은 이전처럼 왕성하게 인기가 식은 업종의 주식을 발행하길 원하지 않는다. 대신 다음에 뜨거나 인기가 있을 새로운 업종을 찾아 공급을 늘리려고 한다. 한편 인기가 식은 업종에 남은 초과공급 물량은 기업의 자사주 매입이나 파산, 다른 기업에 의한 피인 수 등을 통해 소화된다. 이처럼 공급은 끝없이 늘거나 줄어들며 장기적으로 모든 중대한 수요 변화를 극복한다.

기업은 언제나 자본을 조달할 길을 찾고, 투자은행은 언제나 주식 발행을 통한 자본 조달이 필요하거나 조달을 원하는 기업들이 수요를 맞출 수 있게 도울 길을 찾을 것이기 때문에(투자은행은 기업의 자사주 매입과 M&A도 지원한다) 미래의 공급은 예측 불가능하더라도 장기적으로는 압도적인 영향을 미친다.

수요는 불규칙하게 여러 업종으로 옮겨 다닌다. 거기에 근본적인 이유 같은 건 없다. 앞으로 10년 뒤 투자은행은 에너지주보다 기술주를, 소형주보다 대형주를 더 많이 발행하고 싶어 할지 모른다. 공급의 힘이 궁극적으로 장기 수익률을 좌우하기 때문에 초장기간을 두고 보면 업종마다 밟는 경로는 다르더라도 결국 비슷한 수익률을 내게 된다.

한동안 어떤 스타일이나 규모나 업종이나 종목이 생각보다 오랫동안 시장을 선도하기도 하지만, 무엇과도 영원히 사랑에 빠져서는 안 된다. 선도하는 게 항상 바뀌기 때문이다.

투자의 배신
11

능란한 사기꾼에겐 당할 수밖에 없다

2008년 12월 사상 최대 규모의 금융 사기에 대한 뉴스가 연일 언론을 장식했다. 버나드 메이도프라는 사람이 투자자들을 속여 무려 650억 달러에 이르는 돈을 편취했다는 뉴스였다. 당국이 수사에 나섰을 때는 그에게 남은 돈은 거의 없었다. 그 많은 돈이 모두 흔적도 없이 사라진 것이다.

메이도프 사건 이후 곧바로 유사한 사기 사건들이 꼬리를 물고 터져 나왔다. 메이도프 사건이 먼저 터지지 않았더라면 텍사스 출신의 R. 앨런 스탠퍼드R. Allen Stanford가 벌인 다단계 금융 사기가 사상 최대

규모였을 것이다. 그는 80억 달러를 가로챘다. 미국 증권거래위원회 SEC는 스탠퍼드가 다단계 금융사기를 쳤다고 밝혔다. 스탠퍼드는 가짜 자산을 내세워 〈포브스〉지 선정 세계 부자 순위에 거듭 이름을 올렸다. 그리고 범행을 자백한 메이도프와 달리 끝내 혐의를 부인하다 기소됐다.

2009년과 2010년 내내 규모는 작지만 비슷한 금융 사기에 대한 뉴스들이 하루가 멀다고 터져 나왔다. 그러나 피해자 입장에서는 금융 사기 규모가 크든 작든 상관없다. 어차피 사기를 당한 사람은 십중팔구 전 재산을 날리기 때문이다.

금융 사기 사건이 터질 때마다 언론과 투자자와 금융당국은 어떻게 그런 일이 일어났고, 일어날 수 있었는지 의아해한다. 메이도프와 스탠퍼드의 경우 많은 직원을 거느린 투자기업의 경영자로서 활발한 자선 활동으로 유명해진 존경받는 인물이었다. 모두 겉보기에는 정직해 보였다. 피해자 다수는 친구와 동료처럼 두 사람과 가까운 사이였다. 메이도프는 특히 그가 속했던 유태인 사회에 많은 피해를 입혔다. 피해자 중에는 투자에 밝은 전문가나 대형 헤지펀드도 있었다. 똑똑하고 돈 많은 투자자도 당할 수밖에 없었다면 누구도 금융 사기꾼으로부터 안전하지 않을 수 있다는 두려움이 퍼졌다.

어떤 이유 때문인지 사람들은 사기꾼이 부자만 노린다고 생각한다. 그렇지 않다. 메이도프에 당한 피해자 중에는 부자가 아닌 사람들도 많다. 일부는 투자금이 수천 달러에 불과했지만 그것은 그들이 평생 모든 돈이었다. 메이도프는 액수를 따지지 않고 닥치는 대로 돈을 챙겼다. 사기꾼은 상대가 부자든 서민이든 상관하지 않는다. 그저 최대한 많은 돈만 빼앗을 수 있으면 좋아한다.

다섯 가지 위험신호에 주의하라

그나마 잠재적인 사기꾼을 가려내기가 아주 쉬울 수 있다는 게 다행이다. 나는 메이도프 사건이 터진 직후인 2009년 《금융 사기》라는 책을 썼다. 이 책에는 나는 금융 사기의 다섯 가지 신호를 자세히 설명해놓았다. 내가 조사한 바에 따르면 지금까지 일어난 모든 금융 사기는 최소한 다음 다섯 가지 신호 가운데 적어도 세 가지 신호를 보인다. 가장 적게 잡아도 세 가지다.

1. 자산관리사가 고객의 자산을 수탁受託, 즉 대신 맡아 관리한다. 이런 경우 금융 사기가 일어날 확률이 100퍼센트다.
2. 자산관리사가 계속해서 믿기 힘들 정도로 너무나 좋은 고수익을 보장한다. 이런 경우도 금융 사기가 일어날 확률이 100퍼센트다.
3. 자산관리사의 투자 전략이 불분명하거나 현란하다. 혹은 지나치게 복잡해서 고객이 이해할 수 있게 설명하질 못한다. 금융 사기가 일어날 확률이 매우 높다.

4. 고객에게 'VIP 회원'만을 위해 특화된 서비스를 제공한다고 광고하거나 투자와 아무 관련 없는 허세와 인맥 등을 내세우며 현혹시킨다.
5. 중개인의 소개를 통해 자산관리사와 계약을 체결하긴 했지만 고객이 직접 어떤 자문사인지 꼼꼼히 따져본 적은 없다. 사기꾼들은 직접 따져보는 사람들을 싫어하니 그런 자산관리사는 피하라.

이런 모든 신호들이 중요하다. 하나라도 해당하면 신중할 필요가 있다. 물론 그렇다고 해서 반드시 금융 사기가 일어날 거란 말은 아니다. 다만 모든 신호 중에서 가장 심각하고, 나쁘고, 위험한 건 첫 번째 신호다. 금융 사기가 터질 때마다 늘 첫 번째 신호가 나타난다. 따라서 첫 번째 신호에 더하여 다른 신호들까지 등장한다면 당장 맡겼던 돈을 빼라. 방심하지 말고 두 번 이상 자산관리사를 꼼꼼히 따져보거나 아니면 돈을 빼서 다른 자산관리사로 옮겨라.

수탁이 가장 위험한 신호다

그러면 자산관리사가 고객의 자산을 수탁한다는 것은 무슨 의미일까? 메이도프의 고객들은 그에게 돈을 맡기면서 언제 무엇을 사고팔지를 결정하는 전권을 일임했다. 이러한 방식은 자산관리 업계의 관행이다. 우리 회사나 다른 합법적인 투자자문사들도 고객이 맡긴 돈을 알아서 운용하지만 입금과 인출은 고객의 몫이다. 그러나 메이도프는 고객들로부터 돈을 직접 받았기 때문에 그 돈을 쥐락펴락할 수 있었다. 메이도프 입장에선 받은 돈을 빼돌려 자기 개인 계좌로 옮겨놓는 건 말 그대로 식은 죽 먹기처럼 쉬웠다.

그는 수년 동안 가짜 운용 보고서를 만들어 고객을 속였다. 발각되지 않았다면 수십 년 동안 이렇게 했을지도 모른다. 고객이 이익 배분을 원하면 신규 고객으로부터 받은 돈을 나누어 주었다. 전형적인 폰지 사기Ponzi Scheme(신규 투자자의 돈으로 기존 투자자에게 이자나 배당금을 지급하는 방식의 다단계 금융사기 – 옮긴이 주)를 저질렀던 셈이다. 대부분의 사기꾼은 이러한 수법을 쓴다. 스탠퍼드도 그랬고, 폰지 사기라는 말을 탄생시킨 찰스 폰지Charles Ponzi도 나중에 가입한 고객의 돈을 먼저 가입한 고객에게 주는 돌려막기 수법으로 고객으로부터 받은 돈 대부분을 가로챘다.

메이도프가 사기 쳐서 번 돈을 어떻게 했는지 나는 모른다. 그중 상당수를 써버린 것 같다. 일부는 벌어서 고객에게 되돌려주려고 투자했다가 손실을 입었을 수도 있다. 어쨌든 그가 고객의 돈에 쉽게 접근할 수 없었다면 그러한 사기를 저지르지 못했을 것이다. 어쩌면 그의 주장대로 처음에는 훔칠 생각이 없었는지도 모른다. 많은 폰지 사기들이 그런 식으로 시작한다. 고객의 돈을 맡아 관리하던 자산관리사에게 급하게 돈이 필요한 개인적인 문제가 생긴다. 그는 마음만 먹으면 쉽게 고객의 계좌에서 거액의 돈을 빼서 쓸 수 있다. 그는 고객 돈을 조금만 빼서 쓰고 본인 문제를 해결한 다음에 다시 채워 넣을 수 있다고 생각한다. 마침 아주 좋은 투자 기회가 있으니 거기에 투자했다 벌어서 빼면 된다. 그런 다음 고객의 돈을 얼른 되돌려 놓기만 하면 누구도 피해를 보지 않으므로 문제 될 것이 없다. 그러나 설령 투자가 성공해도(나는 그럴 가능성이 낮다고 생각하지만) 누군가는 피해를 입은 셈이다. 자산관리사에게는 자기보다 고객의 이익을 우선시해야 할 수탁 의무가 있지만 이 의무를 다하지 않았기 때문이다. 즉, 정말 그렇게 좋은 투자 기회가 있다면 그는 자신이 아닌 고객이 먼저 그 기회를 잡게 해야 한다.

문제는 여기서 끝나지 않는다. 보통 훔친 고객의 돈을 갖고 소위 '대박' 기회에 투자했지만 대개 실패한다. 그래서 큰 수익은커녕 큰 손실을 보기 십상이다. 그러면 다시 시도하는데, 이번에는 돈을 회수하기 위해서 처음보다 더 큰 위험이 걸린 더 큰 도박을 건다. 절박해졌기 때문이다. 이런 식으로 손실이 반복되면서 자산관리사는 결국 되돌아가기에는 너무 멀리 와버렸다는 사실을 깨닫게 된다. 그러면 그는 사실상 손실 복구를 포기한다. 대신 그는 고객의 환매 요구가 있을 때마다 새로운 고객, 즉 희생자의 돈으로 메우면서 버틴다. 사실상 빚 돌려막기를 하는 것이다. 그동안 모두를 속이기 위해 가짜 보고서를 만드는 일은 필수다. 시간이 갈수록 사기 규모는 점점 더 커진다. 결과적으로 그는 사기가 발각되어 감옥에 가지 않으려고 신규 고객들을 계속 끌어들여 예전 고객들의 돈을 갚는 수밖에 없다.

보통 이러한 금융 사기는 2008년 그랬듯이 시장이 폭락할 때 마침내 만천하에 드러난다. 공포에 질려 환매를 원하는 고객이 대폭 늘어나면 새로운 고객을 충분히 빠른 시간 안에 모을 수 없다. 결국 사기꾼은 사기를 이어가는 데 필요한 신규 자금을 충분히 확보하지 못한다. 2008년 메이도프 사건 때가 그랬다.

메이도프의 경우 고객들이 자신의 말을 따르도록 투자 성과에 대해 계속 거짓말을 했다. 하지만 증시가 폭락하면서 한꺼번에 돈을 환매하려는 고객들이 기하급수적으로 불어나자 더는 사기극을 이어갈 수 없었다. 메이도프의 정체는 마침내 발각 났다. 이렇게 약세장의 바닥은 수많은 사기꾼들의 정체를 드러내주는 경향이 있다.

사기에 대한 대처법은 간단하다. 대신 투자해줄 자산관리사와 계약을 맺을 때 그가 여러분의 돈에 직접 손을 대지 못하게 막으면 된다. 수탁과 의사결정을 분리해놓으면 폰지 사기에 당하지 않을 수 있다. 돈은 자산관리사와 아무 관계가 없는 제3의 대형 금융기관에 넣어두고, 자산관리사에게는 계좌 운용 권한을 주되 돈을 인출할 수 없게 해야 한다. 그러면 돈을 맡은 금융기관이 자산의 감시자 역할을 하게 되어 폰지 사기 같은 사기를 당하지 않는다. 중요한 건 자산관리사가 여러분 계좌에서 마음대로 돈을 빼갈 수 없게 만드는 것이다.

자산을 보호하기는 어렵지 않다. 여러분의 자산을 운용하는 모든 자산관리사가 사기꾼은 아니다. 그러나 내가 목격한 모든 사기꾼은 고객의 돈을 마음껏 주물렀다. 그러니 절대로 돈과 전권을 함께 맡기지 마라.

Part 2

월가의 지혜가 당신의 돈을 노린다

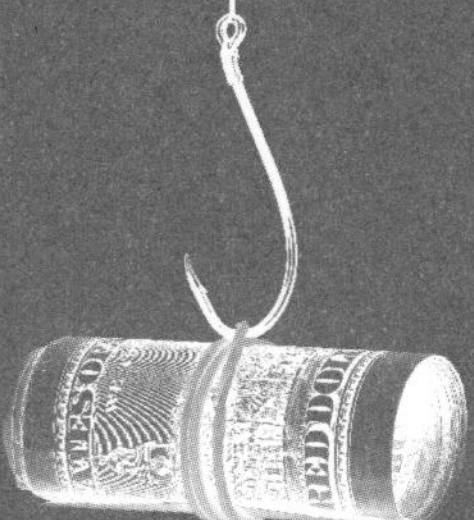

세계 금융의 중심지인 '월가Wall Street'에 대한 비난은 항상 인기다. 가끔 온 나라가 비난에 집착하기도 한다. 2008년부터 2010년 사이에는 이런 비난이 미국 내에서는 야구, 세계적으로는 축구보다 더 인기를 끌었다. 그러나 이는 재난이 일어나면 언제나 희생양을 찾는 격이다. '월가'는 희생양이 되기 쉽다. 그곳에서 일하는 성공한 사람들이 많은 돈을 벌기 때문이다. 대중은 돈 있는 사람들을 쫓아다니며 비난하는 걸 좋아한다. 하지만 개인적으로 나는 많은 돈을 벌 수 있는 능력이 대단히 좋은 능력이라고 생각한다. 여러분도 거기에 동의하기 때문에 이 책을 읽고 있는 것 아니겠는가.

월가는 경제에 매우 유용한 서비스를 제공하는 곳이다. 기업이 성장하고 미래에 더 많은 수익을 내는 데 필요한 자본을 조달할 수 있게 돕는다. 기업이 앞으로 더 많은 수익을 낼 수 있으면 좋은 것 아닌가! 그러면 기업은 주주 가치를 높이고, 누구나 바라는 대로 일자리를 제공하며, 보다 혁신적이고 저렴한 제품을 더 빠르고 더 여러 가지 형태로 만들어낸다. 이 모두는 분명 좋은 일이다.

그렇다고 해서 중개와 금융 서비스 업계에 전혀 문제가 없는 것은 아니다. 나는 말 그대로, 그리고 상징적인 의미에서 월가에서 최대한 멀리 떨어진 곳에 회사를 세웠다. 우리 회사 본사는 태평양을 굽어보는 삼나무숲 높은 곳에 자리 잡고 있다.

나는 왜 해발 2,000미터 높이의 산 정상에 회사를 세웠을까? 내가 보기에 이익의 상당 부분을 상품 판매로 올리는 금융 서비스 산업은 이해충돌 문제에 노출될 위험이 크다. 그리고 이 문제는 의도하건 하지 않았건 수많은 해로운 미신들을 낳을 수 있다. 그런 의미에서 월가 자체가 사실은 고객들의 주머니를 털어가고 심하게는 망하게 만들려고 세워진 면이 있다. 그리고 소위 '월가의 지혜'란 게 가끔은 그다지 지혜롭지 못하다.

금융상품 영업사원은 주식이든 채권이든 펀드든 옵션이든 상품이든 간에 투자상품을 팔면 받는 수수료로 먹고산다. 판매한 상품의 가격 변동은 그들이 받는 수수료에 영향을 미치지 않는다. 이 책을 읽는 독자들과 달리 대부분의 영업사원은 판매하는 투자상품의 장기 수익률에 관심이 없다. 그게 불법은 아니지만, 고객과 영업사원이 추구하는 목표가 반드시 일치하지는 않는다는 의미다.

금융상품 영업사원들이 나쁜 사람이라는 말은 아니다. 전혀 그렇지 않다. 대부분이 선하고 성실하고 열심히 일한다. 물론 나쁜 사람도 있지만 그것은 어느 업계에서나 마찬가지다. 금융 서비스 업계가 잘못된 정보를 퍼뜨리는 것을 꼭 그들의 잘못만으로 볼 수는 없다. 가령 많은 투자상품들은 단기적으로 투자자를 안심시키려는 목적으로 기획된 것이다(12, 13, 14, 15, 16장). 그러나 1부를 읽은 독자라면 감정이 투자의 가장 큰 적이라는 사실을 알고 있을 것이다. 이러한 투자상품들이 종종 안전하지 않은 것으로 확실히 드러나진 않더라도 이 상품들의 안전성은 계속해서 치열한 논쟁거리다. 그래도 수수료를 벌어야 하는 영업사원들 입장에선 고객이 장기적 관점에서 투자하게 돕기보다 고객의 단기적 불안이나 탐욕을 자극하는 것이 더 쉬울 수 있다. 미래는 멀고 한참 떨어져 있으나 주택대출금은 매달 말일마다 꼬박꼬박 내야 하기 때문이다.

그래서 월가에는 제대로 된 투자상품들도 많지만 무원칙적으로 판매되는 상품들도 많다. 다시 말해, 저비용의 아주 간단해 보이는 전략을 추종하는 사람들조차 단기적으로 혹하게 만드는 투자상품들에 빠져서 엄청난 손해를 볼 수 있다(17, 18장).

월가는 똑똑한 학자가 한 말인 양 포장해서 인상적으로 들리는 헛소리를 쏟아내는 동시에 투자자의 사고를 수십 년 전으로 후퇴하게 만든다(12, 13, 14, 19, 20, 21, 22장). 어처구니없게도 업계는 언론의 도움을 받아 벤치마크로서의 의미를 완전히 상실한 케케묵은 다우지수를 여전히 신봉한다(23장). 이 책을 읽는 독자들은 제발 그러지 말기를 바란다.

월가가 기업들이 자본주의라는 멋진 엔진의 원활한 작동에 필요한 자본을 조달할 수 있게 돕는 더할 나위 없이 유익한 일을 한다는 점은 분명 칭찬할 만하다. 그러나 월가에서 갑자기 생길 수 있는 이해충돌 요소들에 조심해야 한다. 지금부터 어떻게 조심하면 되는지를 설명해주겠다.

투자의 배신
12

빠른 손절이
큰 손실을 막는다

손실을 끊는다니! '손절'이라는 이름부터가 멋진 것 같다. 손실을 끊고 싶지 않은 사람이 누가 있겠는가? 그것도 영원히 그럴 수 있다면 얼마나 좋을까? 그러나 슬프게도 손절한다고 해서 반드시 손실이 안 나는 건 아니다. 오히려 손절로 더 많은 돈을 잃을 수도 있다. 게다가 미래에 올릴 수익도 놓칠 수 있다. 거래 수수료와 세금도 부담해야 한다. 이렇듯 손절이 수익을 단절시키는 행위가 될 수도 있다. 장기적으로, 그리고 평균적으로 손절은 손해라는 게 입증됐다.

손절의 작동 원리

손절은 일정한 가격 이하로 주가가 하락하면 자동으로 매도하는 기계적인 방법이다. 주식뿐만 아니라 채권, 상장지수펀드ETF(Exchange-Traded Fund), 뮤추얼펀드 등 금융시장에서 거래되는 상품은 손절이 가능하다. 사람들은 산 가격보다 15퍼센트나 10퍼센트나 20퍼센트 하락할 때를 손절 기준으로 정한다. 특별한 이유가 있어서가 아니고 사람들이 그냥 0이나 5로 끝나는 숫자를 좋아해서 그렇다. 13.46퍼센트나 17.11퍼센트를 손절 기준으로 정할 수도 있지만 대부분 그렇게 하지는 않는다. 어쨌든 주가가 손절 기준에 도달했을 때 매도하면 80퍼센트 급락해서 겪게 되는 큰 손실을 피할 수 있다는 것이 손절을 옹호하는 사람들의 논리다.

좋은 방법처럼 들리지 않는가? 그러나 손절은 원하는 효과를 내지 않는다. 손절이 평균적으로 돈을 건질 수 있는 확실한 전략이라면 모든 투자 전문가들이 적극적으로 활용할 것이다. 그러나 그들 중 압도적 다수가 손절하지 않는다. 내가 아는 한 성공적으로 자금을 장기 운용하는 어떤 운용역도 손절하는 경우를 보지 못했다.

손절이 의미가 없는 이유는 현재와 미래의 주가가 '연속적 상관관계serially correlated'를 갖지 않기 때문이다. 지금의 주가 움직임을 보고 미래의 주가 움직임을 예측할 수 없다. 어제 일어난 일이 오늘이나 내일 일어날 일에 전혀 영향을 미치지 못한다. 사람들은 7퍼센트건

10퍼센트건 15퍼센트건 17.11퍼센트건 일정 수준으로 하락한 주가가 계속 떨어질 것이라고 생각하기에 손절한다. 잘 생각해보자. 현재의 주가 움직임이 미래의 주가 움직임을 결정한다면 많이 오른 종목만 사면 된다. 그러나 본능적으로도 알겠지만 이러한 방식은 통하지 않는다. 많이 오른 종목이 가끔 계속 오르기도 하지만 반대로 하락할 때도 있다. 또는 횡보하기도 한다. 모두 주식이 그런 식으로 움직인다는 걸 안다. 그런데 왜 사람들은 주가가 하락할 때만 이 사실을 제대로 이해하지 못하는 것일까?

장세가 상승세냐 하락세냐 하는 기술적 분석과 시장 심리 및 분위기 변화에 따라 추격 매매하는 투자 전략을 모멘텀 투자momentum investing라고 하는데 이를 신봉하는 사람들이 있다. 그들은 많은 주가 움직임을 예측할 수 있다고 믿는다. 그래서 오르는 주식을 사고, 내리는 주식을 판다. 또 차트에서 패턴을 찾아내려고 한다. 하지만 모멘텀 투자는 평균적으로 다른 투자 전략보다 더 나은 성과를 내지 못한다. 오히려 대체로 더 부진한 편이다. 모멘텀 투자로 전설적인 성공을 거둔 투자자 다섯 명의 이름을 대보라. 한 명이라도 있는가?

손절 기준이 의미가 있는가?

내 조언과 "과거의 성과가 미래의 성과를 말해주지 않는다"는 투자계의 정설에도 불구하고 여전히 손절을 원한다면 손절 기준을 어떻게 정할 것인지 따져보라. 기준을 그렇게 잡은 이유는 무엇인가? 단지 20이라는 숫자가 좋아서 20퍼센트를 손절 기준으로 잡았다고 치자. 주가가 20퍼센트 이상 하락했을 때 계속 떨어질 가능성과 반등할 가능성은 기본적으로 50대 50이다. 그러니 동전 던지기 내기를 하듯 투자하는 셈이다. 하지만 동전 던지기는 결코 좋은 투자 지침이 될 수 없다(그림 12-1).

그래도 보유한 주식 가격이 20퍼센트 떨어져서 손절했다고 치자. 그런데 주가가 20퍼센트 떨어진 건 시장 전체적으로 그만큼 조정을 받았기 때문일 수도 있다. 시장이 반등하면 주가는 다시 올라갈 수 있다. 이 경우 해당 주식만 특별한 문제가 있었던 건 아니다. 전혀 문제가 없었다! 그러나 비교적 낮은 가격에 팔고, 거래 수수료를 낸 뒤

〔그림 12-1〕 동전 던지기 내기하듯 하는 손절

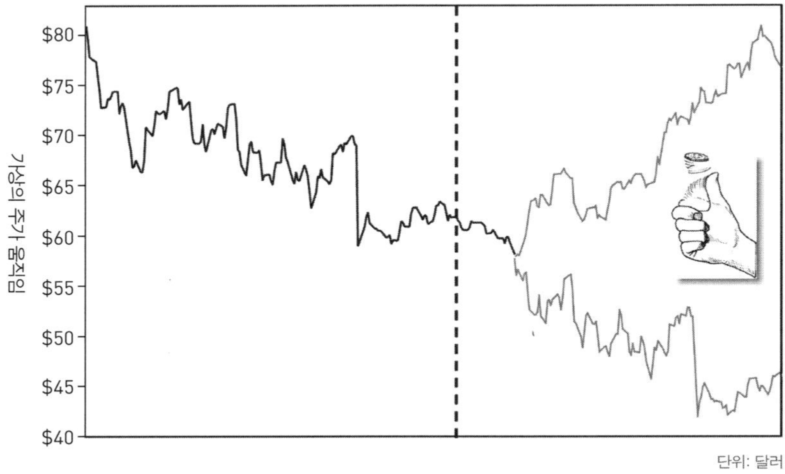

현금을 확보했는데 시장이 급반등하면 어떻게 될까. 여러분이 매도했던 주식이 빠르게 반등하는데도 현금을 든 채 지켜보고만 있을 수밖에 없을 것이다. 여러분은 고가에 매수해서 저가에 매도한 것이다. 안타깝게도 이러한 일은 언제든지 일어날 수 있다.

아니면 악재가 등장해서 주가가 하락할 수도 있다. 여러분은 보유 주식을 매도하여 현금화시켰다. 그러면 이제 무엇을 살 것인가? 새로 매수하는 주식이 오르기만 할 것이라는 보장이 있는가? 그리고 새로 산 주식에도 20퍼센트 손절 기준을 적용했는데 그 주식도 20퍼센트 하락했을 때 또 파는 식으로 반복하다가 결국 돈을 전부 잃을 수도 있다. 손절한다고 해서 새로 매수하는 종목이 무조건 상승한다는 보장은 없다.

매도했던 첫 번째 주식이 경로를 바꿔서 1년 동안 80퍼센트 반등했다면 어떻게 될까. 큰 수익 창출 기회를 놓친 게 된다. 여러분은 저가에 매도한 건 물론이고, 거래 수수료를 두 번 냈고, 수익까지 놓친 게 된다. 일단 손절한 다음 상황이 안정되면 다시 매수하면 된다는 생각도 어불성설이다. 주가가 하락했다는 이유로 무조건 팔았는데 어떤 펀더멘털을 근거로 다시 매수할 것인가?

이번에는 다른 각도에서 손절의 문제점을 살펴보자. 여러분이 50달러에 매수한 주식이 100달러까지 상승했다고 하자. 이때 여러분 친구가 같은 주식을 매수했다. 그러나 이후 주가는 20퍼센트 빠지면서 80달러까지 떨어졌다. 그러면 여러분과 친구는 같이 매도해야 할까? 아니면 여러분이나 친구 중 한 사람만 매도해야 할까?

손절이 보장하는 것은 늘어나는 거래 수수료뿐이다. 증권사들이 손절의 필요성을 열심히 홍보하는 것도 분명 수수료를 더 많이 벌 수 있어서다. 손절이 더 나은 전략이라는 증거는 어디에서도 찾아볼 수 없다. 어린아이들이 집착하는 담요처럼 불안한 투자자들을 달래는 값비싼 심리요법에 불과하다. 담요는 실질적으로 어떤 해도 끼치지 않지만 손절은 조금씩 계좌를 축낸다. 그러니 손절 전략을 쓰고 싶다면 다시 생각하라.

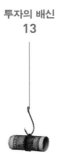

투자의 배신
13

커버드 콜은 위험을 피하는 좋은 전략이다

커버드 콜covered call의 정확한 뜻은 몰라도 이 말 자체가 안정감을 준다. 누군들 위험을 커버하고 싶지 않겠는가? 그래서 커버드 콜은 그 이름만으로도 막연히 좋은 전략처럼 느껴진다.

커버드 콜 전략은 주식을 매수하고 콜옵션을 매도하는 전략을 말한다. 주식을 보유한 상태에서 콜옵션을 다소 비싼 가격에 팔아 위험을 안정적으로 회피하는 방식이다. 옵션 없이 주식만 들고 있는 상태에서 주가가 하락하면 투자자의 손실이 커질 수 있겠지만, 콜옵션을 동시에 팔면 보유한 주식 가격이 하락해도 콜옵션을 매도하면서 받은 프리미엄만큼 손실이 보전되므로 커버드 콜 전략을 선호하는 투자자들이 많다. 게다가 콜옵션 매도에 따른 위험도 크지 않다. 주가가 만기일 이전에 행사가에 도달하면 보유한 주식만 넘기면 된다. 그래서 '커버드'라는 표현을 쓰는 것이다. 안전한 전략처럼 들리지 않는가! 수익을 올리면서 위험은 낮다니 정말 멋지지 않는가! 투자업계에서는 이렇게 커버드 콜 전략의 장점을 광고한다.

동시에 커버드 콜을 선호하고, 이것이 안전하다고 생각하는 사람들은 대부분 네이키드 풋Naked Put은 위험하다고 생각한다. 커버드란 단어는 안전하지만, 네이키드라는 단어는 상당히 위험하게 들리기 때문이다. 그러나 그런 생각은 오해다. 커버드 콜과 네이키드 풋은 수학적 원리가 정확하게 똑같다.

네이키드 풋은 풋옵션 매도 전략을 말한다. 이 전략은 매수하고 싶은 종목의 주식을 매수하는 대신에 그 주식을 미래의 특정 시기에 미리 정한 가격으로 팔 수 있는 권리인 풋옵션을 매도하는 단순한 전략이다. 풋옵션 매도는 주가가 크게 움직이지 않을 경우 프리미엄을 챙길 수 있다. 하지만 주가가 폭락하는 경우 주식을 가진 것과 같은 큰 위험을 부담하게 된다. 반면에 폭등한다고 해도 단지 프리미엄만큼만 이익을 챙길 수 있다.

커버드 콜과 네이키드 풋의 공통점

'커버드'와 '네이키드'란 단어가 주는 선입견 때문에 커버드 콜은 안전하고 똑똑한 전략처럼 보이고 네이키드 풋은 위험하고 미친 전략처럼 보인다. 그러나 이 생각은 미신에 불과하다. 손익구조를 계산해보면 두 전략이 똑같은 효과를 낸다는 사실을 알 수 있다. 그러나 커버드 콜 애호가들에게 아무리 이 사실을 설명해도 계산해보지도 않고, 수긍하지도 않으며 검증해볼 생각도 하지 않는다.

[그림 13-1]은 커버드 콜의 행사 이익을 보여준다. 모든 옵션 포지션과 마찬가지로 옵션 행사로 얻을 수 있는 손익의 범위는 이미 알려져 있다. 그림에서 가로축은 행사일의 주가, 세로축은 옵션 행사에 따른 손익을 보여준다. X는 옵션 행사가를 가리킨다.

커버드 콜 전략을 쓰면 주가가 아무리 올라도 올릴 수 있는 수익

〔그림 13-1〕 커버드 콜의 손익구조

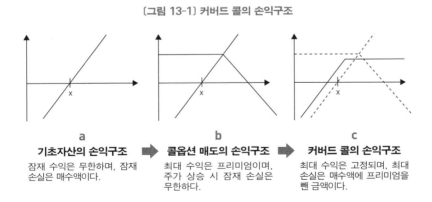

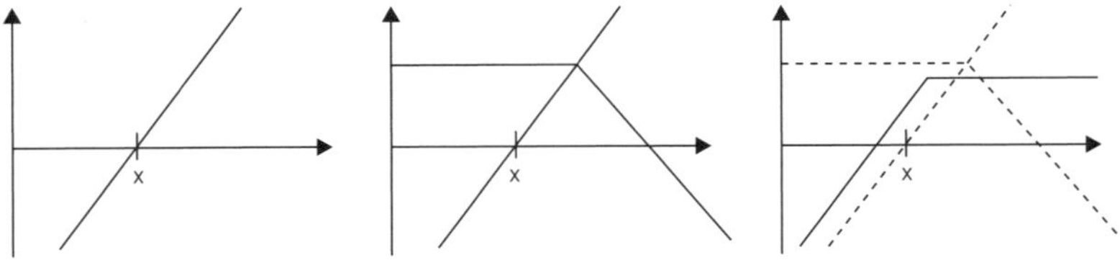

a	b	c
기초자산의 손익구조	**콜옵션 매도의 손익구조**	**커버드 콜의 손익구조**
잠재 수익은 무한하며, 잠재 손실은 매수액이다.	최대 수익은 프리미엄이며, 주가 상승 시 잠재 손실은 무한하다.	최대 수익은 고정되며, 최대 손실은 매수액에 프리미엄을 뺀 금액이다.

〔그림 13-2〕 커버드 콜과 네이키드 풋의 손익구조

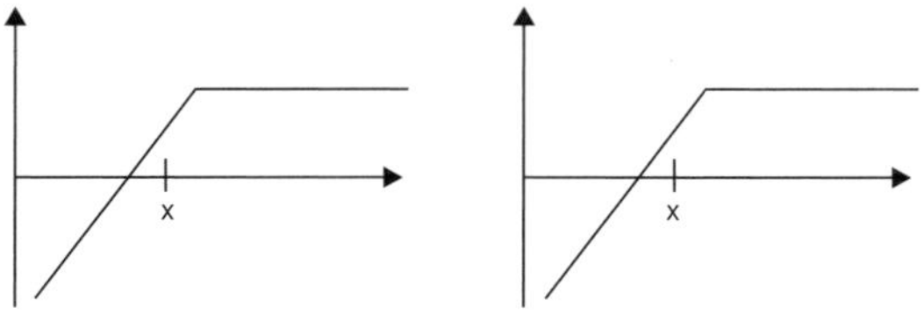

은 한정되어 있다. 옵션 행사 시 콜옵션 매수자에게 보유 주식을 넘겨야 하기 때문이다. 게다가 주가 하락에 따른 위험은 고스란히 남는다. 콜옵션을 매도하면서 받은 프리미엄만큼만 손실이 줄어들 뿐이다. 이처럼 잠재 수익은 한정되어 있으나 잠재 손실은 기본적으로 무제한이므로 그다지 대단한 전략처럼 보이지 않는다.

사실 커버드 콜 전략은 네이키드 풋 전략과 원리가 똑같다. [그림 13-2]에서 알 수 있듯이 둘 사이에는 아무런 차이도 없다.

결론적으로 커버드 콜은 안전하고 네이키드 풋은 위험하다는 믿음은 잘못된 것이다. 커버드 콜이 주는 안전하다는 느낌은 착각일 뿐이다. 그렇다면 왜 같은 전략에 대한 인식 차이가 생긴 것일까? 행동경제학의 연구에 따르면 이러한 인지적 오류는 일반적인 것으로, 같은 정보라도 제시되는 방식에 따라 다르게 인식하는 데서 기인한다. 커버드 콜이 네이키드 풋보다 안전하다고 생각하는 투자자들은 이런 제시 방식에 속은 것이다. 오로지 그뿐이다.

그러므로 누군가 커버드 콜 전략을 추천한다면 네이키드 풋 전략도 동시에 고려해보라. 여러분 생각이 맞을 수 있다.

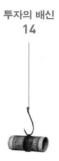

투자의 배신
14

정액분할투자로 위험은 낮추고 수익은 높일 수 있다

매입원가 평준법DCA(dollar cost averaging)은 목표로 하는 주식을 일정 기간 나누어 꾸준하게 매입함으로써 매입 평균 단가를 낮추는 투자 방법을 말한다. 미국의 퇴직연금 제도인 401k를 통한 주식 투자도 매달 일정액을 투자하게 된다는 점에서 이와 유사한 측면이 있다.

물론 100퍼센트 똑같지는 않다. 401k는 매달 일정액의 퇴직금을 회사가 적립해주면 근로자가 이를 운용해 스스로 투자하는 방식이라 한 달 만에 투자할 돈을 몽땅 주식에 투자할 수가 없다. 적립액이 정해져 있으므로 장기간에 걸쳐 나눠서 납입할 수밖에 없다. DCA는 충분한 투자금을 확보하고 있어도 몽땅 주식에 투자하지 않고 장기간에 걸쳐 조금씩 나눠서 투자하는 방식이다. 나쁜 시기에 보유 자금을 전부 투자함으로써 생길 수 있는 위험을 피하기 위해서다. 대규모 조정을 앞두고 우연히 거액을 투자했다가 고점에서 물리면 낭패가 아닐 수 없다. 누구도 고점에서 매수하고 싶어 하지 않는다. DCA는 이렇게 장기간으로 분산시켜서 소위 '나쁜 날'에 올인함으로써 생기는 위험을 낮춰준다.

이런 효과가 있지만, 이 전략이 장기적인 수익률을 높이는 데도 도움이 될까? 아닐 수도 있다. 하지만 거래 수수료 부담이 커지는 건 확실하다. 그리고 수수료 부담은 수익률엔 마이너스 요인이다.

분할 투자는 수수료 잔치에 불과하다

DCA는 투자자에게 유리하게 작용할 때도 있고 불리하게 작용할 때도 있다. 1990년대 말처럼 장기간에 걸쳐 대세 상승을 하면 사람들은 나쁜 시기에 대한 걱정을 하지 않는다. DCA는 사람들이 공포를 크게 느끼는 약세장이나 그 이후에 다시 인기를 얻는다. 증시가 호황일 때는 부도덕한 투자상담사들만이 대개 강세장에서도 한 번에 투자하기보다는 여러 번 나눠 투자하도록 권유함으로써 수수료 수입을 늘리기 위해 DCA를 선전한다. 물론 대부분의 투자상담사들은 정직하다. 그러나 고객의 거래 수수료가 성과로 직결되는 증권업계에서는 수수료를 많이 받으려는 사람들을 자연스럽게 만날 수밖에 없다. DCA는 투자상담사들에게 수수료 수입을 올릴 좋은 방법일 수 있다. 고객의 거래 횟수가 늘어나면 내야 할 수수료도 늘어날 수밖에 없기 때문이다.

그래도 투자 위험을 줄일 수 있다면 수수료를 더 지불할 만한 가치가 있을 수 있다. 그러나 수많은 연구 결과를 보면 DCA는 위험을 줄여주지도 않고, 수익을 높여주지도 않는다. 약 15년 전에 마이클 로제프Michael Rozeff 전 버팔로대 금융학과 교수가 뛰어나고 치밀한 연구를 통해 그렇다는 사실을 밝혀줬다. 그는 1990년대 대형 강세장이 일어나기 전인 1926년부터 1990년 사이 매년 큰돈을 한번에 투자하는 방식과 12개월 동안 매달 나누어 투자하는 방식의 수익률을 비교했다. 그 결과 3분의 2에 해당하는 기간 동안 한번에 투자하는 방식이 DCA 방식보다 더 높은 수익률을 기록했다. DCA 지지자들의 기대나 언론의 선전과는 정반대의 결과였다. 전체 기간을 놓고 보면 한번에 투자하는 방식의 연평균 수익률이 1.1퍼센트포인트 더 높았다. 복리의 힘을 생각하면 결코 적은 수치가 아니다.[1]

얼마 전에 우리 회사에서 자체적으로 조사한 결과도 비슷하게 나왔다. 우리는 1926년부터 2009년 사이 20년마다 연초에 일시 투자했을 때와 12개월 분할 투자했을 때의 수익률을 비교해봤다. 투자하지 않은 돈은 예금 수준의 수익률을 올렸다. 우리 분석에 따르면 일시 투자가 69퍼센트에 해당하는 기간 동안 더 나은 수익률을 올렸다. 여기에 DCA 방식을 썼을 때 늘어난 거래 수수료까지 감안하면 수익률 격차는 더욱 벌어진다. DCA 지지자들은 믿고 싶지 않겠지만 엄연한 사실이다.

사람들은 2000년대의 주가가 평탄했다고 잘못 생각한다. 마지막 주가가 처음 주가와 비슷했기 때문이다. 그러나 사실은 그렇지 않다. 그 사이 큰 변동이 있었다. 또한 2000년대의 마지막 주가가 처음 주가와 비슷했기 때문에 다음 10년의 주가도 평탄할 것이라고 잘못 생각하는 사람들이 있다. 이런 생각도 틀렸다. 누구도 어디서도 그렇게 미래의 긴 시간에 걸친 주가 변동을 예측할 수 없다(10, 20장). 그리고 방금 일어난 일이 앞으로 일어날 일을 예측할 수 있게 해주지 않는다.

주가가 평탄하게 끝난 기간에도 DCA는 전혀 도움이 되지 않는다. 현금 보유에 따른 이자 수익은 늘어난 거래 수수료로 대부분 소비된다. DCA는 앞으로 시장이 하락할 것이라는 사실을 아는 경우에만 도움이 된다. 그리고 주가 하락을 정확하게 예측할 수 있다면 애초에 DCA 전략을 쓸 필요가 없다.

간단히 말해서 장기적으로 보면 일시 투자가 더 나은 수익률을 낼 확률이 훨씬 높다. 매년 그렇다고 보장하지는 못하더라도 DCA를 충분히 비합리적인 투자 전략으로 만들 정도는 된다. 이유는 간단하다. 주가는 대개 우상향하기 때문이다. 그래서 조금씩 투자하여 단기적인 변동성을 피함으로써 얻는 혜택보다 한번에 더 오래 투자하여 얻는 혜택이 더 크다.

대부분의 투자자들은 장기적으로 보면 시장의 타이밍을 노리는 것보다 시장에 계속 남아 있는 편이 낫다는 사실을 수용하고 인정한다. 그렇다면 왜 DCA라는 미신에 쉽게 빠지는 것일까? 이유는 간단하다. 앞서 말했고 앞으로도 자주 말하겠지만, 경제적 손실이 주는 고통이 그만큼의 수익을 냈을 때 얻는 기쁨보다 두 배 이상 크기 때문이다. 그래서 투자자들은 엄청난 고통을 줄 큰 실수를 단기적으로 피할 수 있다면 열등한 전략이라도 받아들이려고 하는 것이다.

물론 나쁜 시기에 올인하면 많이 후회할 것이다. 인간인 이상 우리는 후회를 느끼길 싫어한다. 그래서 가끔 투자자들은 후회의 고통을 피하려고 불필요한 거래 수수료를 많이 내거나 장기 성과를 저해하는 기이하면서 비합리적인 선택을 한다. 합리적이지 않지만 자주 일어나는 이러한 실수를 방지하려면 감정은 투자의 가장 큰 적이라는 사실을 '항상' 명심하고 있어야 한다.

설령 아주 나쁜 시기에 일시 투자를 했더라도 장기적인 상승장에 따른 수익이 단기적인 하락장에 따른 손실을 압도한다는 사실을 기억하라(8장). 역사적으로 강세장은 약세장보다 더 큰 규모로 오래 지속되었고, 이러한 경향은 앞으로도 지속될 가능성이 높다. 한마디로 DCA는 사람들이 원하는 대로 되지 않으며, DCA의 가장 큰 수혜자는 더 많은 수수료 수입을 올리는 증권사다. 그러니 내 말을 믿고 DCA의 허울에 속지 마라.

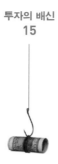

투자의 배신
15

변액연금은 안전하고 수익도 나는 보험이다

나는 변액연금에 부정적이라는 비판을 자주 받아왔다. 그래서 이번 기회를 빌려 사과하려고 한다. 나는 변액연금에 더 부정적인 태도를 보이지 못했던 데 대해 모든 고액 투자자들에게 사과한다. 변액연금에 가입하지 말라고 더 강하게 말렸어야 했다. 여러분이 변액연금에 가입하지 않았다면 다행이다. 고액 투자자를 비롯한 많은 투자자들에게 특히 주가지수 연계형 변액연금보다 더 나쁜 것은 없다. 주가지수 연계형 연금이 낮은 위험으로 시장에 준하는 수익률을 올리는 안전한 방법이라는 믿음은 완전한 미신이다.

변액연금은 연금 지급 개시 전까지는 변액보험으로 운영되며, 연금 지급 개시 후에는 종신으로 연금이 지급된다. 변액연금의 안전성은 그것을 파는 보험회사의 안전성에 비례한다. 투자자들은 보험회사도 망할 수 있고 또 실제로 망한다는 걸 알 것이다. 변액연금을 판매한 보험회사가 망하면 여러분과 맺은 계약서는 휴짓조각이 되고, 지금까지 낸 보험금은 전부 허공에 날리게 된다.

이러한 점이 주식이나 채권과 큰 차이다. 증권사도 망할 수 있고 또 실제로 망하지만 여러분이 보유한 주식의 가치는 사라지지 않는다. 물론 주식을 산 회사가 파산한다면 투자금을 날릴 수 있다. 그래도 33장에서 설명한 대로 한 종목에 5퍼센트 이상 투자하지 않는다는 기본 규칙을 지킨다면 전체 포트폴리오가 치명적 타격을 받지는 않을 것이다. 주식과 채권은 투자자 소유며, 증권사나 은행은 속이 보이는 투명한 돼지 저금통에 불과하다. 그래서 안전을 위해 다른 증권사로 보유한 자산을 옮길 수 있다. 인터넷 시대인 지금 클릭 몇 번만으로도 증권 계좌를 옮겨타기가 쉽다. 반면 여러분에게 연금 상품을 판 보험사가 망하면 투자금을 모두 잃게 된다.* 이 사실을 절대 잊지 말아야 한다.

* 본서는 변액연금에 대한 안전장치가 제대로 갖춰지지 않았던 시기에 쓰인 것이라 지금 상황과는 다소 차이가 있습니다. 이번 장 이하 부분에 대한 설명 역시 지금 상황과는 많은 면에서 다릅니다.-옮긴이 주

연금의 두 가지 기본 형태

연금에는 두 가지 기본 형태가 있다. 정액연금과 변액연금이다. 정액연금의 경우 말 그대로 가입자가 분할 내지 일시불로 연금을 납부하면 보험사가 여생 동안 보장한 연금을 지급한다. 따라서 가입자가 '예정 사망률'보다 길게 사느냐 짧게 사느냐에 따라 보험사의 손실이 달라진다. 가입자가 보험사 계산보다 빨리 죽으면 보험사가 이득을 본다. 가입자가 빨리 사망할수록 보험사의 이득은 커진다. 그러나 보험사가 예상했던 것보다 훨씬 오래 살면 가입자가 이득이다. 이처럼 원리가 아주 간단하다. 다른 위험은 보험사가 망할 수 있다는 것인데, 그럴 경우 전술한 대로 그동안 냈던 연금 보험료를 다 날릴 수 있다.

보험료를 낼 때 생기는 또 다른 위험은 보험료가 사실상 합의한 계약에 대해 지불하는 수수료와 같다는 점이다. 그래서 지불한 보험료는 가입자가 아닌 보험사 소유가 된다. 가령 가입자가 일시불로 100만 달러를 내고 정액연금에 가입한 지 일주일 후에 교통사고로 사망하는 비극적인 일이 벌어져도 유족에게 돌아가는 것은 없다. 돈이 보험사 소유이기 때문이다. 물론 별도로 판매되는 생명보험에 가입했다면 사망 보험금을 받을 수 있겠지만 100만 달러에는 미치지 못할 수 있다. 추가로 돈을 내고 특약에 가입했다면 보험금을 받을 수도 있지만 액수가 크지 않을 수 있다. 따라서 유족 입장에서는 그냥 100만 달러를 들고 있는 편이 훨씬 나을지 모른다.

정액연금은 대개 가치가 늘어나지 않기 때문에 주식이나 채권의 대안으로 고액 투자자들에게 판매되는 일은 드물다. 대신 보험사는 안전하게 돈을 불리는 상품으로 변액연금을 홍보한다. 그러나 현실적으로 보험사가 말하는 것과 같은 공짜 점심은 없다. 대부분의 변액연금은 일반적인 뮤추얼펀드 상품에 높은 수수료를 붙여서 가치가 불어날 가능성이 거의 없는 보험상품으로 포장해놓은 것에 불과하다. 그래서 내가 보기에는 변액연금을 하느니 펀드에 직접 투자하는 편이 훨씬 낫다.

높은 수수료와 세금 문제

일부 연금 상품에 가입하면 펀드에 투자해 번 돈에 대해 과세 유예 혜택을 누릴 수 있다. 그래서 놀랍게도 많은 투자자들이 개인퇴직계좌IRA(Individual Retirement Account)에 가입한 후 펀드에 투자한다. 그러나 보험사가 과세 유예가 되니 연금에 가입하라고 권유하는 것은 에스키모에게 얼음을 파는 격이다. 그것이 연금 가입을 유도할 주요 이유는 못 되기 때문이다. IRA로 투자한 펀드는 어차피 과세 유예 혜택을 누린다.

게다가 훗날 연금을 받을 때 연금은 소득으로 간주되어 일반적으로 장기 자본이득세율보다 높은 일반 소득세율을 적용받는다. 유족

연금 지급액도 전통적인 보험상품과 달리 과세 대상인 경우가 많다. 이처럼 연금 상품은 세금 문제가 복잡하니 가입할 생각이 있다면 돈을 들여서라도 세무사를 통해 분명히 확인할 것을 권한다.

어떤 투자상품의 유불리를 판단하는 한 가지 방법은 판매 수당을 확인하는 것이다. 판매 수당이 많을수록 가입자에게는 불리한 상품일 가능성이 크다. 연금을 판매한 사람은 보통 아주 높은 수당을 받는다. 그것도 미리 당겨서 받는다. 수당이 많은 이유는 가입자가 쉽게 가입하지 않고, 제대로 안다면 가입하지 않았을 상품을 판 대가이기 때문이다. 2010년 기준 변액연금의 판매 수당은 대개 총 가입액의 6~10퍼센트이며,[1] 심지어 14퍼센트에 이르기도 한다.[2] 다시 말해 가입액이 100만 달러라면 판매자는 10만 달러가 넘는 돈을 판매수당으로 챙길 수 있다. 단 한 건 거래로 그렇게 많이 받을 수 있다. 또한 오랫동안 연간 수당까지 받을 수 있다. 보험사가 이처럼 높은 판매 수당을 지급하는 이유는 그만큼 팔기 어렵기 때문이다. 또한 변액연금을 팔기 어려운 이유는 그것이 가입자에게 아주 불리한 상품이기 때문이다. 여러분이 변액연금에 가입한다면 판매자의 자녀 대학 학자금을 대주는 것과 같다. 그렇게 하고 싶은가? 그렇다면 판매자에게 수당만큼의 돈을 그냥 주고 변액연금에 가입할 돈으로 다른 상품에 투자하라. 그게 더 나을 것이다. 일부 가입자는 판매 수수료를 내지 않았다고 자랑한다. 그래도 판매자는 거액의 수당을 받는다. 그리고 그 돈은 하늘에서 그냥 떨어지지 않는다.

변액연금은 중도 해약 시 감수해야 하는 대가도 크다. 대부분의 변액연금은 일정한 기간 안에 해지할 경우 수수료를 내야 한다. 그 기간 가입자를 잡아두지 않으면 판매자에게 지급한 수당을 비롯한 각종 비용을 충당하고 약간이라도 이익을 남길 수 없기 때문이다. 중도 해지 수수료는 높게 시작했다가 점점 낮아진다. 가령 가입 첫 해 해지 시에는 7퍼센트, 2년째에는 6퍼센트, 3년째에는 5퍼센트인 식이다.[3]

연간 내야 할 수수료도 적지 않다. [표 15-1]은 일반적인 변액연금의 연간 수수료율이다. 보다시피 변액연금 가입자는 연간 평균 2.4퍼센트를 수수료로 내야 한다. 낮은 위험으로 자산을 불리려고 변액연금에 가입한 사람에게 연간 2.4퍼센트의 수수료는 엄청난 부담이다. 해마다 수익률의 상당 부분을 수수료로 내야 하기 때문이다. 이렇게 생각해보자. 해마다 2.4퍼센트의 운용 수수료를 물리는 펀드에 가입하겠는가? 투자 데이터 제공회사인 모닝스타Morningstar에 따르면 뮤추얼펀드의 연평균 수수료율은 약 1.2퍼센트다.[4] 변액연금의

〔표 15-1〕 변액연금의 연간 수수료(2008년 기준)

내역	수수료율
펀드 비용	0.94%
사망 및 비용 위험 수수료	1.21%
관리비	0.16%
유통비	0.09%
전체	2.40%

출처: 모닝스타

연간 수수료율은 이보다 두 배나 많다.

시간이 갈수록 수수료는 쌓여간다. [표 15-2]는 연평균 수익률을 10퍼센트로 잡고 연간 수수료율이 1.2퍼센트(뮤추얼펀드의 평균 수수료율)와 2.4퍼센트일 때를 비교해놓은 것이다.

20년에 걸쳐 가입자가 수수료 차이로 보게 된 손해는 결코 적지 않다. 가상의 사례이기는 하지만 차이가 무려 110만 달러가 넘게 난다. 여기에 변액연금 가입 시 판매자가 선불로 받는 수수료와 제정신이 돌아와서 해지하려고 했을 때 내야 하는 거액의 위약금은 포함되지 않았다. 그리고 110만 달러의 수수료 차이도 변액연금을 통한 투자 수익률이 뮤추얼펀드 투자 수익률과 엇비슷하다는 전제하에서다. 하지만 변액연금 가입 시 투자상품 선택 범위는 매우 제한적이다.

변액연금에 낸 돈도 역시 대부분 뮤추얼펀드에 투자된다. 하지만 주가가 정기적으로 연평균 10퍼센트씩 상승한다면 변액연금 가입자는 직접 뮤추얼펀드에 투자했을 때보다 많은 해마다 수익의 24퍼센트를 수수료(10퍼센트 수익에 대한 2.4퍼센트이므로)로 내야 한다. 이러한 상황에서 장기적으로 수익을 내기는 어렵다. 워런 버핏은 연수익률이 10퍼센트고 수수료로 1퍼센트포인트를 더 지불할 경우 다른

〔표 15-2〕 변액연금과 뮤추얼펀드의 수수료 차이(100만 달러 투자 시)

투자 상품	투자 기간	연평균 수익률	연간 수수료율	총액
변액연금	20년	10%	2.4%	5,284,352달러
뮤추얼펀드	20년	10%	1.2%	4,138,568달러

주: 실제 수익률 및 수수료율 예측이 아니라 설명을 위한 가상의 사례임

사람보다 평균 10퍼센트는 더 똑똑해야 수수료를 메꿀 수 있다고 말했다. 그런데 뮤추얼펀드 운용역들이 그렇게 똑똑한지는 의문이다.

친한 친구가 하나 있는데 지금까지 결혼 후 이혼을 다섯 번이나 했다. 이제 그는 자신의 여자 보는 눈에 문제가 있다는 사실을 인정한다. 그래서 또 결혼하고 싶은 생각이 들면 차라리 시간이 지나면 미워져서 위자료로 집을 주고 헤어져야 하는 여자를 만나고 싶다고 말한다. 변액연금 판매사원이 변액연금 가입을 권유할 때도 이런 식으로 생각하라. 변액연금에 가입하느니 차라리 대학 등록금을 대주고 싶은 아이를 찾아라. 그런 다음에 다른 곳에 투자하라.

판매사원 말만 들으면 번액연금은 아주 안전해 보인다. 일부 변액연금은 보험회사가 망하지 않는 한 실제로 안전한 보험의 성격을 띠기도 한다. 그러나 똑똑한 대체 투자처 차원에서 봤을 때 수익이 얼마가 나건 그것의 상당액을 수수료로 날려버려야 하므로 바람직한 투자처는 아니다. 보험사가 망하면 돈을 다 날릴 위험을 떠안지 않고도 어중간한 정도의 수익을 더 쉽고 효과적이고 융통성 있게 올리는 방법은 얼마든지 있다.

투자의 배신
16

주가지수 연계형 연금이 일반 연금보다 낫다

이 장을 읽기 전에 먼저 변액연금을 다룬 15장부터 읽어라. 16장과 15장은 밀접한 관련이 있다. 보험사들은 연금 판매가 쉽지 않다는 사실을 안다. 그래서 판매사원들에게 높은 판매 수당을 지불한다. 그리고 사람들은 연금 상품이 높은 수수료 때문에 수익률 측면에서 불리하다는 것을 차츰 깨닫고 있다. 그래서 보험사들이 고안한 상품이 주가지수 연계형 연금이다. 그들은 이 상품이 일반 변액연금보다 잠재 수익률이 더 높다고 선전한다. 충분히 타당한 말 같은데 과연 그럴까? 그들은 기본적으로 다음 두 가지 방식으로 선전한다.

첫 번째 선전 방식

주가지수 연계형 연금은 "최저 6퍼센트를 보장한다"처럼 최저 수익률을 보장하면서 주가 상승에 따른 고수익을 누릴 수 있다고 선전한다. 어느 누가 보장된 최저 수익률과 고수익을 올릴 가능성을 마다하겠는가?

문제점

보험과 투자를 섞어놓았다는 점에서 주가지수 연계형 연금을 둘러싼 혼란이 생긴다. 연금은 기본적으로 보험상품이라는 점을 명심해야 한다. 보통 연계된 주가지수가 올라가면 지급액도 그만큼 늘려주겠다는 걸 보장하는 것이지, 주가지수가 하락할 시 원금을 보장해주겠다는 건 아니다. 다른 투자상품보다 훨씬 더 높은 수수료를 부담해야 하는데도 말이다.

문제는 연금에 가입하는 투자자들 다수가 이런 사실을 모르거나 간과한다는 점이다. 그들은 주가지수 연계형 연금을 뮤추얼펀드의 '안전한' 대체 투자처로 인식하지만, 반드시 원금이 보장되지는 않을 수 있다는 걸 알고 있어야 한다. 따라서 연금을 들기 전 계약서 내용을 꼼꼼하게 읽고 이해해야 한다. 그러나 대부분의 계약서는 내용이 어렵고 복잡하다.

두 번째 선전 방식

두 번째로 하락 위험 없이 주식시장의 상승에 동참할 수 있다는 것이다. 투자자들은 종종 75~100퍼센트에 이르는 수익률을 약속받지만, 손실 이야기는 전혀 듣지 못한다.

문제점

주가지수 연계형 연금은 대개 수익률 제한이 걸려 있어 장기적으로 수익률이 시장 수익률에 한참 못 미칠 수 있다.

인덱스 펀드에 100퍼센트 투자하고, 3퍼센트의 최저 수익률을 보장하며, 최고 수익률이 10퍼센트로 한정된 연금 상품을 예로 들어보자. 언뜻 좋은 조건처럼 보인다. 어차피 주식시장의 장기 평균 수익률이 약 10퍼센트이니 크게 손해를 보는 것 같지 않다. 하지만 꼭 그런 건 아니다. 5장을 상기해 보자. 평균 수익률은 일반적이지 않으며 주식시장의 연수익률은 어중간하기보다 아주 높거나 낮은 경우가 훨씬 더 많다. 보험사도 이 사실을 안다. 결과적으로 그들의 목적은 돈을 버는 것이므로 자기들에게 절대적으로 유리한 계약을 맺으려고 한다. 사실 보험사가 돈을 벌려는 게 잘못되진 않았다. 이익을 내는 기업이 많을수록 전체적으로 세계와 사회에 더 도움이 된다. 다만 보험사가 진정 선의로 소비자에게 좋은 조건의 상품을 내놓는다고 생각하지 마라. 그들은 그저 사업상 거래를 하는 것뿐이다. 그들

〔표 16-1〕 S&P500과 가상의 주가지수 연계형 연금의 수익률 격차

투자 상품	투자 금액 (1979년 12월 31일 기준)	투자 기간	연수익률	최종 금액 (2009년 12월 31일 기준)
S&P500 지수	100만 달러	30년	11.2%	24,401,353.46달러
가상의 연금	100만 달러	30년	7.6%	9,110,002.72달러

주: 실제 수익률의 예측이 아니라 설명을 위한 가상의 사례임

출처: 글로벌 파이낸셜 데이터

로서는 최대한 이익이 나도록 상품을 설계할 수밖에 없다.

[표 16-1]은 S&P500과 가상의 주가지수 연계형 연금의 수익률을 비교한 것이다. 투자 기간은 1979년부터 2009년까지 30년이며 투자금은 100만 달러고 연금의 최고 연수익률은 10퍼센트, 최저 연수익률은 많은 주가지수 연계형 연금과 비슷한 3퍼센트다. 그런데 10퍼센트로 최고 수익률을 한정하는 조건 때문에 S&P500의 평균 연수익률은 11.2퍼센트인데 반해 연금의 평균 연수익률은 7.6퍼센트에 불과하다.[1] 이 차이를 금액으로 환산하면 무려 1,500만 달러가 넘는다.

일부 연금은 성과를 지수와 연계할 때 배당금을 포함하지 않는다. 이런 경우에도 장기적으로 큰 금액 차이가 난다. 가령 1926년부터 2009년까지 S&P500의 연수익률은 배당금 재투자를 반영하면 9.7퍼센트, 반영하지 않으면 5.5퍼센트다.[2] 배당금을 반영하지 않는 이유가 무엇인가? 일반적으로 수익률을 계산할 때는 배당금 재투자분을 반영하지만 많은 연금은 그렇게 하지 않는다.

그런데도 사람들은 왜 연금에 가입하는 것일까? 나도 모르겠다. 도저히 이해하지 못하겠다. 어떤 사람들은 생명보험 혜택까지 추가로 누릴 수 있어서 좋다고 말한다. 그러면 차라리 그냥 생명보험을 들어라. 생명보험료는 아주 싸다. 자산 증식과 보존, 그리고 생명보험처럼 성격이 판이한 목적들을 뒤섞다 보면 단 하나도 제대로 달성하지 못하고 돈만 많이 쓰게 된다.

이 밖에도 연금의 문제점을 수없이 지적할 수 있지만 이 책을 500페이지로 만들 생각은 없기 때문에 이 정도에서 끝내겠다. 다만 연금에 가입하려고 한다면 계약서를 정말로 꼼꼼하게 읽어보기를 바란다. 또한 높은 수수료를 내고 수수료가 저렴한 다른 투자상품보다 나은 수익률을 올릴 가능성이 얼마나 되는지 고민해보기 바란다. 힌트를 주자면 그 가능성은 아주 낮다.

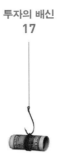

투자의 배신
17

패시브 투자는 초보자도 할 만큼 쉽다

패시브 투자란 주요 지수를 추종하는 인덱스 펀드나 ETF에 투자하는 방식이다. 혹은 지수에 편입된 종목들의 비중에 비례해 주식을 직접 사는 방법도 있으나 그러려면 돈이 아주 많거나 그 지수에 편입된 종목이 아주 적어야 한다. 이 방식으로 투자하고 가만히 있으면 추종하는 지수의 수익률을 그대로 따라가게 된다. 패시브 투자 논리는 수동적으로 매수 후 보유하기만 해도 사실상 시장 수익률만큼 올릴 수 있고, 액티브 투자를 하다가 시장 수익률만큼도 수익을 내지 못하는 대부분의 투자자들보다 더 좋은 투자 성적을 올릴 수 있다는 것이다.

이론적으로 틀린 말은 아니다. 완벽한 패시브 투자를 하면 거래 수수료만큼만 제외하고 시장 수익률을 보장받을 수 있다. 사실 대부분의 투자자들이 시장 수익률을 따라잡지 못하는 이상 이 정도만 해도 나쁘지 않다.

내가 문제 삼고 싶은 것은 패시브 투자는 '쉽다'는 말이다. 이는 사실이 아니다. 패시브 투자는 아주아주 어렵다.

패시브 투자는 사실 쉽지 않다

기술적 차원에서 패시브 투자는 쉽다. 그러나 심리적 차원에서는 어렵다. 원하는 벤치마크를 추종하는 ETF에 투자하라. 일단 투자한 후 잊어버리고 잊어버려라. 이대로만 하면 되는데 대체 무엇이 그리 어려울까? 나는 지금까지 근 40년 동안 투자금을 운용하고 25년 동안 〈포브스〉에 기고해왔지만, 패시브 투자를 실제로 실천하는 사람을 거의 보지 못했다. 지금부터 왜 그런지를 설명하겠다.

금융정보업체인 달바DALBAR가 실시한 흥미로운 조사 결과에 따르면 2009년까지 20년 동안 주식형 뮤추얼펀드 투자자들의 연수익률은 3.2퍼센트였다.[1] 같은 기간 S&P500의 연수익률은 8.2퍼센트였다.[2] 5퍼센트포인트나 차이가 났다. 중요한 일이므로 다시 말하지만, 뮤추얼펀드 투자자들은 해마다 시장의 수익률보다 5퍼센트포인트나 낮은 수익률을 올렸다.

그만큼 투자자들이 뮤추얼펀드에 잘못 투자하는 경우가 많았다는 말이다. 주된 이유는 투자자들이 펀드에 투자해놓고 오랫동안 잊어버리고 있지 못했기 때문이다. 그래서 그들은 액티브 펀드든 패시브 펀드든 간에 갈아타기를 반복했다(이는 여성이 남성보다 투자를 잘하는 이유와 비슷하다. 18장 참조). 패시브 투자가 그렇게 쉽다면 모두 패시브 투자를 할 것이고 실제로 그런 모습을 목격할 수 있을 것이다. 그러나 현실은 그렇지 않다. 심지어 패시브 펀드 투자자들조차 일반적으로 고점에 들어가서 충분히 오래 보유하지 못하고 있다가 부적절한 시기에 빠져나온다.

패시브 투자가 정말로 그렇게 쉽다면…

지금까지 내내 말했듯이 투자는 본래 반직관적인 성격을 띠는 경향이 강하다. 그래서 우리의 두뇌가 걷잡을 수 없는 실수를 저지르는 경우가 부지기수다. 달바에 따르면 주식형 뮤추얼펀드 투자자들의 평균 투자 기간은 3.2년이다.[3] 공교롭게도 이들이 올린 평균 수익률도 3.2퍼센트다. 패시브 투자를 제대로 하려면 3.2년마다 펀드를 갈아타지 말아야 한다는 소리다. 자주 갈아타지 않으면 도저히 못 참는 사람이 아니어야 한다. 패시브 투자를 한 뒤에는 투자 기간 내내 투자했다는 사실을 완전히 잊어버리고 있어야 한다. 특히 주식에 투자할 경우 3.2년보다 훨씬 길게 투자 기간을 잡아야 한다(3장).

패시브 투자를 방해하는 두 가지 중요한 요소가 있다. 하나는 매매 욕구고, 다른 하나는 추종 지수를 바꾸려는 욕구다. 이러한 욕구에 쉽게 흔들리는 한 투자자가 있다고 가정하자. 그는 1995년 말에 S&P500을 추종하기로 마음먹었으나 1999년 말에 한창 달아오른 나스닥으로 옮긴다. 그동안 S&P500의 연간 상승률은 26.4퍼센트였지만 나스닥은 이보다 더 높은 40.2퍼센트였기 때문이다.[4] 그래서 그는 자신이 잘못된 선택을 했다고 판단하고 기술주 위주의 나스닥이 가장 좋다는 결론을 내리게 된다. 그러나 나스닥으로 옮기자마자 갑자기 기술주가 급락하고 시장도 동반 하락하기 시작한다. 결국 다시 잘못된 선택을 한 셈이다. 2002년이 되자 이번에는 투자금의 절반을 S&P500에, 나머지 절반을 5년 만기와 10년 만기 미국 국채 ETF에 투자하는 전략을 썼다. 다행히 이번에는 S&P500 강세장이 펼쳐지기 직전이었다. 2006년이 되자 상대적으로 수익률이 떨어진다는 이유로 국채 ETF를 전부 처분하고 남은 돈을 모두 S&P500에 투자했다. 그런데 직후인 2007년 말부터 급락장이 이어졌다. 이러한 행동은 모두 그의 근시안에서 기인한다. 사례로 든 투자자는 심지어 평균인 3.2년보다 조금 더 오래 투자했다. 하지만 그렇게 오랫동안 투자해봤자 결과는 참혹했다. 그는 위대한 능멸자의 손아귀에서 놀아난 것이다(8장).

행동경제학 분야의 연구 결과에 따르면 인간의 두뇌는 1998년에 일어난 대규모 조정장이나 2009년 3월에 끝난 급락장처럼 변동성이 높은 상황에 취약하다(7장). 심지어 강세장에서 일어나는 일반적인 조정도 투자자들을 불안에 떨게 만든다. 다수의 투자 전문가들도 이성적으로는 변동성이 정상이라는 사실을 알지만 심리적으로 크게 흔들리기는 마찬가지다(5장). 그러다가 1990년대 말이나 세계 증시가 바닥에서 73퍼센트 상승했던 2009년처럼[5] 급등장이 열리면 시장이 전반적으로 크게 올라서가 아니라 자신이 천재라서 큰 수익을 올렸다고 착각한다. 이러한 자기 과신은 변동성에 대한 공포만큼 많은 포트폴리오를 결딴낸다. 이 또한 투자자들이 감정적으로 투자한 다음 잊어버리는 간단한 일을 결코 쉽게 하지 못한다는 걸 말해준다. 사람들의 본성이 그렇기 때문이다.

그래서 패시브 투자가 쉬운 투자 전략임에도 불구하고 장기간 제대로 실행하는 투자자가 드문 것이다. 투자자들은 마치 보름 동안 꾸준하게 약을 먹어야 하는데도 불구하고 고작 이틀 복용하곤 효과가 없다고 짜증을 내는 환자와 같다. 그래서 다른 치료법을 시도하면 증세가 호전되기는커녕 오히려 악화되는 경우마저 생긴다. 투자에서도 이와 똑같은 일이 일어난다. 대부분의 투자자들은 입에 쓴 약을 장복하지 못한다. 감정이 용납하지 않는다.

나는 다른 사람들과 다르다는 착각

여러분은 자신은 다른 사람들처럼 비합리적이지 않고 냉정하고 한결같다고 생각할지 모른다. 실제로 그렇다면 축하할 일이다. 냉철한 자제력을 지닌 극소수에 속하니 말이다. 이 극소수만 20년 넘는 세월 동안 성공적으로 패시브 투자를 할 수 있다. 시장의 열기나 냉기에 상관없이 원칙을 지킬 수 있는 사람은 대다수의 다른 투자자들보다 나은 수익률을 올릴 수 있다. 정말로 여러분이 냉철하다고 생각한다면 향후 주가가 15퍼센트 정도 떨어질 때도 평정심을 유지할 수 있는지 확인해보라.

대부분 그렇게 하지 못한다. 우리는 너무나 쉽게 탐욕과 공포, 후회와 과신, 그리고 석기시대 두뇌에 굴복하기 때문이다. 그러니 배우자건 목사건 형제건 부모건 아들이건 투자상담사건 여러분이 장기적 전략에서 벗어날 때마다 본래 모습을 찾게 해주고 여러분이 워런 버핏이 아님을 상기시켜줄 사람을 곁에 둬라. 다시 말하지만, 여러분이 워런 버핏 같은 사람이라면 이 책을 읽을 필요가 없다. 그리고 장기 전략을 짜는 데 도움이 필요하다면 역시 도움을 받아라(4장). 감정에 휘둘린다고 해서 나쁜 사람은 아니다. 사람이라면 누구나 그렇다. 다만 자제력을 발휘할 수 있다면 훨씬 나은 투자자가 될 수 있다. 하지만 그렇지 못하기 때문에 패시브 투자는 정말로 어렵다!

투자의 배신
18

무수수료 펀드는 수익률에 도움이 된다

배우자가 이 장을 읽게 하지 마라. 읽으면 뮤추얼펀드 투자 성적이 여러분이 가진 능력에 비해 시원찮다는 것을 알거나 아니면 쇼핑할 권리를 요구할 수도 있다. 바보 같거나 이상한 소리처럼 들리는가?

내가 뮤추얼펀드 배척론자라고 생각하는 사람들이 있다. 전혀 그렇지 않다. 뮤추얼펀드는 소액 투자자들이 분산투자 차원에서 전문적인 자산운용 방식이나 패시브 투자가 혼합된 투자 방식에 더욱 효율적으로 접근할 수 있게 도와주는 좋은 방법이다. 그러나 고액 투자자에게는 대단히 비효율적이고 값비싼 투자 방법이다. 투자액이 클수록 펀드 투자의 상대적인 비효율성도 커진다. 그러나 소액 투자자에게는 분산화의 혜택이 다른 모든 단점을 상쇄하고도 남는다.

뮤추얼펀드에 가입할 때는 수수료를 꼼꼼하게 따져봐야 한다. 수수료가 높을수록 수익률은 낮아진다. 그러나 수수료가 적다고 해서 무조건 좋은 것은 아닌데도, 사람들은 이런 기본적인 투자의 진리를 놓친다. 많은 투자자들이 '무수수료 펀드no-load fund'를 선호한다. 수수료를 안 내도 되니 그만큼 저렴한 셈이라는 것이다. 그러나 저렴해 보이는 것에 집착하다가 큰 코 다칠 수 있다. 특히 펀드의 경우 그런 집착은 매우 위험하다. 가끔은 수수료가 높을수록 덜 위험하다.

모든 뮤추얼펀드를 운용하는 데는 비용이 들어간다. 무수수료 펀드라고 해서 예외는 아니다. 여기서 수수료는 펀드 판매를 위한 영업비용을 충당하기 위한 판매 수수료를 말한다. 펀드 중에는 5퍼센트가 넘는 판매 수수료를 받는 것도 있고, 연간 1퍼센트 정도의 운용수수료를 받는 것도 있으며, 높은 해지 수수료를 받는 것도 있다. 그 중 판매 수수료가 없는 펀드를 흔히 무수수료 펀드라고 부른다. 그러나 무수수료 펀드도 운용과 마케팅 비용을 충당하기 위한 운용 수수료를 내야 한다. 그래도 판매 수수료를 내지 않으니 저렴한 것은 사실이다.

상대적 '저렴함'으로 인한 문제점

무수수료 펀드에는 판매 수수료가 붙지 않지만 '저렴하다'는 생각은 상대성을 띨 수 있다. 단도직입적으로 말해서 무수수료 펀드 가입자들이 더 나은 수익률을 올린다는 증거는 없다. 대신, 수수료가 없다는 점 때문에 투자자들이 가입한 펀드 수익률을 저해하는 나쁜 행동을 쉽게 하게 된다는 증거는 있다. 그렇다고 해서 판매 수수료를 내는 펀드에만 가입하고 무수수료 펀드를 피하라는 말은 아니다. 무수수료 펀드가 초래하는 문제를 제대로 이해하자는 것이다.

그 문제는 바로 수수료가 없어 투자자들이 펀드를 더 자주 갈아타게 되는 것이다. 펀드 갈아타기는 수익률 향상에 도움이 되지 않는다(17장). 사실은 그와 정반대다. 타이밍을 잡아내는 능력이 탁월하지 않는 한 갈아타기는 보통 수익률을 떨어뜨린다. 그리고 이 책을 읽는 독자라면 그런 능력이 없을 것이다. 타이밍을 잡아내는 능력이 탁월하다면 애초에 뮤추얼펀드 투자를 하지도 않을 것이다.

사람들이 생각하는 수준 이상으로 패시브 투자를 훨씬 더 어렵게 만들어 장기 수익률을 갉아먹는 요인들이 똑같이 무수수료 펀드 가입자들을 잦은 갈아타기로 내몬다. 펀드 갈아타기의 경우에도 대부분 뜨는 펀드라고 생각하고 무작정 가입했는데 그때가 고점이라서 결국 물리게 된다. 혹은 변동성을 견디지 못해 최악의 시기에 비교적 저가에 매도하게 된다(7장). 그들은 수수료를 내지 않으니 적어도 손해 본 건 없다고 생각할지 모르지만 한 펀드에 계속 남아 있는 것보다 낮은 수익률에 그쳤다면 그런 식의 자위는 무의미하다. 어떤 사람들에겐 수수료라는 심리적 장벽이 정말 꼭 필요한 투자 원칙을 지키게끔 할 수 있다.

17장에서 말했듯이 주식형 뮤추얼펀드의 평균 투자 기간은 3.2년에 불과하다. 그건 말 그대로 '평균'이고, 그보다 짧게 투자하는 사람이 훨씬 많다. 수수료 펀드와 무수수료 펀드의 투자 기간 모두 마찬가지다. 역사적으로 보면 수수료 펀드 가입자들이 무수수료 펀드 가입자들보다 평균적으로 투자 기간이 더 길다. 판매 수수료가 펀드에 더 오래 투자하도록 만드는 역할을 하는 것이다. 그리고 투자 기간이 길어지면 전체 수익률은 올라갈 수 있다.

어떻게 그렇다는 걸 알 수 있을까? 금융학자인 테런스 오딘Terrance Odean과 브래드 바버Brad Barber는 성별 투자 결과를 비교해본 적이 있다. 그 결과 여성이 남성보다 훨씬 나은 장기 투자자라는 사실이 밝혀졌다. 왜 그럴까? 남성은 자기 과신에 쉽게 빠지기 때문이다. 자기 과신은 나쁜 인지 오류로, 남녀 모두 그런 오류에 빠지긴 하나 평균적으로 여성보다 남성이 더 자주 빠지는 게 입증됐다. 오딘과 바버의 이 유명한 획기적 연구에서도 남성은 여성보다 67퍼센트 더 많은 거래를 하고 더 자주 포트폴리오를 바꾸었다.[1] 여성은 포트폴리오에 거의 변화를 주지 않았고, 그 결과 남성보다 연평균 1.4퍼센트포인트 더 높은 수익률을 올렸다.[2] 복리의 힘을 생각하면 전체적인 차이는 엄청나게 커진다. 어떤 면에서 수수료는 투자 원칙을 지켜주는 대가이자 변화를 막아주는 부적이다. 수수료를 내지 않았을 때보다 장기적으로 훨씬 더 많은 혜택을 안기기 때문이다. 5퍼센트의 판매 수수료는 3년만 더 오래 펀드를 보유하면 충분히 충당할 수 있다.

그렇다고 해서 내가 수수료 펀드를 옹호하고 무수수료 펀드를 거부하는 것은 아니다. 다만 나는 뮤추얼펀드에 가입하는 사람들에게 제안을 하나 하고 싶다. 무수수료 펀드에 가입하더라도 먼저 배우자와 계약을 맺는 걸 원칙으로 삼으라는 제안이다. 계약 내용은 여러분이 펀드를 갈아탈 때마다 가입금의 5퍼센트를 배우자가 마음대로 쓸 수 있게 주겠다는 것으로 하라. 그것도 온천 여행, 골프 여행, 보석이나 스포츠카나 2,000달러짜리 신발 구입처럼 여러분이 싫어하는 것만 골라서 사는 조건으로 해둬라. 그러면 시장 변동성이 커졌을 때 질겁하고 내던지는 투매와 마찬가지로 탐욕과 공포에 휘둘린 펀드 갈아타기의 대가가 무엇인지 생생한 교훈을 얻을 수 있을 것이다. 둘 다 미래의 수익률을 앗아갈 것이다.

무수수료 무추얼펀드에 가입한 후 갈아타지 않을 자신이 있으면 (뮤추얼펀드가 여러분에게 맞고, 합리적으로 잘 운용되는 경우) 가입해도 좋다. 그러나 대부분의 투자자에게는 약간의 강제성 있는 원칙이 필요하다. 배우자가 마음대로 돈을 탕진할지 모른다는 두려움은 무수수료 펀드가 항상 그렇게 저렴한 건 아니라는 사실을 깨닫게 해주기에 충분할지 모른다.

투자의 배신
19

베타 계수를 보면 투자 위험도를 파악할 수 있다

주식 투자가 위험하다는 건 맞는 말이다. 그래도 수익을 내려면 위험을 감수해야 한다. 주식시장에서 위험은 변동성의 형태로 나타난다(6장). 변동성은 단기적으로 많은 사람들을 불안하게 만들고, 예측하기가 상당히 까다롭다. 그리고 변동성이 작을 때보다 클 때 투자하기가 더욱 어려워진다.

사람들은 모든 것에서 질서를 찾으려 하는 경향이 있어 측정하는 걸 좋아한다. 주식시장에선 투자 위험을 '베타Beta 계수'로 측정한다. 베타 계수는 언론과 투자업계에서 투자 위험을 측정하는 기준으로 사용된다. 그러나 베타 계수를 무시하라! 아무짝에도 쓸모가 없다. 아니, 쓸모가 없는 정도도 아니다.

베타 계수란 개념을 처음 소개한 학자들은 그것이 위험을 측정해 준다고 생각하지만, 사실은 그렇지 않다. 베타 계수가 알려주는 위험은 이미 지나간 위험이다. 현재나 미래의 위험과는 아무런 상관이 없다. 베타 계수는 특정 기간 개별 주식이나 펀드가 시장의 지수 변동에 반응하는 정도를 나타내는 수치다. 베타 계수가 1이면 해당 펀드나 주식 종목의 수익률이 시장 움직임을 그대로 반영한다는 뜻이다. 베타 계수가 1보다 크면 시장 평균보다 변동성이 커 위험도 기대 수익률이 그만큼 크다고 할 수 있다. 반대로 베타 계수가 1보다 작으면 위험과 기대 수익률도 작다는 뜻이다. 일반적으로 베타 계수가 높은 주식 종목이나 펀드는 상승장일 때 민감하게 반응해 주가 및 수익률이 크게 오르고, 하락장일 때는 크게 떨어진다. 원리가 아주 간단하다.

과거의 가격 변동이 미래의 가격 변동을 알려주지 않는다

베타 계수 개념을 소개한 학자들은 합당한 상식과 근거도 없이 시장보다 변동성이 높았던 주식은 앞으로도 더 위험할 거라고 전제했다. 이러한 전제하에 베타 계수가 주식의 위험도를 말해준다는 주장이 성립되었다. 이 주장을 뒷받침하는 실질적인 증거는 없는데도 불구하고 베타 계수가 '미래'의 위험을 말해준다고 믿는 투자자들이 정말로 많았다. 과거의 가격 변동은 미래의 가격 변동을 말해주지 않는다는 사실을 알고 있으면서도 말이다.

베타 계수에 대한 믿음은 온갖 형태의 바보 같은 짓거리로 이어진다. 가령 소심한 투자자들은 베타 계수가 낮은 주식만을 찾는다. 이러한 바보 같은 행동의 사례를 하나 들어보겠다. 나는 1986년 6월 2일자 〈포브스〉에 실은 '주술사들Witch Doctors'이라는 칼럼에서 이 사례에 대해 설명한 바 있다. 베타 계수가 낮은 주식이 2년에 걸쳐 주가가 90퍼센트 떨어지면 어떻게 될까? 베타 계수가 천정부지로 치솟을 것이다. 그러면 현재 이 주식의 위험은 주가가 하락하기 전보다 높아진 것인가, 낮아진 것인가? 합리적으로 생각해보면 위험이 더 높아졌을 리 없지만 베타 계수는 그렇다고 말한다. 따라서 베타 계수를 믿는다면 1973년 화장품 제조사인 에이븐Avon의 주가가 120달러고 베타 계수가 0.9였을 때 투자 위험이 비교적 낮았지만, 이듬해인 1974년에 주가가 85퍼센트 하락한 19달러에 머물고 베타 계수가 1.3이었을 때 투자 위험이 올라갔다고 믿었을 것이다. 그러나 직관적으로 보면 에이븐 주가의 위험성은 끔찍한 급락 사태가 일어나기 직전인 1973년 120달러였을 때가 1974년 19달러였을 때보다 높았던 게 분명하다. 전체 지수보다 큰 폭으로 하락한 주식을 산다는 건 베타 계수가 높은 주식을 산다는 뜻이지만, 이것은 위험이 낮을 수 있는 주식의 저가매수 기회를 찾는 전통적인 방법에 속한다.

베타 계수가 사람들의 평정심을 잃게 만드는 경우가 또 있다. 높은 위험을 감수해야 높은 수익을 올릴 수 있다고 생각하는 사람들(어떤 면에서 그들의 생각이 옳다)은 시장을 이기는 유일한 방법은 위험을 무릅쓰고 베타 계수가 높은 주식에 투자하는 것뿐이라고 믿는다. 하지만 베타 계수만을 주식 매수 기준으로 삼았다가는 낭패를 볼 수 있다. 그것은 순전히 '사후 지표'에 불과하고 앞으로 일어날 일을 예측해주지 않기 때문이다. 따라서 베타 계수가 높은 주식들만 매수한다고 해서 저위험·고수익 투자를 할 수 있는 건 아니다. 이러한 전략은 백미러를 보면서 차를 운전하는 것과 같다.

아이러니한 사실은 학자들도 주가의 변동 사이에 상관관계가 없다는 사실을 잘 이해하고 있다는 것이다. 통계적으로 과거의 가격 변동은 미래의 가격 변동에 대하여 어떤 것도 말해주지 않는다. 수많은 연구를 통해 그렇다는 사실이 확인됐다. 그렇지만 처음에 학자들은 서로 일련의 상관관계가 전혀 없는 가격 변동에 기반하여 과거의 변동성이 어느 정도 유용하다는 믿음에 빠졌었다. 그것은 완전히 틀린 믿음이었다!

가장 크게 하락한 업종이 가장 크게 반등한다

이 문제를 다른 각도에서 살펴보자. 약세장 바닥에서 일어나는 일에 대한 통계적인 분석을 통해 베타 계수에 대한 믿음이 잘못되었음을 증명할 수 있다. 여러분이 약세장의 바닥을 정확하게 진단해서(사실은 그럴 수 없지만 이런 가정이 왜 베타 계수가 엉터리인지를 설명하는 데 도움이 된다) 이후 6~12개월 동안 가장 크게 오를 종목에 집중적으로 투자할 수 있다면 그렇게 하고 싶지 않을까? 물론 그럴 것이다. 그러나 베타 계수를 활용해 위험을 관리한다면 그렇게 할 수 없다. 왜 그런지 알려주겠다. 우선 약세장이 바닥을 치고 강세장으로 바뀌는 순간 향후 전반적인 위험은 곧바로 최저 수준으로 떨어진다. 물론 우리는 약세장이 바닥을 치는 시점을 확실히 알 수는 없다.

9장을 읽었으면 알겠지만, 약세장이 끝나면 강세장이 시작되면서 V자 반등이 나온다. 그리고 약세장 끝에 낙폭이 클수록 강세장의 처음에 반등도 크고 빨라진다. 약세장의 바닥이 언제인지를 맞추기 까다로운 이유다. 그러다가 다시 약세장 바닥에서 흔하게 목격되는 특징이 나타난다. 아직 폭넓게 알려지지 않았지만, 우리 회사가 과거 약세장들에 대한 분석을 통해 오래전에 통계적으로 밝힌 특징이다.

즉, 약세장 초반에 시장보다 잘 버티다가 후반에 크게 하락하면서 베타 계수가 커진 업종의 주가가 강세장 초반에 가장 크게 반등한다는 것이다. [그림 19-1]은 2009년 3월 미국 증시가 바닥을 치기 전 6개월(초록색 막대기)과 바닥을 친 후 6개월(회색 막대기) 동안의 업종별 수익률을 보여준다. 바닥을 치기 전 6개월 동안 가장 크게 하락한 업종일수록 이후 6개월 동안 가장 강하게 반등했다. 물론 낙폭과 반등폭의 상관관계가 완벽하게 들어맞는 것은 아니지만 일반적인 경향을 파악하기에는 충분한 일관성을 가졌다고 볼 수 있다. [그림

〔그림 19-1〕 S&P500 업종별 수익률 변화

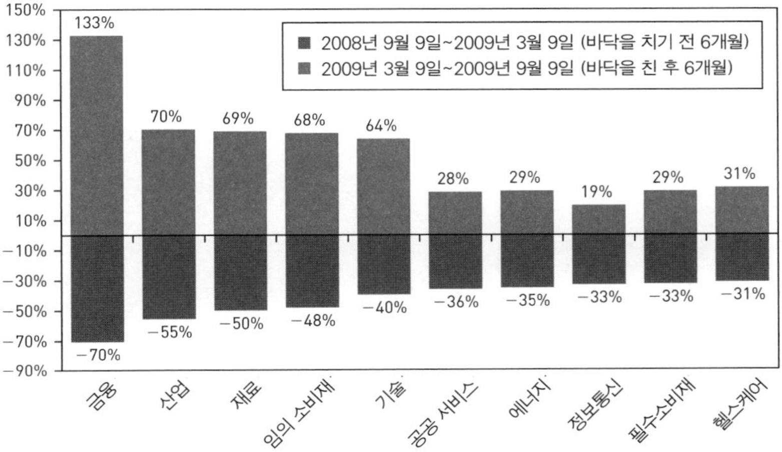

출처: 톰슨로이터

〔그림 19-2〕 MSCI 세계 지수 업종별 수익률 변화

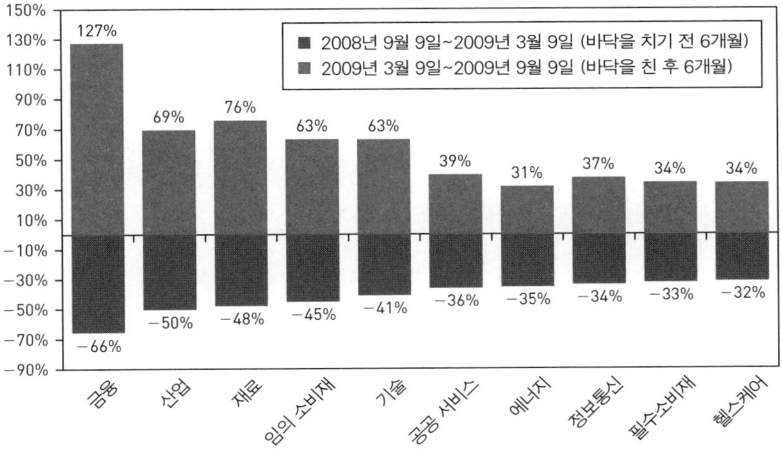

출처: 톰슨로이터, MSCI[1]

19-2]에서 알 수 있듯이 미국 주식뿐만 아니라 해외 주식에서도 같은 경향을 발견할 수 있다.

가장 크게 반등한 업종들은 바닥에서 가장 높은 베타 계수를 보였다. 다시 말해서 시장보다 더 높은 변동성을 보이면서 크게 하락하고, 크게 반등한 것이다. 그러나 우리의 뇌는 하락에 수반된 변동성은 위험하게 인식하면서 상승에 수반된 변동성은 긍정적으로 인식한다. 결론적으로 베타 계수가 높다고 해서 무조건 배제한다면 가장 상승률이 높은 업종들을 놓칠 수 있다.

물론 베타 계수가 높은 업종이 언제나 시장 수익률을 상회할 거란 말은 아니다. 내가 말하고자 하는 것은 과거에 약세장의 바닥에서 베타 계수가 높은 업종이 반등폭도 큰 경향이 보였다는 사실이다. 약세장에서 지수보다 더 큰 폭으로 하락한 업종이 향후 더 위험할 것이라고 확신할 수 없다. 때로 시장 수익률에 크게 뒤처졌던 종목이 나중에 따라잡거나, 시장 수익률을 크게 앞섰던 종목이 나중에 주춤하면서 베타 계수가 낮아지기도 한다. 베타 계수는 미래가 아니라 단지 과거의 상태를 말해줄 뿐이다. 따라서 베타 계수만 지표로 삼아서 위험을 관리하거나 수익률을 개선하려는 시도는 어리석다. 베타 계수는 과거의 위험을 말해줄 뿐이며 투자자는 과거가 아닌 미래를 봐야 한다.

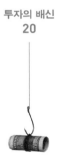

투자의 배신
20

주식위험프리미엄으로 미래 수익률을 쉽게 예측할 수 있다

10년 후 주가가 어떻게 될지 알고 싶은가? 나도 알고 싶다. 그러나 그런 일은 불가능하다. 그래도 사람들은 헛된 시도를 계속한다. 금융학계에서는 미래 수익률을 예측할 때 주식위험프리미엄ERP(Equity Risk Premium)이란 개념을 이용한다. ERP는 말 그대로 10년 만기 미국 국채 같은 무위험 자산의 수익률에 비하여 주식 투자를 통해 추가로 얻을 수 있는 프리미엄을 말한다. 더 자세히 설명해보겠다. 주식은 채권과 달리 손실 위험이 큰 위험자산이어서 사람들이 주식에 투자할 때 절대적으로 요구하는 수익률의 하한선이 있다. 미국 국채 금리가

0퍼센트라고 해도 주식 투자 수익률이 4~5퍼센트가 되지 않으면 사람들은 위험한 주식보다는 안전한 국채 투자를 선호할 것이다. 이때 4~5퍼센트의 수익률은 사람들이 위험한 주식 투자에 뛰어들게 만드는 동기부여 역할을 하는데 이것을 ERP라고 한다.

ERP를 기대하는 것이 잘못은 아니다. 실제로 변동성 위험을 추가로 감수하면 장기적으로 보상을 받을 수 있다. 1926년 이후 미국 국채 10년물 대비 연평균 ERP는 4.4퍼센트였다. 이 수치는 S&P500의 연수익률 9.7퍼센트에서 10년 만기 미국 국채 수익률 5.3퍼센트를 뺀 것이다.[1] 이 정도면 상당히 큰 차이로 볼 수 있다. 그리고 이론적으로 주식 투자자들은 가격 변동을 견뎌내는 것에 대한 대가를 받아야 마땅하다. 사실 주식 투자자들은 변동성을 싫어한다. 그러나 논리적으로 따져보면 높은 변동성을 싫어할 이유가 없다. 장기적으로 변동성 덕에 더 많은 보상을 받을 수 있기 때문이다. 더 높은 위험을 부담하는데도 더 많은 보상을 받지 못한다면 누가 높은 위험을 좋아하겠는가? 위험을 측정하는 기준이 변동성이든 아니면 다른 무엇이든 말이다.

문제는 일부 학자들이 미래의 ERP를 구하는 모델을 만들려고 시도한다는 점이다. 그런 모델을 만들 수 있다는 믿음은 미신이다. 나는 지금까지 역사적 검증을 통과한 ERP 모델을 보지 못했다. 단 한 번도! 그럼에도 해마다 새로운 모델이 나타난다.

미래의 공급을 어떻게 알 수 있는가?

대부분의 ERP 모델은 7~10년 뒤의 미래를 예측하려고 애쓴다. 보통 10년이 대부분이다. 10장에서 살폈듯이 1~2년에 걸친 단기적인 주식 투자 수익률은 대개 수요 변화에 좌우된다. 그런데 이러한 단기적인 변화조차도 예측하기가 대단히 어렵다. 게다가 장기적으로는 공급이 압도적인 영향력을 미친다. 미래에 주식 공급이 어떻게 변할지 예측할 수 없다면 7~10년 뒤 증시의 방향 역시 절대 예측할 수 없다. 나는 지금까지 미래의 주식 공급을 예측하려고 시도한 사람을 한 번도 보지 못했다. 나 자신도 그것을 예측할 수 없다. 미래에 누군가가 그런 예측을 할 수 있다면 미래 ERP 모델을 만드는 것도 가능할 것이다. 그러나 내가 본 어떤 ERP 모델도 미래의 주식 공급 흐름이라는 문제를 해결하지 못했다. 그리고 미래의 공급을 반영하지 않는 모델은 모두 쓸모가 없다. 장기적으로 수익률에는 주식의 공급이 가장 중요하기 때문이다.

그러나 ERP 모델 대부분이 현재나 심지어 과거의 조건을 한데 묶어 미래를 예측한다. 그러나 현재나 과거의 조건을 갖고 10년 뒤의 예측을 할 수 없다는 건 여러분도 안다. 과거의 가격 변동은 절대 그 자체로 미래의 가격 변동을 알려주지 않는다.

ERP 모델의 일반적인 예를 들자면 현재의 배당 수익률과 지난 10년 동안의 평균 주당순이익, 그리고 현행 물가상승률을 더한 값에 채권 수익률을 빼는 식이다. 다소 어처구니가 없는 방식이다. 모델에 따라서 여기에 한두 가지 요소를 더하거나 뺀다. 이러한 계산에 기반하여 향후 10년 동안 주식이 채권보다 얼마나 높은 투자 수익률을 올릴 것인지를 추측한 값이 ERP다.

그러면 도대체 현재의 배당 수익률과 물가상승률과 주당순이익 같은 것들이 지금으로부터 7년이나 10년 후에 일어날 일을 어떻게 알려준다는 것일까? 설령 그 기간이 3년이라고 해도 분명하게 대답할 수 있는 사람은 없을 것이다.

또한 이러한 ERP 모델 중에서 역사적 검증을 통과한 건 없다. 과학자라면 과거의 여러 기간을 골라서 역사적 데이터를 대입한 뒤 ERP 모델의 유효성을 검증해보라고 말할 것이다. 유효한 모델이라면 과거의 특정 기간으로부터 7~10년 뒤의 실제 수치에 매우 근접한 결과를 내놓을 것이다. 유효하지 않은 모델이라면 예외 없이 쓸모가 없을 것이다. 그리고 행여 우연히 맞출 경우 몇 차례 맞추는 건 가능해도 일관되게 맞추는 건 불가능하다.

향후 증시를 부정적으로 보는 학자들은 비관적인 ERP를 생산하고, 비관적 시각을 가진 언론들은 이 수치를 홍보한다. "향후 10년 동안 ERP는 평균보다 낮은 1.5퍼센트에 불과할 것"이라고 보도하는 식이다. 예를 들어, 지금 10년 만기 국채 수익률이 3퍼센트라면 주식 수익률은 향후 10년 동안 평균 4.5퍼센트라는 뜻이다. 반면 향후 증시를 낙관적으로 보는 학자들은 ERP도 낙관적으로 예측한다. 이처럼 학자들의 예측은 각자의 시각에 따라 왜곡되는 경향이 강하다.

낙관적이든 비관적이든, 모든 ERP 예측은 편향적인 추정에 불과한 누구나 하는 장기 전망 같은 미신이나 다름없다.

이러한 식으로 모든 대중적인 ERP 모델을 얼마든지 해부할 수 있다. 가능하다면 여러분이 직접 해보는 것도 미신을 깨는 연습 차원에서 바람직하다. 결론적으로 미래의 주식 공급을 반영하지 않는다면 ERP를 구하는 일은 쓸데없는 탁상공론에 지나지 않는다.

ERP는 전제부터 틀렸다

ERP와 관련해 경고해둘 게 하나 더 있다. 아주 중요한 경고다! ERP 모델은 보통 2~3퍼센트 정도의 낮은 수치를 전망한다. 나는 왜 학자들이 작은 차이를 놓고 서로 자기가 옳다고 다투는지 이유를 모르겠다. 과거 데이터를 확인해보면 금방 해결될 문제인데 말이다. 그렇게 확인해본 결과 ERP는 아주 높은 변동성을 보였다. 사실 시장 수익률은 평균과 거리가 먼 극단적인 모습을 보인다. [표 20-1]은 10년 단위 실제 ERP를 정리한 자료다. 1960년대와 1980년대 ERP는 장기 평균 ERP인 4.4퍼센트에 상당히 근접했다. 그러나 나머지 기간에는 1950년대 18.9퍼센트와 1990년대 10.2퍼센트처럼 극단적인 양상을 보였다.

표에서 보듯이 1930년대와 2000년대처럼 ERP가 마이너스인 적도 있었고, 1970년대처럼 주식이 평균보다는 낮더라도 어쨌든 올랐

[표 20-1] 10년 단위로 살펴본 과거 ERP

연대	10년 만기 국채 수익률	S&P500 수익률	ERP
1930년대	4.0%	-0.5%	-4.4%
1940년대	2.7%	9.0%	6.3%
1950년대	0.4%	19.3%	18.9%
1960년대	2.8%	7.8%	5.0%
1970년대	6.1%	5.9%	-0.2%
1980년대	12.8%	17.6%	4.8%
1990년대	8.0%	18.2%	10.2%
2000년대	6.6%	-0.9%	-7.6%

출처: 글로벌 파이낸셜 데이터

는데도 불구하고 ERP가 거의 0퍼센트에 가까운 적도 있었다. 2000년대에는 얘기가 또 달랐다(먼 미래의 주식 수익률을 예측하지 말고 과거 마이너스를 기록한 기간 뒤 ERP가 얼마나 오랫동안 엄청난 플러스를 기록했는지를 확인하라). 2000년대에 주가가 대체로 하락했으므로 장기 하락이 일종의 '뉴노멀new normal'이 됐다고 주장하는 사람들은 역사에 무지한 사람들이다. 과거에도 그런 일은 일어난 적이 없었다.

간단히 말해서 학계에서 제시하는 ERP는 지나치게 비관적인 데다 과거의 폭넓은 변동성을 반영하지 않고, 역사적 검증도 만족시키지 못하며, 미래의 주식 공급 변화를 고려하지 않는다. 그래도 학자들은 계속 ERP를 제시하고, 언론은 그 내용을 띄워주며, 투자업계는 거기에 귀를 기울인다. 그것이 정량적이고 학술적이고 세련되고 엄격한 근거인 것처럼 보이기 때문이다. 그런 의미에서 ERP는 가장 그럴듯한 월가의 '지혜'라고 말할 수 있다. 거품보다는 ERP를 주장한 학자들이 더 많은 투자자들을 손실의 구렁텅이로 몰아넣었다.

대개 학자들은 ERP 모델에 들어가는 여러 가지 복잡한 변수들을 제시하면서 어떤 공식에 따라 미래에 대한 비전을 얻었는지 설명한다. 언뜻 매우 정교한 논리적 근거를 가진 것처럼 들린다. 어떤 학자도 자신의 ERP 모델이 향후 10년에 대한 자신의 낙관론이나 비관론을 드러내는 화려하지만 쓸데없는 방식이라고 말하지 않는다. 그러나 아이러니하게도 실제로는 그런 경우가 흔하다.

ERP 모델의 예측이 맞는 경우는 거의 없다. 아마 학자들은 지나친 낙관이나 비관을 노골적으로 드러내는 것이 전문가답지 않다고 생각하는 듯하다. 그러나 그런 시각은 경험적 증거와도 상충된다. 역사적으로 증시는 하락하는 경우보다 상승하는 경우가 더 많았다. 그리고 등락이 심하기는 하지만 저축이나 채권보다 장기적으로 훨씬 높은 수익률을 기록했다. 이것이 진실이다. 그러나 대부분의 사람들은 이 진실을 좀처럼 받아들이지 못한다.

여러분이 장기적으로 주식 공급을 예측할 수 있다면 믿을 만한 ERP를 구할 수 있을 것이다. 그렇다면 엄청난 힘을 얻는 셈이다. 적어도 다른 투자자들이 그 사실을 알기 전까지는 말이다. 나나 여러분 모두 언젠가는 그런 능력을 가질 수 있기를 바란다. 그러나 그때까지는 ERP에 신경 쓰지 않는 것이 좋다.

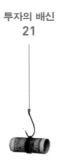

투자의 배신
21

변동성지수가 높을 때 매수하고 낮을 때 매도하라

투자업계에는 변동성지수VIX가 높을 때 매수해야 한다는 말이 있다. 그러면 VIX가 낮을 때는 발을 빼야 하는 걸까?

이런 월가의 지혜는 차라리 모르는 게 약이다. VIX는 시카고옵션거래소CBOE(Chicago Board Options Exchange)에서 거래되는 S&P500 지수 옵션의 내재변동성을 가리키는 지수다. 쉽게 말해 S&P500의 30일 변동성에 대한 시장의 기대라고 보면 된다. VIX 자체는 시장의 예상치를 반영하는 지표고, S&P500의 다양한 지수 옵션들(콜옵션과 풋옵션)로 잘 구성되어 있어 아무 문제가 없다. 그리고 VIX는 본연의 역할을 잘하고 있다. 즉 향후 변동성에 대한 시장의 기대를 말해준다.

하지만 그걸로 끝이다! 변동성은 변동성일 뿐이다. 변동성이 주가의 향방을 말해주지는 않는다. 19장에서 다룬 베타 계수의 경우와 같다. 그러나 차트를 예언서처럼 읽는 사람들은 변동성이 '공포'를 의미한다고 말한다. 그래서 VIX는 때론 '공포지수'로 불리기도 한다. 따라서 VIX가 급등하는 걸 공포가 심해진다는 뜻으로 해석한다. 주가는 공포의 벽을 오르기 좋아하기 때문에 공포가 심해지면 투매가 나오고 향후 급등이 나올 가능성이 높다는 것이다. 반대로 VIX가 하락하면 공포가 약해지고, 심지어 안도감이 과하게 퍼져서 주가가 하락할 가능성이 높다는 것이다. 그래서 VIX가 높을 때 매수하고, 낮을 때 매도하라고 말한다.

주가 예측에 쓸모없는 지표

잘못된 논리는 아니다. 실제로 주가는 공포의 벽을 오르길 좋아하는 건 맞다. 그러면 이 논리에 따른 전략이 효과가 있을까? 항상 그렇듯이 나는 이번에도 장기적인 시각이 필요하다고 조언하고 싶다. 검증을 위한 역사적인 데이터는 많을수록 좋다. 그러나 VIX 애호가들은 짧은 시각으로 단기적인 가격 변동을 활용하려는 경향을 보인다. 다시 말하지만, 대부분의 경우 단기적인 시각은 틀렸다고 보면 된다. 그래도 VIX 애호가들에게도 공정성을 기하기 위해 VIX가 잘 맞았던 짧은 기간을 살펴보자.

[그림 21-1]은 1999년의 S&P500 지수(굵은 선)와 VIX(밝은 선) 움직임을 보여준다. 1999년은 변동성이 대단히 높은 해였다. 보다시피 VIX는 연중 내내 상당히 높은 상태를 유지했고, VIX의 고점은 S&P500의 저점과, VIX의 저점은 S&P500의 고점과 일치하는 경향을 보였다. 따라서 VIX가 상대적으로 높을 때 사서 낮을 때 팔았다면 증시의 단기 변동성을 이용해서 수익을 낼 수 있었다.

그러나 중요한 사실은 1999년 내내 S&P500에 투자하고 팔지 않았다면 21퍼센트의 수익을 올릴 수 있었다는 것이다.[1] 거래 수수료와 자본이득세를 낼 필요도 없었고, VIX를 매일같이 뚫어지게 확인할 필요도 없었다.

[그림 21-1] S&P500과 변동성지수 움직임

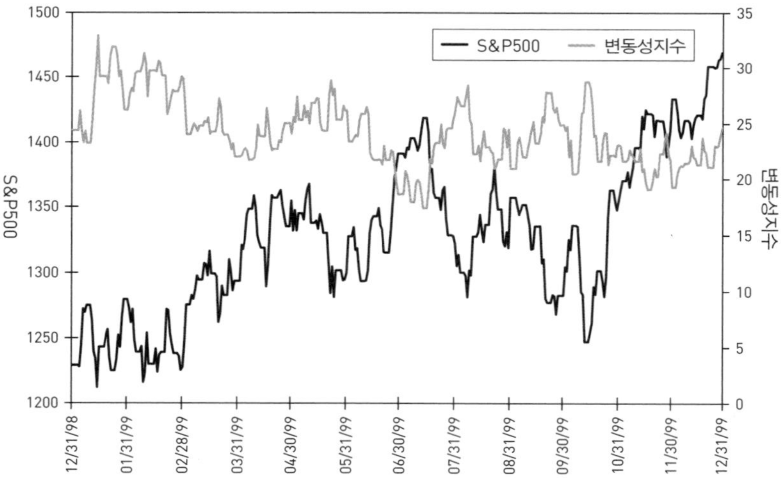

출처: 톰슨로이터, CBOE SPX 변동성지수

만약 VIX가 고점일 때 주식을 매수하고 저점일 때 매도했다면 결과가 어떻게 나왔을까? 나로서는 알 길이 없다. VIX가 고점일 때마다 매수하는지, 주요 고점에만 매수하는지 모르기 때문이다. 무엇보다 고점이 어디인지 어떻게 알 것인가? 그림을 다시 보라. 고점과 저점은 모두 상대적이다. 그래서 실제 고점을 찍기 전에는 알 수 없다. [그림 21-1]에서 VIX는 연초에 고점을 찍지만 주가는 횡보한다. 또한 8월 중순에 VIX가 다시 고점을 찍지만 이전 고점들에 비하면 많이 낮다. 그래도 주가는 급락한다. 이상하지 않은가? 이후 급락이 나오기 직전에 VIX는 바닥을 찍는다. 단기 고점을 정확하게 알려준 것이다. 멋지다! 그러나 연말에는 VIX가 바닥을 찍는데도 주가가 계속 상승한다. 그렇다면 어느 고점과 저점에서 매매해야 할지 어떻게 알 수 있겠는가?

설상가상으로 VIX의 고점과 저점을 확실하게 파악할 수 있는 때가 오면 이미 주가의 저점이나 고점은 놓치고 만다. 주가는 VIX 고점을 보고 확신을 가질 시간을 주지 않는다. 이처럼 동시적이고 상대적인 지표들이 멋있게 보일 수는 있으나 주가를 예측하는 일에는 무용지물에 가깝다.

쓸모도 없으면서 모순되는 지표

그나마 앞서 말한 내용은 VIX가 유효한 지수라는 전제하에 설명했지만 실제로는 그렇지도 않다. 다른 모든 기술적 지수와 마찬가지로 VIX도 잘 맞을 때도 있고 맞지 않을 때도 있다. 1995년의 S&P500과 VIX를 나타내는 [그림 21-2]를 보라.

1995년은 S&P500이 37.6퍼센트나 상승한 대단히 좋은 해였다.[2] 그래프를 보면 지수가 거의 멈추지 않고 우상향했다는 걸 알 수 있다. 반면 VIX는 줄곧 횡보했다. 1995년과 같은 해에는 어떻게 해야 할까? 아무런 단서를 구할 수 없다. 심지어 연초에 진입하라는 신호조차 내주지 않는다. 이 경우 VIX 신봉자들은 VIX는 변동성이 커졌을 때 효과를 발휘한다고 말한다. 좋다. 하지만 1995년은 변동성도 아주 심한 해였다. 모두 상방 변동성이었기는 하지만 말이다. 결론적

[그림 21-2] S&P500과 변동성지수 움직임

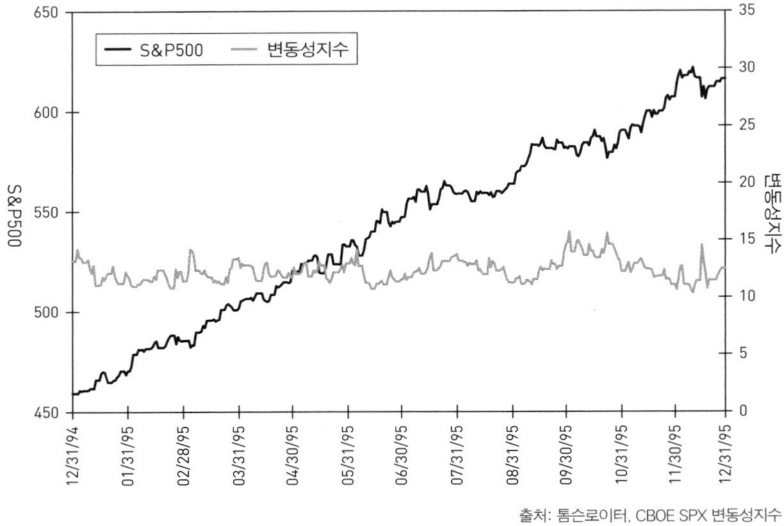

출처: 톰슨로이터, CBOE SPX 변동성지수

으로 1995년에 VIX는 큰 도움이 되는 것 같지 않다. 고점과 저점이 있지만, 증시 움직임과는 무관해 보인다.

어떤 해에는 VIX가 기가 막히게 들어맞는다. 그러나 다른 해에는 쓸모없는 잡음만 내보낸다. 그렇다면 VIX가 단기적으로 들어맞는 때가 언제 시작되는지 어떻게 알 것인가? 전혀 알 길이 없다. 오직 시간이 지나야만 알 수 있다. 시간이 지난 후에는 타임머신을 가지고 과거로 돌아갈 수 있어야만 도움이 된다. 그리고 타임머신을 만들 능력이 있다면 주식 투자를 할 필요도 없을 것이다. 주식 투자한다며 호들갑을 떨지 않아도 부자가 되었을 것이다.

신봉자들은 공포가 고조된 상황에서 VIX가 효력을 발휘한다고 말한다. 어떻게 공포의 정도를 판단할 것인가? 이 역시 사후과잉확신 편향의 영향을 벗어나지 못한다. 사람들은 공포를 제대로 기억하지 못한다. 생존 본능에 따라 시간이 지나면 기억이 희미해지기 때문이다. 믿지 못하겠다면 출산 경험이 있는 여성들에게 물어보라.

물론 VIX가 때로는 잘 들어맞는다. 그러나 주가를 예측하는 도구로 활용할 수는 없다. 또한 장기적으로 바라보면 언제 맞고 언제 틀리는지 알 길이 없다. 결국 VIX가 오를 때는 그냥 오른 것이다. 그 외에 다른 의미를 찾을 필요가 없다.

투자의 배신
22

소비자신뢰지수는 경기 향방을 알려주는 중요한 지표다

소비자신뢰지수는 소비자를 대상으로 경기에 대한 판단이나 전망 등을 조사하여 경제 상황에 대한 심리를 종합적으로 나타내는 지표다. 매달 이에 대한 기사들이 쏟아져 나온다. 소비자신뢰지수가 오르면 앞으로 경기가 좋아질 것이라고 환호하고, 내리면 탄식한다. 언론은 소비자신뢰지수가 특별한 의미를 갖는 듯 보도한다. 하지만 사실은 그렇지 않다. 물론 소비자들이 경제 상황을 더 좋다고 느끼는 게 나쁘다는 것은 아니다. 그러나 지금까지 수차례 말했듯이 감정은 투자에 별다른 도움이 되지 않는다.

소비자신뢰지수는 경기선행지수를 구성하는 10가지 주요 지수 중 하나에 불과하다. 물론 경기선행지수는 완벽하지는 않지만 경기 향방을 예측하는 데 대단히 유용하다. 사람들은 경기선행지수가 증시 수익률을 예측하는 일에도 도움이 된다고 생각하지만 경기선행지수를 구성하는 지수 중 하나가 S&P500라는 사실에 주의해야 한다. 따라서 경기선행지수가 미래의 증시 수익률을 예측해준다고 믿는다면 현재 상승하는 증시가 미래에도 상승할 것임을 예상할 수 있다고 믿어야 한다. 그렇다면 강세장이나 약세장은 영원히 끝나지 않을 것이다. 그러니 사실일 수가 없다!

소비자신뢰지수는 동행지표다

나는 2003년에 친구와 함께 소비자신뢰지수에 대한 학술논문을 쓴 적이 있다. '소비자신뢰지수와 주식 수익률Counsumer Confidence and Stocks Returns'이라는 제목의 논문이었는데, 2003년 가을 〈포트폴리오 매니지먼트 저널Journal of Portfolio Management〉에 실렸다. 전문적인 내용도 마다하지 않는다면 인터넷에서 이 논문을 찾아 읽어봐도 된다. 논문 내용을 간략히 요약하자면 소비자신뢰지수는 고작해야 증시와 동행할 뿐이고 최악의 경우 약간 뒤처질 때도 있다는 것이다. 21장을 읽어봤으면 알겠지만, 동행지표는 변동성지표 같은 쓸데없는 지표보다도 더 나쁘다. 실제로는 아닌데도 불구하고 예측성이 있다고 오해하는 사람들이 생기기 때문이다.

소비자신뢰지수를 조사하는 대표적인 기관은 컨퍼런스보드Conference Board와 미시간 대학이다. 최근에는 컨퍼런스보드에서 발표하는 소비자신뢰지수가 더 폭넓게 인용되고 있지만 이는 나중에 바뀔 수도 있다. 조사 대상이 같기 때문에 조사 결과는 전체적으로 비슷한 양상을 보인다. 두 기관 모두 현재와 향후 6~12개월 뒤의 경제 상황에 대한 소비자들의 심리를 조사한다. 이와 별개로 전미개인투자자협회American Association of Individual Investors에서 실시하는 투자심리 조사가 있다. 알다시피 주가는 대개 경기에 선행한다. 따라서 투자심리 조사는 그것의 결과가 유용하려면 소비자신뢰지수에 선행해야 한다. 그러나 실제로는 그렇지 않다. 세 지수 모두 아주 밀접하게 움직인다.

그러면 세 지수는 주식에 대해 무엇을 알려줄까? [그림 22-1]은 S&P500과 소비자신뢰지수의 움직임을 보여준다. 두 지수는 기본적으로 같이 움직인다. 또한 주의할 점은, 소비자신뢰지수의 고점과 저점은 절대적인 기준 없이 상대적으로 형성되므로 의미가 없다. 21장에 나왔던 VIX와 같다. 시간이 지나야만 고점과 저점을 확인할 수 있다. 그래서 과거에는 고점이었던 수준이 나중에는 더이상 고점이 아닐 수도 있다. 이러한 문제점에 대해 컨퍼런스보드는 지수 수준보다 변동률이 더 중요하다고 말한다.

나는 2003년 논문에서 주가가 상승하면 미래 경기에 대한 사람들의 심리도 개선된다고 지적했다. 반대로 주가가 하락하면 사람들의 기분이 나빠지고 심리는 악화된다. 조사 결과에서도 이러한 경향이

[그림 22-1] 소비자신뢰지수와 S&P500의 움직임

출처: 톰슨로이터, 컨퍼런스보드

드러난다. 따라서 소비자신뢰지수는 앞으로 일어날 일을 예측하는 것이 아니라 방금 일어난 일을 반영하고 있을 뿐이다. 다시 말해 동행적이거나 약간 후행적 지표라는 것이다. 후행성은 조사 시점과 발표 시점의 시차 때문에 생기기도 한다. 조사 시점에서 한 달 후에 발표가 이루어지기 때문이다. 그래서 5월에 주가가 상승하면 6월 말에 지난 5월의 심리를 반영하는 지수가 발표된다. 이러한 지수가 투자에 도움이 될까? 누구나 이번 달의 주가 동향을 보고 다음 달의 소비자신뢰지수가 어떻게 나올지 비교적 정확하게 예측할 수 있다. 문제는 그 반대의 경우는 성립하지 않는다는 것이다.

다시 말해서 소비자신뢰지수를 보고 주가가 어떻게 움직일지 절대로 알 수 없다. 소비자신뢰지수는 단지 최근 사람들이 경기를 어

떻게 느끼는지 말해줄 뿐이다. 주가는 사람들의 심리에 영향을 미치고, 소비자신뢰지수는 그러한 심리를 반영한다.

반대지표? 쓸모없는 지표

어떤 사람들은 소비자신뢰지수가 반대지표라고 말한다. 즉 지수가 아주 높으면 주가가 너무 많이 올라서 떨어지고, 지수가 낮으면 주가가 너무 낮아서 오른다는 걸 알려준다는 것이다. 물론 모든 동행지표가 이런 주장대로 될 수도 있다. 그러나 VIX와 마찬가지로 시간이 지나야만 소비자신뢰지수의 고점과 저점을 확인할 수 있기 때문에 예측에는 전혀 도움이 되지 않는다. 그리고 소비자신뢰지수가 선행지표 역할을 한다면 증시도 그래야 하지만 현실은 그렇지 않다. 몇 달 동안 증시가 올랐다고 해도 앞으로 3개월이나 5개월이나 7개월 뒤에 시장이 어떻게 될지 알 수 없다.

앞의 [그림 22-1]에서 소비자신뢰지수는 2003년 3월 세계 증시가 바닥을 찍을 무렵 같이 바닥을 친다. 그로부터 12개월에 걸쳐 증시는 35.1퍼센트 상승한다.[1] 이 경우 소비자신뢰지수는 반대지표 역할을 할 수 있었다. 다만 마법의 수정구슬을 가져서 2003년 3월이 소비자신뢰지수가 저점이었다는 걸 미리 알 수 있었다면 말이다. 2007년 7월에는 소비자신뢰지수가 다시 단기 고점을 찍는다. 이후 12개월 동안 증시는 11.1퍼센트 하락했다.[2] 소비자신뢰지수가 최근에 최저점을 찍은 건 2009년 2월이다. 증시는 3월 초에 바닥을 치고 역사적인 반등을 시작한다. 2월에 소비자신뢰지수가 최저점을 찍은 후 12개월 동안 증시는 53.6퍼센트 상승했다.[3] 이처럼 소비자신뢰지수의 변곡점은 시간이 지난 후에야 파악할 수 있고, 증시의 변곡점과 동행한다. 따라서 소비자신뢰지수는 증시 동향을 예측하는 데 쓸모가 없다.

또한 2003~2007년에 걸친 강세장에서는 어떤가? 추세적으로 상승하긴 했지만 소비자신뢰지수는 대부분의 시간 동안 등락하며 횡보했다. 이 기간 내내 투자했다고 치고(증시는 사람들이 생각하는 것보다 오랫동안 계속 오를 수 있다는 걸 명심하라) 소비자신뢰지수를 투자지표로 활용했다면 그다지 재미를 보지 못했을 것이다. 물론 2005년 10월에 소비자신뢰지수가 비교적 저점을 찍은 이후 증시는 12개월 동안 16.3퍼센트 상승했다.[4] 그러나 진정한 반대지표라면 증시 강세장에서 횡보해서는 안 된다. 나는 실제로 유용하고 믿을 수 있는 반대지표를 본 적이 없다.

사실 소비자신뢰지수는 향후 6~12개월 사이의 경기를 예측하는 용도로 쓰인다. 그러나 실제로는 약간의 시차를 갖고 사람들이 현재 경기를 어떻게 느끼는지 더 잘 보여준다. 이러한 심리는 직전 증시의 움직임을 통해 거의 정확하게 포착된다. 그래서 소비자신뢰지수는 미래의 주가를 예측하는 데 쓸모가 없는 게 확실하다.

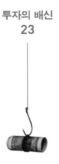

투자의 배신
23

투자자라면 다우지수를 매일 살펴야 한다

나는 다우지수가 특별한 지표라도 되는 양 집착하는 투자자들이 너무나 많다는 사실에 계속해서 놀라고 있다. 심지어 일반 투자자들보다 더 많이 알고 있는 전문 투자자들 사이에서도 이런 모습이 목격된다. 텔레비전만 틀면 연일 "다우지수가 몇 포인트 오르고 내렸다"는 뉴스가 나온다. 도대체 그게 뭐 그리 대수란 말인가? 투자를 업으로 삼고 살아온 38년 동안 나는 한 번도 다우지수에 신경 쓴 적이 없다. 구성 종목이 너무 적고 각 주식 종목들의 평균주가를 계산해 나타낸 가격가중지수price-weighted average라서 장기지표로 거의 쓸모가 없다는 사실을 진작 알았기 때문이다. 다우뿐 아니라 그 어떤 가격가중지수에도 전혀 신경을 쓸 필요가 없다.

결론적으로 다우지수를 중시하는 사람들이 많지만 그것은 세계 시장은 물론 미국 시장의 현실도 반영하지 못하는 본질적으로 문제가 있는 지수에 불과하다. 그런데도 왜 모두가 다우지수에 꽂힌 걸까?

다우지수의 문제점

다우지수는 유서 깊은 지수로 다우존스 산업평균지수를 줄여서 부르는 말이다. 〈월스트리트저널〉의 소유주가 만들었다는 점도 그것의 인지도 제고에 영향을 미쳤다.

우선 몇 가지 사소한 문제점부터 짚고 넘어가자. 첫째, 다우지수를 구성하는 종목은 겨우 30개밖에 되지 않는다. 30개 종목이 모두 덩치가 큰 우량 종목이긴 하지만, 전체 미국 주식시장에서 차지하는 비중은 29퍼센트에 불과하다.[1] 게다가 구성 종목이 일부 업종에 편중되어 있고, 모두 미국 기업의 주식들뿐이다. S&P500도 그렇기는 하지만 이 지수가 전체 미국 주식시장에서 차지하는 비중은 80퍼센트에 이른다.[2] 또한 다우지수는 구성 종목을 선정하는 사람들의 상당히 자의적인 기준에 따라 종목이 바뀐다. 예를 들어, 코카콜라는 포함되지만 거의 비슷한 규모의 펩시콜라는 배제되는 식이다. 마이크로소프트도 포함되지만, 이 글을 쓰고 있는 현재 시가총액이 더 큰 구글과 애플은 빠져있다. 누구도 그 이유는 모른다. 경쟁업체라고 해서 배제된 것은 아니다. 제약업종의 경쟁업체인 머크Merch와 화이자Pfizer는 모두 포함되어 있기 때문이다. 그래서 제약업종은 상대적으로 더 큰 비중을 차지하고 있다.[3] 그러나 다우의 가장 큰 문제점은 지수산출 방식에 있다.

가격가중방식은 비합리적이다

그렇다. 모든 지수마다 특이한 점이 있다. 그러나 가격가중방식은 결코 묵과하기 힘든 특이한 점이다. 다우 외에 가격가중방식을 쓰는 유명하면서 광범위하게 주시되는 지수는 일본의 니케이뿐이다. 그래서 일본 주식시장의 동향을 제대로 살피려면 니케이보다 구성 종목들이 더 광범위하게 짜여있는 토픽스가 낫다.

가격가중방식은 포트폴리오를 구성하고 있는 주식들의 가격에 따라 가중치를 둔 지수를 뜻한다. 주가가 높은 종목의 움직임이 낮은 종목보다 큰 영향력을 나타낸다. 문제는 주당 가격이 순전히 표면적인 수치에 불과하다는 것이다. 정말로 그런지 살펴보자. 2010년 5월 31일 기준으로 마이크로소프트의 주가는 26달러로 3M의 주가 79달러에 비해 3분의 1 수준에 불과했다. 그래서 마이크로소프트가 훨씬 큰 기업인데도 가격가중방식을 적용하면 3M이 마이크로소프트보다 다우에서는 세 배나 더 높은 영향력을 미쳤다. 마이크로소프트의 시가총액은 무려 2,260억 달러로 3M의 시가총액 570억 달러보다 훨씬 컸다. 시가총액으로 따지면 마이크로소프트가 네 배나 큰 기업이다. 따라서 합리적인 사람이라면 누구나 마이크로소프트가 3M보다 다우에 더 큰 영향력을 미쳐야 한다는 걸 알 수 있다. 주가는 기업의 크기나 상대적 중요성을 말해주지 않는다.

[표 23-1]은 다우지수 구성 종목의 시가총액 순위를 보여준다. 보다시피 주가와 시가총액 사이에는 아무런 상관관계가 없다. 시가총액뿐 아니라 매출, 순익, 장부가치 같은 것들을 주가와 비교해봐도 마찬가지로 무작위적 결과가 나오기는 마찬가지다.

다우지수의 진짜 문제는 상대적으로 시가총액은 낮지만 주가가 높은 종목들이 상승하고, 시가총액은 크지만 주가가 낮은 종목들이 하락하면 현실보다 훨씬 긍정적인 결과를 보여준다는 것이다. 반대로 시가총액은 크지만 주가가 낮은 종목들이 상승하고, 시가총액은 낮지만 주가가 높은 종목들이 하락하면 현실보다 훨씬 부정적인 결과를 보여준다. 그러니 완전히 잘못된 지표가 아닐 수 없다.

다우지수보다 나은 지수들은 기업의 실질적인 규모를 대표하는 지표에 가중치를 둔다. 보편적인 지수의 경우 시가총액 가중방식을 쓴다. S&P500, MSCI 세계지수, 나스닥, 일본의 토픽스, 영국의 FTSE와 독일의 DAX 지수 등이 그렇다. 이 지수들은 구성 종목의 전체 시장가치가 클수록 더 큰 영향력을 갖는다. 원래 그래야 마땅하다. 연기금이나 펀드도 대부분 시가총액 가중지수를 기준으로 성과를 측정한다. 개인투자자들도 그렇게 해야 한다.

〔표 23-1〕 다우지수 구성 종목의 주가와 시가총액

회사명	주가(2010년 5월 31일 기준)	시가총액
엑손모빌	60.46달러	2,840억 4,400만 달러
마이크로소프트	25.80달러	2,261억 700만 달러
월마트	50.56달러	1,896억 5,900만 달러
P&G	61.09달러	1,759억 3,300만 달러
GE	16.35달러	1,745억 6,100만 달러
존슨앤드존슨	58.30달러	1,607억 9,500만 달러
IBM	125.26달러	1,606억 2,700만 달러
뱅크오브아메리카	15.74달러	1,579억 1,900만 달러
JP모건체이스	39.58달러	1,574억 7,600만 달러
쉐브론	73.87달러	1,483억 8,600만 달러
AT&T	24.30달러	1,435억 8,900만 달러
시스코	23.16달러	1,322억 7,000만 달러
화이자	15.23달러	1,228억 4,700만 달러
인텔	21.42달러	1,191억 8,100만 달러
코카콜라	51.40달러	1,185억 8,200만 달러
HP	46.01달러	1,078억 9,800만 달러
머크	33.69달러	1,050억 5,400만 달러
버라이즌	27.52달러	777억 9,200만 달러
맥도날드	66.87달러	719억 3,800만 달러
월트디즈니	33.42달러	654억 5,500만 달러
유나이티드테크놀로지	67.38달러	630억 9,600만 달러
홈디포	33.86달러	568억 9,700만 달러
3M	79.31달러	565억 5,300만 달러
크래프트푸즈	28.60달러	498억 6,400만 달러
보잉	64.18달러	487억 1,500만 달러
아메리칸 익스프레스	39.87달러	478억 9,400만 달러
캐터필러	60.76달러	381억 6,900만 달러
듀퐁	36.17달러	327억 7,200만 달러
트래블러스	49.47달러	245억 400만 달러
알코아	11.64달러	118억 7,600만 달러

출처: 톰슨로이터

액면분할하면 문제가 더 커진다

가격가중지수의 부적절한 점은 여기서 그치지 않는다. 기간이 길어질수록 가격가중지수는 무작위적인 성격을 띠게 된다. 납입자본금의 증감 없이 기존 주식의 액면가격을 일정 비율로 나눠 발행 주식의 총수를 늘리는 액면분할 때문이다. 가격가중지수의 경우 액면분할이 실질적인 영향을 미친다. 그 이유를 지금부터 살펴보자.

액면분할은 항상 있는 일이다. 그러나 주식을 분할한다고 해서 기업의 가치가 실제로 변하는 것은 아니다. 가령 유통 주식 수가 100주고 주당 가격이 100달러인 종목이 있다고 하자. 액면분할로 주당 50달러가 되고 유통 주식 수가 200주로 늘어나도 전체 시가총액은 같다. 그러나 가격가중지수의 경우 액면분할이 해당 종목의 비중을 절반으로 줄여버린다. 분할 비율이 3대 1이나 4대 1이면 그 비중은 더욱 줄어든다. 드물기는 하지만 역분할은 비중을 늘리게 된다.

이쯤에서 다우지수 옹호론자들은 제수Divisor를 통해 액면분할에 따른 조정을 한다고 주장할 것이다. 물론 다우지수 내의 30종목 각각 주식 가격의 합계를 구한 다음에 이를 제수로 나누어 산출하는 건

* 2021년 가을 현재 다우 구성종목은 아메리칸 익스프레스, 아마겐, 애플, 보잉, 캐터필라, 시스코 시스템즈, 쉐브론, 골드만삭스, 홈디포, 허니웰 인터내셔널, IBM, 인텔, 존슨앤드존슨, 코카콜라, JP모건체이스, 맥도날드, 3M, 머크, 마이크로소프트, 나이키, P&G, 트래블러스 컴퍼니스, 유나이티드헬스 그룹, 세일즈포스닷컴, 버라이존 커뮤니케이션스, 비자, 월그린스 부츠 얼라이언스, 월마트, 월트디즈니, 다우 케미칼로 이 책이 쓰였을 때의 구성 종목과 다소 차이가 있다.-옮긴이 주

맞다. 그리고 다우 제수는 액면분할 등이 반영되도록 고안된 변동 요인이다. 그렇더라도 다음 두 가지 사실이 바뀌지는 않는다.

1. 액면분할이 실질적 이유 없이 구성 종목의 비중을 줄인다는 점
2. 다우지수 옹호론자들은 지수산출 방식에 대한 공부를 더 했어야 한다는 점

우리도 다우지수 같은 지수를 하나 만들어보자. A와 B라는 두 종목으로 구성되며, 가격가중방식을 쓰는 척하자. 이것을 바보지수Silly Index라고 부르겠다. 각 종목의 주당 가격은 100달러로 시가총액은 같다. 바보지수를 구하려면 두 종목의 주가를 더한 다음(200달러), 구성 종목 수로 나누면 된다. 이 경우 바보지수는 100이 된다. 다우지수도 이처럼 단순한 방식으로 산출된다. 지수 구성 후 첫째 날 A 종목은 10퍼센트 상승하여 110달러, B 종목은 10퍼센트 하락하여 90달러가 되었다. 이 경우 지수는 여전히 100이다.

둘째 날 두 종목은 모두 100달러로 돌아왔다. 이날 밤에 A 종목은 100대 1 액면분할을 한다. 현실성 없는 가정이지만 설명을 쉽게 하기 위해 큰 숫자를 썼다. A 종목을 100달러에 100주 가졌던 주주는 이제 1달러에 1만 주를 보유하게 되었다. 어느 쪽이든 총액은 1만 달러다. 가치 측면에서 바뀐 것은 없다.

그러나 지수의 경우는 다르다. A 종목의 주가인 1달러와 B 종목

의 주가인 100달러를 더하고 2로 나누면 50.5가 된다. 이 지수는 분명히 잘못된 것이다. 구성 종목의 표면적인 주당 가격 말고는 변한 것이 없는데 지수는 거의 절반으로 줄었기 때문이다. 이러한 문제를 해결하기 위해 동원되는 것이 제수다. 이 상황에서 지수의 일관성을 유지하려면 50.5를 제수인 0.505로 나누어야 한다. 이처럼 제수는 간단한 계산으로 구할 수 있다.

그러나 여전히 이상한 점이 남는다. 셋째 날 다시 A 종목이 10퍼센트 상승하고 B 종목은 10퍼센트 하락했다. 첫째 날과 같은 상황이 벌어진 것이다. 이제 지수를 구해보자. 두 종목의 주가를 더한 값(1.1+90)을 2로 나눈 다음 제수인 0.505를 적용하면 100이 아니라 90.2가 나온다.

이상하지 않은가? 첫째 날과 같은 비율의 등락이 나왔는데 지수는 달라졌다. 실질적으로 바뀐 것은 없기 때문에 현실을 제대로 반영하는 지수라면 셋째 날에도 100이 되어야 한다. 그러나 단지 한 종목이 분할되었다는 이유로 지수가 거의 10퍼센트 떨어졌다. 왜 그럴까? 주당 가격이 더 높은 종목이 하락하면서 지수에 더 큰 영향력을 미쳤기 때문이다. 시장가치가 같다면 지수에 미치는 영향도 같아야 한다. 그러나 바보지수는 그렇지 않다. 이것이 가격가중지수의 더러운 비밀이다.

위의 사례에서는 한 번의 액면분할만 일어났다. 액면분할 횟수가 늘어날수록 가격가중지수는 더욱 왜곡된다. 분할된 종목들이 분할되지 않은 종목들보다 부진하다면 지수 수익률은 평균적인 종목의 수익률보다 높아지게 된다. 물론 반대의 경우도 성립된다.

나는 소위 투자 전문가라는 사람들이 다우에 대한 장기 예측을 하거나 다우지수의 역사가 실질적인 경제 현상과 관련 있는 것처럼 이야기할 때마다 놀라지 않을 수 없다. 가격가중지수의 경우 그러한 말은 의미가 없기 때문이다. 내가 20여 년 전에 〈포브스〉에 실은 논문에서 밝혔듯이 액면분할 여부가 당해 지수 상승률을 최대 10퍼센트까지 좌지우지할 수 있다. 여기서 말하는 것은 10퍼센트가 11퍼센트나 9퍼센트가 아닌 20퍼센트나 0퍼센트로 바뀌는 것이다. 실로 엄청난 차이가 아닐 수 없다.

그럼에도 불구하고 다우에 대한 장기 예측을 하는 사람들이 있다면 두 가지 사실을 알 수 있다. 하나는 지수산출 방식에 대한 공부를 전혀 하지 않았다는 것이고, 다른 하나는 액면분할을 예측하는 방법을 모른다면 뜬구름 잡는 이야기일 뿐이라는 것이다. 나는 지금까지 액면분할을 예측하려고 시도한 사람조차 보지 못했다.

다우지수가 현실을 제대로 반영하지 않는다는 사실을 말해주는 마지막 증거가 있다. 일반인과 전문가를 막론하고 많은 투자자들은 1965~1982년까지 시장이 제자리걸음을 했다고 말한다. 17년 동안 전혀 상승하지 않았다는 것이다. 그들이 이렇게 말하는 근거는 다우지수다. 그러나 그것은 틀렸다. 같은 기간 S&P500은 평균보다 낮지만 그래도 연 7.1퍼센트의 수익률을 기록했다.[4] 왜 두 지수에 이렇게 큰 차이가 났을까? S&P500은 미국 주식시장의 현실을 더욱 잘 반영하기 때문이다. 가격가중방식이 아니라 시가총액 가중방식을 쓰는

S&P500은 정확한 계산을 통해 지수 본연의 임무를 수행한다.

대부분의 새로운 지수들, 심지어 다우존스가 발표하는 지수조차 시가총액 가중방식을 쓰는 데는 다 그만한 이유가 있다. 앞으로 가격가중지수는 더이상 나오지 않을 것이다. 다우와 니케이가 여전히 통용되는 것은 오랜 전통 때문이다. 그러나 전통은 잘못된 지수를 고수할 이유로는 불충분하다. 그러니 이제 다우는 잊어라.

Part 3

'투자 상식'이 당신의 계좌를 망친다

"친구 따라 강남 간다"는 말을 들어봤을 것이다. 남에게 끌려서 덩달아 하게 되는 경우를 일컫는 말이다. 3부에서는 충분히 합리적이고 이성적으로 투자할 수 있는 사람조차 친구 따라 강남 가듯이 남들을 따라 투자하다가 쫄딱 망하게 되는 문제를 짚어보도록 하겠다.

투자는 어려운 일이다. 그래서 일반 법칙이나 통념, 선전이나 모두가 아는 간단한 규칙을 따르면 한결 쉬워 보일 수 있다. 그런 것들은 투자를 누구나 쉽게 할 수 있는 간단한 일처럼 보이게 해준다. 하지만 그렇게 '손쉽게' 하는 투자가 '더 나은 결과'를 보장하는 건 아니다. 사실 주식시장은 색다른 경험을 비롯해서 널리 알려진 정보의 가치를 효율적으로 깎아내리므로 아무 생각 없이 '보편적인 지혜'에 해당하는 상식을 따르다가는 심각한 손실을 보는 등의 낭패를 당할 수 있다.

일상생활에서는 상식적으로 행동하면 좋다. 누구나 금연해야 하고, 표백제와 암모니아를 섞어선 안 되고(염소계 표백제와 암모니아가 만나면 유독가스가 발생한다 - 옮긴이 주), 길을 건너기 전에는 좌우를 살펴야 하고, 건강을 위해 매일 채소를 먹어야 한다는 사실을 안다. 아, 치실도 해야 한다. 이러한 상식에 문제를 제기하는 사람은 없다. 이처럼 간단히 따를 수 있는 기억하기 쉬운 지침들은 여러분을 안전하고 건강하게 만들어주기 때문이다. 그러나 투자 세계에서의 상식은 그와 반대되는 효과를 낼 수 있다.

투자 세계에서는 어떤 일이 일어나면 무조건 팔라거나 뭔가를 보면 항상 사야 한다는 식의 규칙이 통하지 않는다. 적어도 장기적으로 일관되게 통하는 규칙은 없다. 투자가 그렇게 쉽다면 얼마나 좋겠는가! 언제나 통하는 규칙이 있다면 나는 이 책을 쓰지 않았을 것이고, 여러분도 굳이 이 책을 사서 읽지 않아도 됐을 것이다. 물론 때로 일부 규칙이 통하는 경우가 있다. 그러나 대개는 우연이 통한 거지 근본적으로 맞아서 그런 건 아니다.

그래도 여전히 '이렇게 하고 저렇게 하지 마라'는 식의 지름길을 알려주는 규칙이 존재한다. 왜 그럴까? 1부에도 나왔듯이 인간은 패턴을 찾기 좋아하기 때문이다. 심지어 우리는 아예 존재하지도 않는 패턴까지 찾아내고 신봉한다. 그래서 특정한 날이나 달이나 주나 절기나 심지어 별자리에 따라 투자할지 말지에 대한 규칙을 만들어낸다. 모두 펀더멘털과 전혀 관계없는 터무니없는 규칙에 불과하다(24, 25장).

직관적으로 합당해 보이는 규칙들도 종종 있다. 그러나 주식시장은 종종 반직관적인 성격을 띠는 것을 잊지 말자. 주식시장 같은 자본시장에 우리의 석기시대의 직관을 들이댔다가는 심각한 손실을 입을 수도 있다(26, 27장).

또한 전통으로부터 얻은 상식도 존재한다. 하지만 2부를 읽었다면 적지 않은 투자 상식에 문제가 있다는 사실을 알게 되었을 것이다. 인간은 종종 대중의 행동이나 전문가의 지혜를 따를 때 느낄 수 있는 안정감을 추구한다. 그래서 많은 사람들이 수십 년 동안 따랐거나 똑똑한 사람들이 말해온 투자 상식에는 굳이 의문을 제기할 필요성을 느끼지 않는다. 그러나 이 생각은 완전히 잘못된 것이다. 미신을 타파하려면 그런 생각을 모두 뒤집어보고 근거를 따져보아야 한다(28, 29, 30, 31, 32장).

모두가 아는 상식에 의문을 제기하는 사람은 많지 않지만, 여러분은 의문을 제기하는 소수가 되어야 한다. 그래 봤자 손해 볼 것도 없고, 그렇게 하기가 어렵지도 않다. 3부에서는 데이터를 확인하고, 상관관계를 검증하고, 기본적인 금융이론을 적용함으로써 미신을 타파할 수 있는 기본적인 방법 몇 가지를 보여줄 것이다. 모두가 아는 상식도 미신일 수 있다. 심지어 값비싼 대가를 치러야 하는 미신일지 모른다. 미신 타파를 통해 여러분 자신을 구원하자.

Debunkery

투자의 배신
24

1월 장이 한 해 주식시장을 결정한다

'1월 증시가 1년의 축소판'이라는 말이 있다. 이 대중적인 신화에 따르면 1월의 첫 며칠 동안 증시가 하락하면 1월뿐 아니라 연간으로 봐도 모두 하락한다는 것이다. 이런 신화에는 몇 가지 변종이 있다. 혹자는 1월 첫 거래일만 보면 향후 증시 움직임을 예측할 수 있다고 주장한다. 대부분 이런 말을 들으면 비웃으면서도 1월 3일, 5일, 10일, 17일이나 다른 임의적이고 자의적인 숫자를 들이대며 그 날짜들에 하락하면 그해 증시가 하락한다고 믿는다. 1월 첫 거래일을 보고 향후 증시 움직임을 예측할 수 없다고 해놓고선 3일, 5일, 10일, 17

일 같은 자의적으로 정한 날짜들의 거래를 보고 향후 증시 움직임을 예측할 수 있다는 건 도대체 무슨 말인지 모르겠다. 또 1월 첫 주 동안의 움직임을 보면 한 해 증시 움직임을 알 수 있다고 하는 사람도 있는데, 만일 그 첫 주에 신년 연휴가 끼어 있으면 어떻게 된다는 말인가? 그래서 첫 주 거래일이 4일로 줄어들면 그래도 한 주로 쳐줘야 하나? 모두 낭설에 불과하다.

시기가 중요하다는 말은 인지적 오류

이처럼 특정한 날이나 달이나 절기를 소재로 하는 미신들은 온갖 인지적 오류로 가득하다. 25장에 나올 '5월에 팔아라'라는 말이나 산타클로스 랠리(연말이 되면서 보너스 증가로 인한 소비지출이 늘어나고, 이로 인해 기업들의 이윤이 증대된다는 이유로 성탄절 부근을 기점으로 이듬해 초반까지 주가가 상승하는 현상-옮긴이 주)나 서머 랠리(펀드매니저들이 여름 휴가를 앞두고 미리 주식을 사놓고 떠나기 때문에 매년 6~7월에 주가가 크게 상승하는 현상-옮긴이 주)도 모두 마찬가지다. 그런데 이상하게도 1월 초반 장이 좋으면 사람들은 "다행이다! 1월 출발이 좋았으니 올해 나머지 기간 증시는 걱정할 게 없겠다!"라고 말하지 않는다. 1월 증시를 1년의 축소판으로 생각하는 사람들은 1월 증시가 약세장이었을 때만 이 신화를 들먹거린다. 즉, 그들은 통상 약세장에 대한 자신들의 믿음을 뒷받침하는 데 주로 이 신화를 이용한다.

그래서 그들은 1월과 연간 증시가 모두 약세를 보이면 큰소리로 "그것 봐라, 1월 증시가 1년 축소판 맞지 않느냐"고 목소리를 높인다. 하지만 1월 증시가 하락했지만 연간으로는 상승 마감하면 그들은 자신들의 주장이 틀렸다는 걸 인정하지 않는다.

대신 그들은 매년 맞을 수는 없으니 장기 평균을 봐야 한다고 주장한다. 그리고 자신들의 주장이 대체로 잘 맞지 않은 기간은 빼고 잘 맞은 기간만을 증거로 내세운다. 그들 생각대로 움직여준 해는 그들 생각이 맞았다는 걸 보여주는 확실한 증거다. 하지만 그들 생각대로 움직이지 않은 해는 그들 생각이 터무니없다는 걸 보여주는 증거에 해당하지 않는다. 이는 확증편향confirmation bias의 완벽한 사례다. 확증편향이란 자신이 믿는 것만 보고, 믿지 않는 것은 보지 않는 인지적 오류를 말한다. 최근 행동경제학 분야에서 확증편향의 구체적인 사례들이 발견되고 있다.

인간은 30일이나 31일처럼 임의로 묶은 기간에 의미를 부여하는 경향이 있다. 실로 바보 같은 기벽이 아닐 수 없다. 1월 증시 자체는 1년 동안의 장을 예측하는 데 아무런 도움이 되지 않는다. 그래도 사람들은 행태주의자들이 말하는 심적 회계mental accountings(사람들이 경제적 의사 결정을 할 때 마음속에 나름의 계정들을 설정해놓고 이익과 손실을 계산한다는 것. 그런데 이 계정들이 시야를 좁혀놓아 비합리적인 소비를 유도하게 될 수 있다-옮긴이 주) 때문에 매년 초반 증시 움직임에 큰 의미를 부여한다. 그러나 자본시장은 심적 회계에 대해 전혀 신경 쓰지 않는다.

솔직히 나는 1월 증시에 대한 미신이 계속 유지되고 있는 현상에 놀라움을 금할 수 없다. 간단한 자료 조사만 해보면 쉽게 미신으로 판명 나는데도 말이다. 최근 몇 년만 살펴봐도 알 수 있다. 2009년 1월에 S&P500은 8퍼센트, 세계 증시는 9퍼센트 떨어졌다.[1] 그러나 연말까지 S&P500은 26.5퍼센트, 세계 증시는 30퍼센트씩 각각 상승했다.[2] 만약 1월 증시 미신을 믿었다면 2009년 투자를 망쳤을 것이다. 이처럼 1월 증시와 한 해 증시가 다르게 움직인 사례는 무수히 많다.

네 가지 범주로 나눠서 검증하라

이러한 미신을 파헤칠 때는 네 가지 범주로 나누어 검증하는 것이 효율적이다. 우리는 27장에서도 이 방법을 다시 써볼 것이다. [표 24-1]은 S&P500을 기준으로 1926년 1월 증시와 한 해 증시의 상승과 하락 여부를 네 가지 범주로 나누어 해당하는 연수를 기록한 것이다. 보다시피 1월 증시 미신이 맞는 경우도 많지만 그렇지 않은 경우도 많다.

이 표에서 1월 증시와 한 해 장이 같이 상승한 횟수는 45번이다. 이 수치는 전체 기간의 약 54퍼센트에 해당한다. 이 점은 놀랄 게 없다. 지수가 상승한 해에는 하락한 달보다 상승한 달이 많을 수밖에 없다. 또한 역사적으로 보아도 증시는 하락한 때보다 상승한 때가 많다. 상승한 기간은 전체 기간에서 약 3분의 2를 차지한다. 1926년

〔표 24-1〕 1월 증시와 1년 증시의 상승과 하락 횟수

		1월 수익률		전체
		상승	하락	
1년 수익률	상승	45(53.6%)	15(17.9%)	60(71.4%)
	하락	8(9.5%)	16(19.0%)	24(29.6%)
	전체	53(63.1%)	31(36.9%)	

출처: 글로벌 파이낸셜 데이터

이후 1월 증시는 63.1퍼센트의 기간만큼 상승했고, 1년 증시는 71.4퍼센트의 기간만큼 상승했다. 아마 고질적인 비관론자들은 이 수치를 믿지 않으려 할 것이다. 미래는 알 수 없지만, 역사적으로 1 대 2의 비율로 증시가 하락한 해보다 상승한 해가 많았기 때문에 하락한 해보다 상승한 해가 하락한 1월보다 상승한 1월이 많았다.

1월 증시가 상승하고 1년 장이 하락한 경우는 고작 8번, 비율로는 9.5퍼센트였다. 매운 드문 일이었다! 결과적으로 1월 증시와 한 해 증시가 동반 상승한 경우가 가장 많고, 1월 증시가 상승하고 한 해 증시가 하락한 경우가 가장 드물다. 이러한 사실이 1월 증시 격언을 뒷받침하는가? 절대 그렇지 않다. 1월에 하락한 경우 한 해 증시의 상승 내지 하락 여부는 비율이 거의 비슷하다. 구체적으로는 한 해 증시가 상승한 경우가 17.9퍼센트, 하락한 경우가 19퍼센트며, 횟수로는 한 번밖에 차이가 나지 않는다. 비율상으로는 1월 증시와 한 해 증시가 반대로 움직인 경우(27.5퍼센트)가 동반 하락한 경우(19퍼센트)보다 더 많다.

다시 말하지만 어떤 일이 일어나면 무조건 주가에 좋거나 나쁘다

는 식의 규칙은 모두 무시하는 것이 좋다. 어떤 일도 주가의 향방을 알리는 결정적인 신호가 될 수 없다. 만약 그런 결정적인 신호가 있다면 누군가는 벌써 세계 최고의 부자가 되었을 것이다. 그리고 요즘 같은 세상에서는 누구나 그 사실을 알고 있을 것이다. 그러니 '1월 증시가 1년의 축소판이다' 같은 증시 격언은 모두 미신에 불과하다. 자본시장은 너무나 복잡해서 하나의 지표가 결정적인 힘을 발휘할 수 없다. 그러니 1월 증시 격언은 무시하라. 1월은 그냥 지나가는 한 달 이상의 의미가 없다.

5월에는 팔았다가 가을에 사라

증시 격언 중에 '5월에 팔고 떠나라Sell in May and go away'라는 말이 있다. 부디 이 말을 무시해주길 바란다. 이 말은 여름에는 증시가 약세를 보일 테니 안전하게 5월에 팔고 일단 하락하게 내버려둔 다음 가을에 다시 사는 게 안전한 투자라는 뜻이다. 이 말 역시 경제적으로 해로운 매우 잘못된 격언이다.

놀랍게도 5월이 되면 늘, 특히 5월에 증시가 하락하면 언론마다 이 말로 도배가 된다. 24장에서 다뤘던 1월 증시가 1년의 축소판이란 미신처럼 비관론에 빠진 사람들이 이 말을 좋아하는 것 같다. 여름에 한두 주 증시가 하락했을 때 우리 회사 고객들이나 〈포브스〉 독자들이 "역시 5월에 팔라는 말이 맞네"라고 말하는 걸 듣곤 한다.

그렇다면 '5월에 팔아라'라는 말이 정확하게 무슨 말일까? 정확히 5월 중 언제 팔라는 말일까? 5월 1일일까, 31일일까, 12일일까? 아니면 4월 30일일까? 또한 모두가 5월에 팔아야 한다는 사실과 정확한 매도 시점을 안다면 한발 앞서 4월에 파는 게 유리하지 않을까? 그리고 다른 사람들도 4월에 팔기 전에 그보다 더 빨리 팔아도 괜찮지 않을까? 5월에 증시가 하락한다면 언제까지 하락할까? 이처럼 무작정 매도하라는 규칙을 따르는 사람들은 절대 이런 식으로 논리에 따라 생각하는 법이 없다.

5월에 팔라는 미신의 맹점

이걸로 끝이 아니다. 내가 만약 5월에 보유 주식을 전부 판다면 언제 다시 사야 할까? 5월에 파는 이유가 여름에 증시가 약세를 보이기 때문이라면 9월 1일에 다시 사면 되는 걸까? 아니면 추분에 사야 할까? 대체 언제 다시 사야 한단 말인가? 5월에 팔라는 미신은 다양한 변종들을 낳았지만 어떤 것도 현실적 근거가 없다. 역사를 확인해보라. 아무리 연도를 바꿔가며 살펴봐도 5월에 팔아야 할 이유가 없다.

[표 25-1]은 1926년 이후 S&P500의 월평균 수익률을 보여준다. 5월의 평균 수익률은 0.38퍼센트였다. 높은 수익률은 아니지만 그

래도 마이너스는 아니었다. 6월과 7월 평균 수익률은 각각 1.19퍼센트와 1.83퍼센트였다. 역사적으로 가장 수익률이 높았던 달은 5월 미신의 신봉자들이 너무나 무서워하는 한여름인 7월이었다. 혹자는 7월부터 서머랠리가 시작된다고 말한다. 이 말 역시 통계적 오류에 불과하다. 8월도 평균적으로 좋은 수익률을 기록했다. 이처럼 5월 미신은 통계적으로 근거가 없다.

일부 신봉자들은 문자 그대로 5월에 팔라는 것이 아니고 여름에 대체로 증시 상황이 안 좋다는 점을 상기시켜주려는 것일 뿐이라고 말한다. 좋다. 그런데 6월, 7월, 8월의 평균 수익률을 합하면 4.51퍼

〔표 25-1〕 증시 월평균 수익률을 보면 5월에 팔아야 할 이유를 찾기 힘들다

월	S&P 500 월평균 수익률 (1925년 12월 31일~2009년 12월 31일)
1월	1.49%
2월	0.06%
3월	0.72%
4월	1.67%
5월	0.38%
6월	1.19%
7월	1.83%
8월	1.30%
9월	−0.75%
10월	0.43%
11월	1.07%
12월	1.74%

출처: 글로벌 파이낸셜 데이터

센트나 된다.[1] 이는 다른 어떤 3개월 연속 수익률보다 높은 편이다. 도대체 여름장이 나쁘다는 말이 왜 나온 것일까? 4.51퍼센트는 90일짜리 어음이나 저축성 자산보다 훨씬 나은 수익률이다. 5월 미신을 따라서 팔고 사기를 반복한다면 이처럼 좋은 수익률을 놓치고 더불어 거래 수수료와 세금까지 내야 한다.

어떤 사람들은 5월에서 10월까지 여름을 낀 반기에 증시가 안 좋다고 주장한다. 미신은 원래 많은 단서 조항이 필요한 법이다. 역사적으로 이 기간의 평균 수익률은 4.26퍼센트, 11월부터 4월까지의 평균 수익률은 7.07퍼센트였다.[2] 겨울 반기의 수익률이 더 높기는 하다. 하지만 여름 반기의 수익률은 여전히 6개월짜리 어음이나 저축성 자산 수익률보다 훨씬 낫다. 기간을 어떻게 잡느냐에 따라 이야기는 얼마든지 달라질 수 있다. 3월에서 8월까지 평균 수익률은 7.16퍼센트지만 9월에서 2월까지 평균 수익률은 4.38퍼센트에 불과하다.[3] 그렇다면 왜 9월에 팔지 않는가? 9월을 뜻하는 영어 단어 September를 넣었을 때 'Sell in May and go away'처럼 'ay'로 각운이 맞아떨어지지 않아서 그런지도 모른다. 어쨌든 이러한 말들은 그저 통계적 장난에 불과하다.

무엇보다 이 모든 수익률은 평균 수익률이다. 평균 수익률 안에는 극단적인 상승률과 하락률이 숨어있다(5장). [표 25-1]에서 유일하게 손실이 난 9월을 살펴보자. 그러면 9월에는 무조건 팔아야 하는 것일까? 역사적인 데이터로만 본다면 그렇지 않다. 대공황 시기인 1931년 9월과 1937년 9월에는 각각 주가가 29.6퍼센트와 13.8퍼센트씩 하락했지만[4] 나머지 해에는 그렇게 나쁘지 않았다. 총 84번 중에서 유독 크게 하락한 2번의 9월이 대표성을 띤다는 말을 어느 정도 믿을 수 있는가? 다른 달의 평균 수익률도 마찬가지다. 평균 수익률은 종종 오해를 불러일으킨다. 기본적으로 미신에 빠져들지 않으려면 평균을 구성하는 숫자들을 확인해야 한다. 그리고 지금까지 평균 수익률이 마이너스라고 해서 앞으로도 그럴 거란 보장은 없다. 본래 9월이 다른 달보다 더 위험한 건 전혀 아니다. 방학이 끝나고 아이들이 다시 등교하게 되니 운전할 때 조심해야 하는 것만 빼고 전혀 그렇지 않다. 그리고 역사적으로 평균 수익률이 낮다고 해서 특정한 달이나 기간을 피하려고 시장을 들락날락하는 것은 어리석은 짓이다. 그렇게 해봤자 더 나은 수익률을 올릴 수 있다는 보장도 없다.

따라서 "5월에 팔아라"라는 격언은 영원히 사라져야 한다. "1월 증시가 1년의 축소판"이라는 말과 마찬가지로 특정한 날이나 달 혹은 절기에 관련된 말들은 모두 미신에 지나지 않는다. 때로 그런 말을 따라야 할 것처럼 느껴지고, 또 가끔은 그런 말대로 되기도 하지만 장기적으로 보면 대체로 맞지도 않고 오히려 쓸데없는 비용만 부담해야 한다. 산타 랠리, 1월 효과, 세 마녀의 날(주가 지수 선물, 주가 지수 옵션, 개별 주식 옵션의 만기가 동시에 겹치는 날로 이날은 파생 상품들과 현물 주식이 만기에 집중적으로 청산되거나 설정되면서 시장이 급변하고 변동성이 커지는 경향이 있다–옮긴이 주), 월요일에 팔라는 말 모두 마찬가지다. 1980년 이후 뉴욕 자이언츠가 슈퍼볼을 거머쥔 해(1986년, 1990년, 2007년)

마다 곧바로 약세장이 이어졌다. 반면 피츠버그 스틸러스가 우승한 해에는 강세장이 이어졌다. 이러한 현상 역시 "5월에 팔아라"라는 말처럼 우연에 불과하다.

그러므로 "5월에 팔아라"라는 말처럼 무작정 매도를 부추기는 말들을 무시하라. 특정한 날이나 달이나 미식축구팀이나 아니면 건전하고 탄탄한 경제학이나 포트폴리오 이론에 기반하지 않은 어떤 다른 말도 모두 무시하라.

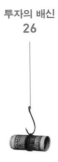

투자의 배신
26

PER가 낮을수록 리스크가 낮다

사람들은 기업이나 시장 전반의 주가수익비율PER(Price-to-Earnings Ratio)이 낮으면 증시 투자가 덜 위험하다고 생각하는 경향이 있다. 이는 모두가 아는 사실상 종교에 가까운 믿음이지만 전혀 사실이 아니다. PER로 어떤 기간 동안의 위험과 수익률을 예측하는 것은 '악령을 부르는 게임'을 하는 것만큼 무의미하다.

나는《3개의 질문으로 주식시장을 이기다》에서 PER가 높으면 위험하고 낮으면 위험하지 않다는 미신을 철저히 파헤친 적이 있다. 다양한 각도에서 분석하다 보니 상당히 긴 지면을 할애해야 했다.

여기서 그때 쓴 내용을 다시 설명하지는 않겠다. 대신 다른 방법으로 높든 낮든 간에 PER는 그 자체로 전혀 예측 기능을 하지 못한다는 걸 밝혀보겠다. 전문적인 내용에 관심이 있는 독자라면 나와 메어 스탯먼Meir Statman이 2000년 가을 〈포트폴리오 매니지먼트 저널〉에 실은 '시장 예측의 인지적 편향Cognitive Biases in Market Forecasts'을 인터넷에서 찾아 읽어봐도 좋다.

나는 PER가 쓸모없다고 비난하려는 게 아니다. 그렇지 않을 수 있다. 다만 그것이 시장이나 주식의 수익률을 예측할 수 있는 지표는 아니라는 것이다. 일반적으로 활용되는 다른 모든 가치 척도와 마찬가지로 PER는 누구나 인터넷에서 그것을 쉽게 확보할 수 있게 된 순간부터 예측력을 잃은 지 오래다. 앞에서도 밝혔듯이 시장은 널리 알려진 정보의 가치를 대단히 효율적으로 깎아내린다. 물론 PER를 기준으로 비슷한 종목들을 비교해보는 건 괜찮다. 또는 PER의 역수인 주식수익률E/P(Earnings Yield)을 채권 금리와 비교하면 유상증자나 자사주 매입의 상대적 이익을 가늠할 수 있다. 자사주 매입은 주식의 공급을 줄이는 효과를 내기 때문에 다른 모든 조건이 같다면 주가 상승에 도움이 된다. 유상증자는 반대의 효과를 낸다. 이처럼 PER를 다양한 방식으로 다른 요소들과 결합해서 유용하게 활용할 수 있다. 그러나 PER만으로 주식이나 증시의 향방을 예측할 수 있다고 생각해서는 안 된다.

인류의 고질병, 고소공포증

PER의 중요한 문제점은 누구나 느끼는 고소공포증을 자극한다는 것이다. 인류는 약 25만 년 전에 출현한 이후로 두뇌와 본능이 이끄는대로 기본적인 생존 문제들을 해결해왔다. 옛날에는 높은 곳에서 떨어지면 그걸로 끝이었다. 설령 살아남아 불구가 되더라도 죽은 목숨이나 마찬가지였다. 그래서 인류는 생존하려고 고소공포증을 갖게 됐다. PER는 높거나 낮다는 높낮이 개념으로 제시된다.

현대 자본시장이 등장한 것은 불과 수백 년 전이다. 그리고 퇴직연금, IRA, 찰스슈왑Charles Schwab 같은 온라인 증권사를 통해 일반인들이 처음 투자에 나선 것은 불과 수십 년 전이다. 이제는 소득이 있으면 누구나 쉽게 증권 계좌를 개설해 주식이나 펀드 혹은 채권 거래를 할 수 있다. 불과 50년 전만 해도 불가능했던 일이다. 당시에는 소수의 부자들만이 그렇게 투자할 수 있었고, 그런 부자에 속한 사람의 비율은 정말로 낮았다.

쉽게 말해 현대의 투자는 우리의 두뇌가 감당할 수 있는 수준보다 훨씬 더 빨리 진화했다. 우리의 두뇌는 예전부터 높은 것은 위험하다고 믿고 있다. 떨어지면 죽지 않더라도 불구가 되기 때문에 우리는 떨어진다는 생각만 해도 두렵다. 그러다 보니 자연스럽게 높은 PER도 같은 방식으로 받아들이게 됐다. 높은 건 무조건 위험하고 낮은 건 무조건 안전하다는 식으로. 그래서 낮은 PER는 덜 위험하고,

높은 PER는 더 위험하다고 생각한다. 그렇지 않은데도 말이다.

주제와 다소 벗어난 이야기일 수 있지만 높은 것에 대한 우리의 본능적 공포가 잘못된 판단으로 이어질 수 있다는 걸 보여주는 예시를 하나 들겠다. 상공에서 비행기 엔진이 고장 나면 고도가 높은 것이 안전할까, 낮은 것이 안전할까? 상황에 따라 다르다. 고도 150피트 지점에서 여러분이 탄 소형 비행기 엔진이 고장 났다면 여러분은 고도가 2,500피트가 되길 바랄 게 분명하다. 고도가 높아야 엔진을 다시 살리거나 비상 착륙하기에 더 안전한 곳으로 이동할 시간을 벌 수 있다고 보기 때문이다. 그러나 150피트에서 추락하나 2,500피트에서 추락하나 산산이 부서져 죽는 건 매한가지다. 그런데도 가끔 어떤 면에선 더 높이 있으면 더 안전한 것 같이 느껴진다. 이처럼 높낮이에 대한 인식은 안전과 결부될 때 종종 잘못된 판단을 초래한다.

PER의 두 가지 변수로 증시를 살펴보자

PER와 관련하여 사람들이 잘 기억하지 못하는 기본적인 문제점은 PER가 주가와 주당순이익이라는 동시에 생기는 변수로 이루어져 있다는 것이다. PER는 주가를 주당순이익으로 나눈 것을 말하기 때문이다. 또한 PER가 현재 상태를 가리킬 뿐이지 어디로 갈 것인지 말해주지 않는다는 점도 곧잘 간과한다. 시장이 신경 쓰는 것은 향후 6~24개월에 걸친 동향이다.

2008년 말에는 PER가 대단히 높았다. S&P500의 PER는 무려 60.7배였다.[1] 이는 평균보다 훨씬 높은 수치다. 여러분이 높은 PER가 위험하다고 생각했다면 2009년에 증시 투자를 하지 않았을 것이고 그에 따라 미국 증시의 경우 27퍼센트, 세계 증시의 경우 30퍼센트라는 엄청난 수익률을 놓쳤을 것이다.[2] 당시 PER가 높았던 이유는 경기침체로 주당순이익이 일시적으로 크게 줄었기 때문이다. 주당순이익이 주가에 비해 크게 낮아지면 PER는 올라갈 수밖에 없다. 사실 2008년 말 PER는 2007년 말의 PER보다도 훨씬 높았다. 그러나 2007년 말은 경기침체가 시작되고 주당순이익이 줄기 시작하기 전 주가가 고점을 찍은 시기였다. 따라서 단순히 PER에 따라 위험 여부를 판단했다면 2007년 말 시장이 고점에 도달했을 때가 이후 시장이 하락했을 때보다 투자 위험이 더 낮다고 판단했을 것이다. 그러나 그것은 잘못된 생각임이 틀림이 없다.

또 다른 사례를 살펴보자. 2002년 12월 31일에 S&P500의 PER는 31.9배로 아주 높은 수준이었다.[3] 그러나 당시는 증시 투자 적기였다. 2003년에 미국과 세계 증시는 각각 29퍼센트와 33퍼센트씩 상승했다.[4] 그 직전 끝난 경기침체로 주당순이익이 크게 줄었기 때문에 2002년 말 PER가 올라갔던 것뿐이다. 투자하기에는 더없이 좋은 경기침체 도중과 직후에 PER가 올라가는 건 아주 흔한 일이다.

두 사례에서 PER는 모두 지금과 과거의 상태를 가리킬 뿐 미래를 말해주지 않는다. 주가는 항상 미래를 바라보며 대개 실적보다 먼저 움직인다. 즉 실적이 나빠지기 전에 먼저 떨어지고, 좋아지기 전에 먼저 오른다. 현재의 PER는 미래의 실적과 PER를 예측하는 데 도움이 되지 않는다. 왜 주가에 비해 순익이 그렇게 낮은지 파악하고 미래를 예측하지 않는 한 말이다. 그러려면 우선 두 변수가 항상 같은 방향으로 움직이는 것은 아니라는 사실을 이해하고 있어야 한다.

시장이 바닥을 쳤을 때, 다시 말해 주식 투자 위험이 매우 낮아지고 증시가 급반등을 앞두고 있을 때 시장의 PER가 전반적으로 올라가는 건 사실상 보편적인 현상이다. 그렇다고 해서 약세장이 바닥을 쳤을 때만 PER가 올라가는 건 아니다. 주가는 때로는 강력한 실적에 비해 더 올라가는 일명 '오버슈팅'을 하기도 한다. 실적이 빠르게 개선되어 향후 호황을 기대하는 투자자들의 매수세가 몰리면서 주가가 실적보다 더 빠르게 상승할 수 있다. 이 경우에도 PER는 올라간다. 결과적으로 투자자들의 지나친 기대감이 경제 현실을 벗어나 주가를 급등시킬 수 있으나 PER만으로 주가가 다시 급락할 시점이 도래했는지 알기는 불가능하다. PER가 높다고 해서 무조건 주가가 떨어질 게 확실한 건 아니다. 마찬가지로 PER가 낮다고 해서 무조건 주가가 오르는 것도 아니다.

실제로 1990년대 중후반 PER는 상당히 높은 편이었지만 시장은 강력한 상승세를 유지했다. 가령 1998년 말에 PER는 32.6배였지만 1999년 S&P500은 21퍼센트 올랐다.[5] 또한 1995년, 1996년, 1997년 말에도 PER가 평균보다 훨씬 높았지만[6] 이듬해 S&P500은 각각 23퍼센트, 33.4퍼센트, 28.6퍼센트씩 올랐다.[7]

그러다가 2000년 고점을 몇 달 앞둔 1999년 말에 이르자 주가는 실적에 비해 '너무 높은' 수준에 이르렀다. 당시 PER는 1998년 말보다 낮은 30.5배였다.[8] 그래도 1999년보다 2000년이 더 위험해졌다. PER는 2000~2003년에 걸친 약세장의 초반보다 후반에 더 높았다. 물론 위험은 후반이 훨씬 낮았다.

그러면 낮은 PER는 어떨까? PER가 낮다는 건 투자 위험도 낮다는 뜻일까? 1929년에 PER는 높았을까 낮았을까? 높았다는 말이 있지만 내가 1987년에 쓴 《90개 차트로 주식시장을 이기다》에 적은 대로 실제로는 13배 정도로 상당히 낮은 편이었다. 풍문처럼 엄청나게 높은 수준은 아니었다. 그래도 주가는 폭락해 심각한 약세장으로 진입했다. 내가 과거 기록을 보고 느끼기에 낮은 PER는 실적이 곧 두박질치기 직전 투자자들에게 잘못된 안도감을 선사해주는 경향이 있다. 이러한 시기에 PER가 낮은 이유는 실적이 너무 좋아 주당순이익이 올라갔기 때문이다.

낮은 PER는 속설대로 주가가 실적 대비 '지나치게' 저평가된 상태임을 의미할 수도 있다. 1981년, 1982년, 1983년, 1984년 말에 PER는 낮았고, 이듬해 주가는 많은 사람들의 기대대로 상승했다.[9] 각각 연도별 PER는 7.9배, 11.1배, 11.8배, 10.1배였고, S&P500 상승률은 21.6퍼센트, 22.6퍼센트, 6.3퍼센트, 31.8퍼센트였다. 때로는 낮은 PER는 좋은 매수 타이밍이 왔다는 걸 알려주는 신호일 수도 있다. 하지만 그것은 동시에 실적이 계속 유지되기 힘들 만큼 지나치게 빨리 좋아졌다는 걸 알려주는 신호일 수도 있다. 1928년과 1929년의 경우가 그랬다.

실적이 악화되기 앞서 주가가 급락하는 것은 지극히 정상적인 일이다. 이 경우 1980년 말처럼 PER가 낮아진다. 당시 PER가 매우 낮은 9.2배까지 떨어진 후 1981년에 주가가 하락했다.[10] 1930년, 1931년, 1939년, 1940년, 1957년, 1976년에도 연말에 PER가 낮아진 이듬해에 주가가 각각 25.3퍼센트, 43.9퍼센트, 0.9퍼센트, 10.1퍼센트, 10.9퍼센트, 7.2퍼센트씩 하락했다.[11] 이러한 사례는 무수히 많다. 그렇다고 해서 PER가 낮아지면 주가가 하락하는 건 아니다. 단지 실적이 악화하기 전 주가 하락이 반영돼 PER가 낮아졌을 뿐이다.

기간을 어떻게 잡고 어떤 원하는 방식으로 분석하든 간에 PER만으로는 믿을 만한 예측 패턴을 구할 수 없다. PER는 과거와 현재 상태를 보여주는 불완전한 지표일 뿐이다. 그것은 미래의 위험이나 향후 1년이나 3년, 5년 뒤의 수익률에 대해 아무것도 말해주지 않는다. 왜 PER가 높은지, 낮은지, 어중간한지, 그런 수준이 의미(혹시 의미가 있다면)하는 건 무엇인지, 그리고 미래 실적은 어떻게 될 것인지 알려면 더 깊이 파고들어야 한다. 물론 그러기가 결코 쉽지 않다. 주가는 PER의 높낮이와 상관없이 모두 오르거나 내릴 수 있다. 그리고 주가가 오르는 동안에도 PER는 계속 높은 상태를 유지할 수 있고, 반대의 경우도 마찬가지다.

사람들이 믿고 싶은 것만 믿으려고 하기에 이 말을 잘 믿지 않는다. 행동경제학에서는 이러한 태도를 확증편향이라고 부른다. 확증편향에 빠지면 자신이 믿는 것을 증명하는 사례만 받아들이고 다른 사례는 무시하게 된다. 역사적으로 PER의 미신이 맞는 사례들이 많을 수밖에 없다. 중요한 사실은 맞지 않은 사례 역시 많다는 것이다. 이 주제에 관심이 있는 사람들은 《3개의 질문으로 주식시장을 이기다》에서 수학적 설명을 확인할 수 있다.

끝으로 한 마디만 더 하겠다. 주가나 시장의 방향을 알려주는 단일 밸류에이션이나 지표 같은 건 애초에 존재하지 않는다. PER, 주가순자산비율PBR(Price-to-Book Ratio), 내가 오랫동안 좋아한 주가매출액비율PSR(Price-to-Sales Ratio), 배당률도 모두 마찬가지다. 적어도 지금까지 미래를 예측해주는 단 한 가지의 마법 같은 지표는 등장하지 않았다. 설령 그런 지표가 등장하더라도 모두가 알게 되는 순간 효력을 상실할 것이다. 불행하게도 투자는 절대 단순하지 않다. 만약 그렇다면 모두가 시장을 이길 것이다. 그러나 주지하다시피 그런 일은 결코 일어나지 않는다.

투자의 배신
27

달러 강세는 증시에 유리하다

달러 강세가 증시에 유리하고, 약세는 불리하다는 말을 여러 번 들어봤을 것이다. 상당히 많이 들어봤을 걸로 추측한다.

2000년대 들어서 상당 기간 달러는 파운드와 유로뿐 아니라 대부분의 교역상대국 통화들에 줄곧 약세를 보였다. 2009년에는 30여 년 만에 처음으로 캐나다 달러가 달러보다 상대적 강세를 보이기도 했다. 물론 상황이 뒤바뀐 시기도 있었다. 2005년과 2008년 후반기에는 달러가 강세를 나타냈다. 그러나 사람들은 대체로 달러 약세가 증시에는 악재고 달러 강세는 증시에 호재라고 생각한다.

달러는 2000년대 들어서 대체로 약세 기조를 이어갔지만, 주가도 전체적으로 그저 그런, 즉 기본적으로 횡보장세에 머물렀다. 이렇게 보면 달러 약세가 증시에 불리한 재료라는 주장이 맞는 것 같기도 하다. 그러나 2003년, 2004년, 2006년, 2007년 증시가 강세였을 때도 달러는 약세였다. 반대로 2001년과 2008년에 증시가 약세였을 때 달러는 강세였다. 한편 2002년에는 달러와 증시가 모두 약세였고, 2005년에는 달러와 증시가 모두 강세였다. 그러다 다시 2009년에는 달러가 약세였으나 증시는 역사적인 대규모 반등을 나타냈다.[1] 이렇게 중구난방인 사례들은 무엇을 말하는가? 도대체 무엇이 진실인가?

달러의 딜레마

사람들은 약달러가 투자자들이 미국 경제에 대한 신뢰를 잃어 성장이 둔화되고 증시도 하락하게 될 것임을 알려주는 신호일까 봐 두려워한다. 게다가 달러가 약세가 되면 수입물가가 올라간다. 미국은 오랫동안 순수입국이었기 때문에(48장) 수입물가가 오르면 수입품의 가격이 상승하고 경기가 둔화할 수 있다. 그렇게 되지 않더라도 적어도 시장에서는 공포가 형성된다. 반대로 사람들은 강달러는 미국 경제에 대한 신뢰가 높아져 강력한 경기성장과 주가 상승을 예고하는 신호로 받아들인다.

주의할 점은, 달러가 상당 기간 대체로 약세를 보였기 때문에 이처럼 사람들이 약달러에 대해 불만이 많다는 사실이다. 흥미롭게도 내가 이 책을 쓰고 있는 2010년 현재 달러는 강세로 돌아섰지만 약달러에 대해 투덜댔던 사람들이 갑자기 환호성을 지른다는 소리를 듣지 못했다. 달러 강세로 모든 게 좋아졌으니 마티니 한 잔 마시며 안심하고 있어도 되는 것 아닌가? 그런데 지나치게 강한 달러에 대해 우려하는 사람들도 많다. 강달러는 수출 경쟁력을 악화시키기 때문이다. 실제로 1990년대에는 달러가 너무 강세라서 미국 경제에 악영향을 미칠 것이라는 말을 흔히 들을 수 있었다. 그러나 사람들은 그때 한 말을 잊어버렸다.

약달러와 강달러에는 각각의 찬반양론이 있다. 그러나 둘 중 하나가 무조건 더 좋은 것은 아니다. 통화는 주식처럼 가치가 상승하는 자산이 아니라 일종의 상품과 같다. 그리고 다른 통화에 비교할 수 있는 상대성이 있다. 따라서 유로나 파운드나 다른 통화들이 강해서 달러가 약한 것이다. 그 반대의 경우도 성립한다.

사람들은 그렇게 생각하지 않지만, 달러가 약세면 달러 외 통화들은 강세다. 이 논리를 좀 더 확장해보자. 약달러가 미국 경제에 부정적 영향을 미친다면 다른 통화 강세는 미국 외 국가들에 긍정적 영향을 미쳐야 한다. 그런데 미국 경제가 세계 GDP에서 차지하는 비중이 25퍼센트가 안 되기 때문에[2] 이 논리에 따르면 달러 약세는 달러 외 통화 강세가 긍정적인 것만큼 전체적으로 세계 경제에 덜 부정적이어야 한다. 그러면 뭐 나쁠 게 없다!

하지만 이것은 사실이 아니다. 좀 더 따져보면 왜 이것이 말도 안 되는 생각인지 알 수 있다. 달러가 약하든 강하든 전 세계적으로는 문제가 되지 않는다. 하지만 약달러가 나쁘다고 믿는 사람들은 왜 자신의 그런 생각이 바보 같은지 충분히 논리적으로 조목조목 따져 보는 법이 없다.

장기적으로 보면 통화들은 본래 서로 제로섬(어떤 시스템이나 사회 전체의 이익이 일정하여 한쪽이 득을 보면 반드시 다른 한쪽이 손해를 보는 상태 – 옮긴이 주) 관계고 불규칙한 주기를 형성하기 때문에 그들이 전 세계 증시에 미치는 영향은 0에 가깝다. 하지만 여러분이 믿고 싶지 않고 뛰어난 통계학자가 아니더라도 달러 약세나 강세가 미국이나 세계 증시에 호재인지 악재인지 정도는 쉽게 확인해볼 수 있다.

네 가지 범주를 통해 확인하는 달러 가치의 영향력

24장에서 했던 것처럼 다시 네 가지 범주로 역사적 데이터를 나누는 방법으로 미신 타파를 시도하겠다. 이번에는 달러 가치의 상승 및 하락과 S&P500의 상승 및 하락을 범주별로 나누면 된다. 이때 다른 교역상대국 통화에 대한 달러의 상대적 가치가 중요하므로 무역가중trade-weighted 가치를 기준으로 삼아야 정확하다. 가령 부탄은 미국과 거의 교역이 없기 때문에 그 나라 통화가 달러에 비해 강한지 약한지 여부는 중요하지 않다. [표 27-1]은 브레튼우즈 체제(1944년 7월 미국 뉴햄프셔주 브레튼우즈에서 44개 연합국 대표들이 참석한 가운데 만든 전후의 국제통화질서 – 옮긴이 주)가 붕괴된 1971년부터 2010년까지 달러 가치와 S&P500의 상승 연수 및 하락 연수를 집계한 것이다.

첫째, 언제나 그렇듯이 미국 증시가 하락한 연수보다 상승한 연수가 훨씬 더 많다. 이 기간 동안 상승한 연수의 비율이 77퍼센트나 된다. 둘째, 이번에도 어떤 패턴도 나타나지 않는다. 증시가 상승한 경우 달러 가치가 상승한 연수와 하락한 연수가 같았다.

그렇다면 달러 약세가 증시에 악재라는 증거는 어디에 있는가? 달러 가치와 증시가 동시에 떨어진 해는 5번, 비율로는 13퍼센트에 불과했다. 그렇다고 해서 약달러가 증시에 대형 호재도 아니었다. 결론적으로 달러의 움직임만 갖고는 증시 동향을 예측할 수 없다. 또 누차 말했듯이 증시는 하락할 때보다 상승할 때가 더 많다.

또한 이 표를 보고 달러 가치가 하락했을 때가 상승했을 때보다 약간 더 많으니 달러는 형편없는 통화라고 생각하는 사람이 있을지

〔표 27-1〕 달러 가치와 S&P500의 상관관계

		달러 가치		전체
		상승	하락	
S&P500	상승	15(38%)	15(38%)	30(77%)
	하락	4(10%)	5(13%)	9(23%)
	전체	19(49%)	20(51%)	

출처: 글로벌 파이낸셜 데이터, 무역가중 달러지수[3]

〔표 27-2〕 달러 가치와 MSCI 세계지수의 상관관계

		달러 가치		전체
		상승	하락	
MSCI 세계지수	상승	14(36%)	16(41%)	30(77%)
	하락	5(13%)	4(10%)	10(23%)
	전체	19(49%)	20(51%)	

출처: 톰슨로이터

모른다. 역시 잘못된 결론이다. 달러는 그냥 약세를 보인 것뿐이며, 이 책을 쓰고 있는 2010년 현재까지 달러가 몇 년 동안 평균적으로 약세를 보여왔을 뿐이다. 달러가 약세를 보인 이유는 달러 외 통화들이 강세를 보였기 때문이다. 통화는 본래 주기적 성질을 띠길 원하므로, 달러는 1990년대 일부 시기에 그랬듯이 다시 상대적 강세기를 거칠 것이다.

[표 27-2]는 1971년부터 2009년 사이 달러 가치와 세계 증시의 상관관계를 보여준다. 흥미롭게도 미국 증시와 비교한 경우와 거의 비슷한 패턴이 나왔다. 이처럼 약하든 강하든 달러의 가치는 미국 증시와 세계 증시의 방향에 영향을 미치지 않는다.

갈지자형 움직임은 왜 나타나지 않는가?

이 문제를 다른 각도에서 살펴보자. 달러 약세가 악재고 달러 외 통화 강세가 호재라면 미국과 세계 증시는 언제나 갈지자형으로 움직

여야 한다. 미국 증시가 오르면 해외 증시는 하락하는 식의 역상관 관계가 존재해야 하기 때문이다. 하지만 역상관 관계는 없고 오히려 미국과 세계 증시 사이에는 아주 강력한 상관관계가 있다(43장). 이 상관관계는 달러, 엔, 파운드, 링깃, 유로의 상대적인 가치와 아무런 관련이 없다. 전 세계 증시는 오랫동안 강력한 상관관계를 맺어왔다. 따라서 미국 증시와 세계 증시는 절대 장기간에 걸쳐 반대 방향으로 움직이지 않는다. 결론적으로 달러 약세는 미국 증시를 하락시키지만 해외 증시를 상승시킨다는 생각은 미신이며, 달러(혹은 어떤 다른 통화라도)가 증시를 움직이는 동인 역할을 한다는 믿음 전체를 약화시킨다.

이 사실은 왜 중요한 의미를 지닐까? 매년 달러가 너무 약하니(혹은 가끔은 너무 강하니) 증시가 하락할 것이라고 말하는 사람들이 자주 등장하기 때문이다. 미래에 대한 근거 없는 공포가 퍼졌다는 건 거의 언제나 좋은 매수 기회가 생겼다는 뜻이므로 증시 상승 기회로 간주하라. 물론 향후 증시 하락을 예측할 수 있게 해주는 재료가 없는 건 아니지만 달러만 갖고 그런 예측을 할 수 있는 건 아니다. 이 미신을 넘어서 증시를 움직이는 진정한 요인을 알아내면 훨씬 고수익을 얻을 수 있을 것이다.

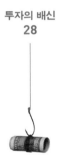

투자의 배신
28

연방준비제도에 맞서지 마라

연방준비제도(이하 '연준')에 맞서지 말라는 말은 투자자들 사이에서 널리 알려진 잘못된 미신이다. 이 말은 연준의 금리 인상이 증시에 악재고, 금리 인하는 증시에 호재라는 생각에서 비롯됐다. 통상 완화적 통화정책은 유동성을 늘려 증시에 호재지만, 긴축적 통화정책은 유동성을 빨아들이기 때문에 증시에 악재다. 연준에 맞서지 말라는 말이 재할인율(중앙은행이 시중은행에 대출해줄 때 적용하는 금리 - 옮긴이 주), 연방기금금리, 단기 금리 등에도 해당한다고 생각하는 사람들이 있지만 모두 잘못된 생각인 건 매한가지다.

앞서 말했듯이 특정한 조건에서 무조건 팔거나 사라는 속설은 전부 잘못되었다. 투자가 그렇게 쉬우면 얼마나 좋겠는가! 내가 알기로 언제나 전혀 문제없이 들어맞는 단일 지표 같은 건 없다. 그런 게 있다는 속설은 미신이다.

통화적 현상

증거를 보고 싶은가? 최근의 역사를 살펴보자. 2001년부터 2003년까지 연준이 꾸준히 금리를 인하했지만 증시는 부진을 면치 못했다. 연준에 맞서지 않고 공손하게 처신했다면 여러분은 대형 약세장에서 큰 손실을 봤을 것이다. 2007년에서 2009년까지 이어진 약세장 때도 마찬가지였지만 손실은 더 심할 수 있었다. 연준은 약세장이 막 시작되던 2007년 말부터 기준금리 목표치를 0~0.25퍼센트까지 꾸준히 낮췄지만 증시는 큰 폭으로 조정을 받았다. 반면에 연준은 2004년부터 2006년 사이에는 금리를 올렸지만 증시는 강세를 나타냈다.

이러한 사례들이 의미하는 것은 무엇일까? 금리 인하는 연준이 통화 공급을 늘리는 한 가지 방법인 건 맞다. 그러나 경기가 활황일 때 연준이 금리를 대폭 낮추는가? 제정신이라면 그렇게 하지 않는다. "인플레이션은 언제 어디서나 화폐적 현상Infaltion is always and everywhere a monetary phenomenon"이라고 한 1976년 노벨 경제학상 수상자 밀턴 프리드먼Milton Friedman이 한 유명한 말을 기억해 보라. 경기가 활황일 때 금리를 크게 낮추는 것은 불난 집에 기름을 붓는 격이다. 물가 폭등을 초래할 수 있기 때문이다. 또한 연준이 적절히 역할을 수행한다면 경제에 문제가 있어서가 아니라 금리 인상이 필요하고, 특히 무엇보다 경제가 금리 인상을 감당할 수 있다고 판단하기 때문에 금리를 올린다. 결국 연준에 맞서지 말라고 말하는 사람들은 금리 조정의 현실과 완전히 반대되는 논리를 근거로 삼고 있는 셈이다. 그들은 연준이 대개 잘못된 결정을 내린다고 전제한다. 물론 연준도 때로 실수하지만 항상 그런 것은 아니다. 그들은 보통 경제와 시장이 감당할 수 있을 때 금리를 올린다.

사실 증시는 금리 인상이나 인하에 따라 오를 수도 있고 내릴 수도 있다. 연준은 경기를 부양하려고 할 때도 일정 범위 내에서 금리를 올리거나 내릴 수 있다. 전반적으로 약간의 긴축 기조로 전환하려고 할 때도 마찬가지다. 큰 그림으로 보면 25bp나 50bp, 또는 100bp의 조정은 그렇게 많은 수준이 아닐 수 있다. 연준이 금리를 조정할 때마다 주식을 사거나 팔 것인가? 물론 세계적으로 유동성이 풍부해지면 그 돈이 종종 증시로 유입되어 증시에 긍정적인 역할을 할 수 있다. 그러나 연준의 금리 정책만이 전 세계 유동성에 영향을 미치는 건 아니다. 2009년 기준으로 미국 경제가 세계 GDP에서 차지하는 비중은 24.6퍼센트에 불과하다.[1] 다른 주요 국가 중앙은행들의 통화 정책도 적지 않은 영향을 미친다.

출구 정책에 대한 우려

전 세계적으로 추진된 대규모 경기부양책이 막바지인 2010년 현재, 출구 정책을 시행하기에는 이르다는 우려가 팽배하다. 물론 출구 정책이 늦었다는 목소리도 있다. 사람들이 우려하는 것은 금리의 미세 조정이 아니라 근본적인 추세 전환이다. 그들은 중앙은행들이 서둘러 금리를 올리는 바람에 증시 회복세에 찬물을 부을까 봐 두려워한다. 전 세계가 연준에 맞서지 말라는 미신에 빠진 것이다.

〔표 28-1〕 첫 금리 인상 이후 S&P500 수익률

	통화 긴축 이후 수익률		
시작일	**12개월**	**24개월**	**36개월**
1971.07.16	8.4%	6.6%	−18.8%
1977.08.16	5.7%	10.6%	25.2%
1980.10.21	−8.9%	5.5%	25.9%
1984.03.22	14.3%	48.9%	90.3%
1986.12.04	−11.5%	7.4%	38.9%
1988.03.30	13.3%	31.7%	45.4%
1994.02.04	1.9%	35.3%	68.0%
1999.06.30	6.0%	−10.8%	−27.9%
2004.06.30	4.4%	11.3%	31.8%
평균 수익률	3.7%	16.3%	31.0%
중앙값	5.7%	10.6%	31.8%

출처: 톰슨로이터

역사를 보면 긴축 주기의 시작을 두려워할 필요가 없다는 사실을 알게 된다. [표 28-1]은 통화 긴축정책이 시작된 시점 이후의 증시 동향을 보여준다. 언제나 그런 것은 아니지만 증시는 12개월, 24개월, 심지어 36개월 후에도 대부분 플러스 수익률을 기록했다. 통화 긴축이 주가를 하락시킨다는 증거는 없다.

그러나 미국 증시와 해외 증시는 대개 강력한 상관관계를 맺는다. 그래서 통화 긴축 이후 세계지수의 수익률을 보여주는 [표 28-2] 역시 양호한 모습이다. 연준이 금리를 인상하고 12개월, 24개월, 36개월 뒤에 세계 증시는 대체로 양호한 모습을 보였다. 그러니 통화 긴

〔표 28-2〕 첫 금리 인상 이후 MSCI 세계지수 수익률

	통화 긴축 이후 수익률		
시작일	**12개월**	**24개월**	**36개월**
1971.07.16	15.0%	19.0%	-6.9%
1977.08.16	17.3%	24.2%	39.7%
1980.10.21	-13.3%	-7.9%	12.5%
1984.03.22	8.8%	63.1%	132.8%
1986.12.04	6.9%	36.7%	55.3%
1988.03.30	11.0%	7.2%	11.8%
1994.02.04	-2.9%	18.6%	31.6%
1999.06.30	11.0%	-12.6%	-26.8%
2004.06.30	8.1%	24.2%	50.8%
평균 수익률	6.9%	19.2%	33.4%
중앙값	8.8%	19.0%	31.6%

출처: 톰슨로이터, MSCI[2]

축을 두려워할 이유가 없다.

일반적으로 지속적인 긴축 주기는 경기회복세가 완연해진 후에 시작한다고 보면 된다. 연준도 분명 실수하지만, 경기회복이 진행되는 도중에 지나치게 서둘러 긴축정책을 쓰는 걸 원하지 않는다. 결과적으로 연준 이사회는 지명직이라서 정치적인 고려를 할 수밖에 없다. 그래야 그 좋은 자리를 계속 유지할 수 있기 때문이다. 너무 이른 출구 정책으로 경기회복을 망쳐 자신들의 지명권자인 대통령을 무능한 대통령으로 보이게 만들고 싶지는 않을 것이다.

[표 28-1]과 [표 28-2]는 증시가 대개 사람들이 생각하는 것보다 더 오랫동안 오르는 경향이 있다는 점과 금리 인상이나 심지어 긴축 주기가 시작됐다고 해서 그 자체만으로 두려워할 필요가 없다는 점을 잘 보여준다.

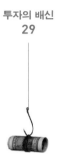

투자의 배신
29

은퇴자금은 안전을 위해 이자와 배당으로 마련하라

은퇴 이후 쓸 생활비를 마련하기 위해 주식 투자로 어느 정도 확실한 수익을 낼 수 있기를 바라는가?

여러분만 그렇게 바라는 건 아니다. 은퇴자금 마련이 상당수 투자자들의 주요 투자목표가 되었다. 사회보장연금Social Security만으로는 생활하기 충분하지 않으므로 그것에만 의존해서 살 계획인 사람은 힘겨운 노후를 보내게 될 수밖에 없어서다.

은퇴 후 생활비 마련을 위해 배당주와 채권으로 투자 포트폴리오를 구성해야 한다고 믿는 사람이 있으면 손을 들어보라.

여러분뿐만 아니라 모두가 그러는 게 바람직하다고 믿고 있다. 그러나 그것은 생활고에 시달리는 노후를 초래할 수 있는 위험하면서 쉽게 깨질 수 있는 미신이다.

다만 투자 자산이 1,000만 달러고 연간 5만 달러만 갖고 살 생각이라면 크게 문제가 되지 않을 수 있다. 그리고 그 5만 달러가 물가상승률을 감안하지 않은 5만 달러라도 대수롭지 않다거나, 혹은 1,000만 달러를 갖고 있지는 않아도 재투자 위험 때문에 보유자산이 줄어들거나 고배당주들이 갑자기 배당금 지급을 멈추더라도 상관이 없다면 역시 문제가 되지 않을 수 있다.

그러나 여러분이 이 책을 읽고 있다면 대개 보유자산이 늘지 않거나 줄어드는 것은 절대로 원하지 않을 것이다. 하지만 이자와 배당금을 챙기는 데만 집중하면 불행히도 그런 일이 일어날 수 있다. 2000년 금리 6.7퍼센트의 채권에 투자했지만 2010년 만기 후 다시 투자하려니 채권 금리가 3.5퍼센트로 떨어졌다면 어떻게 할 것인가?[1] 또한 8퍼센트였던 주식 배당 수익률이 하필 여러분이 힘든 시기에 2퍼센트로 낮아지거나 아예 배당을 멈춘다면 어떻게 할 것인가? 이러한 일은 얼마든지 일어날 수 있다. 여러분만 일어나지 않을 거라고 믿고 있는 것일지 모른다. 설령 보유자산이 1,000만 달러라고 해도 평생 오를 물가는 어떻게 따라잡을 것인가?

이자와 배당금이 은퇴 후 '안전한' 소득원 역할을 할 것이란 생각은 분명 옳지 않다. 그게 아니라면 투자자들은 어떤 다른 방법을 써서 생활비를 구할 것인가? 주식을 팔기는 싫지 않은가?

이자와 배당금보다 훨씬 나은 방법이 있다

사실 주식을 팔지 못할 이유가 무엇인가? 무엇보다 사람들은 은퇴한 후에는 보수적으로 투자해야 하고(3장), 이자와 배당금을 받아 생활비로 써야 한다는 고정관념에 사로잡혀 부적절하게 자산을 배분하곤 한다. 이러한 고정관념은 소득과 현금 흐름을 헷갈리게 만든다. 이자와 배당금은 원래 '소득'으로 간주되고, 미국 국세청도 이자와 배당금에 소득세를 부과한다. 그러나 세금을 떼고 나면 현금 흐름의 출처가 어디인지는 관심을 꺼야 한다.

주택 대출이자나 전기료나 음식값을 낼 때 누구도 그 돈이 배당금인지 이자인지 주식 매도금인지 신경 쓰지 않는다. 여러분도 신경 쓰지 말아야 한다. 장기 자본이득은 2011년 기준 미국 세법상 최고 세율을 적용받는 이자와 배당금보다 적은 세금을 내기 때문에 주식 매도로 더 많은 현금을 확보할 수 있다. 물론 현명하게 매매한다는 전제하에 그렇다. 따라서 장기 수익률이 더 좋을 확률이 높은 자산군의 투자 비중을 적절한 수준으로 늘려도 괜찮다(2, 3장).

다만 이 주장은 은퇴 여부와 상관없이 여러분이 장수한다는 사실을 전제로 한 것이다. 오늘날 은퇴 연령대 사람들은 대부분 장수한다(3장). 여러분이 100만 달러를 저축해놓았고, 매년 4만 달러의 생활비가 필요하다고 가정하자(해마다 자산의 4퍼센트 이상을 빼서 쓰면 자산 고갈 위험이 커진다). 매달 생활비로 3,333달러 정도가 필요할 경우 언제나 이 액수의 약 두 배인 7,000달러의 현금을 갖고 있는 것이 좋다. 이 정도 소액의 현금만 확보해놓고 있으면 상승장에서 전체 수익률이 크게 줄지 않고, 하락장에서 비교적 싼 가격에 주식을 서둘러 매도할 필요도 없어진다.

대신 무엇을 언제 팔지는 전략적으로 판단해야 한다. 가령 손실이 난 종목을 팔아 다른 데서 얻은 자본이득을 낮춤으로써 세금을 아끼거나 비중이 과도한 포지션을 줄일 수 있다. 또한 높은 수익률을 추구하는 과정에서 배당주에 투자하여 현금 흐름을 늘릴 수 있다. 이때는 단지 배당 때문이 아니라 다른 이유가 있어야 한다. 배당주는 다른 주식과 마찬가지로 주기적으로 인기가 오르내린다. 따라서 보유하기에 적당한 시기가 있다. 고배당주는 대체로 가치주가 오를 때 같이 오르고, 성장주가 오를 때 부진한 경향이 있다(10장).

나는 이렇게 적절한 주식 매도로 확보한 돈을 '자가 배당금 homegrown dividend'이라고 부른다. 우리 회사는 많은 고객들에게 자가 배당금을 지급한다. 이는 세금을 효율적으로 아끼며 현금 흐름을 창출하는 한편 개인별로 다른 투자 기간에 맞춰 최적의 포트폴리오를 적절히 유지하는 방법이다. 이제부터는 노후 자금을 생각할 때 '소득'이 아니라 '현금 흐름'에 집중해주길 바란다. 그리고 현금 흐름은 어디에서 나오든 상관없다.

투자의 배신
30

현금 흐름 확보를 위해 CD를 사라

내가 대화를 나눠본 사람들 중에는 주식 투자가 전혀 필요 없다고 생각하는 사람들이 많았다. 그들은 자신이 욕심을 부리거나 탐욕스러운 사람이 아니며, 보수적이라고 생각한다. 그들은 보통 은퇴할 때까지 많은 돈을 모아놓지 못한다. 그래도 은퇴 후 소박하게 살면 될 거라고 생각한다. 그들은 위험은 최소한으로 줄이자고 결심한 사람들이다. 그들은 이자율이 5퍼센트인 양도성예금증서CD[Certificate of Deposit](은행이 정기예금에 대하여 발행하는 무기명 예금증서로 일반 정기예금과 마찬가지로 정해진 이자율과 만기를 가지고 있으며 금융시장에서 자유롭게 매매도 가능하다 – 옮긴이 주) 같은 초안전 자산을 사고 주식시장에는 얼씬도 하지 않는다. 위험자산을 기피하고 안전자산에 투자해야 한다고 믿기 때문이다.

그러나 장기적으로 보면 안전자산에만 투자하는 것은 매우 위험하다. 2010년 현재 5퍼센트에 가까운 이자를 주는 CD를 찾기가 거의 불가능하다는 사실은 접어두더라도 말이다. 설령 있다고 해도 발행기관의 신용이 아주 불량할 가능성이 높다. 금융 사기로 기소된 앨런 스탠퍼드도 피해자들에게 높은 CD 금리를 내세웠다. 앞으로 금리가 어떻게 될지 아는 사람은 없으나 미래에 현재와 같은 금리를 제공하는 CD나 채권을 찾을 수 있다는 보장은 없다. 오히려 이전보다 낮은 금리에 만족해야 하는 경우가 많다. 설령 같은 금리를 받는다고 해도 물가상승률을 감안해야 한다. 물가상승률은 부실하게 구성된 포트폴리오의 수익률을 모두 날려버리는 재난이 될 것이다. 누구도 미래의 물가상승률을 정확히 예측할 수는 없으나 물가상승률은 장기적으로 커다란 위험이 아닐 수 없다.

침묵의 살인자, 인플레이션

이런 식의 미신을 타파하기는 쉽다. 직접 계산해보면 될 일이다. 문제는 지금 돈의 가치가 20년 후에도 계속 유지될 수 있느냐 여부다. 굳이 데이터를 확인하지 않아도 답은 자명하다. 절대 그렇지 않을 테니 말이다. 물가상승률은 투자 기간을 과소평가하다가(3장) 자산 증식 계획을 제대로 세우지 못한 수없이 많은 은퇴자들을 침묵의 살인자처럼 덮친다. 그리고 은퇴자들이 이것을 깨달았을 때는 피해를 복구하기에는 이미 늦었을 것이다.

어떻게 이런 일이 일어날 수 있을까? 물가상승률을 제대로 이해하지 못해서다. 물가상승률이 제로라고 해도 모든 물가가 제자리걸음을 하는 것은 아니다. 물가 지표를 구성하는 품목의 절반은 오르고, 소수는 많이 오르고, 나머지 절반은 떨어지고, 소수는 많이 떨어질 것이다. 일부 품목은 거시경제적인 이유로 다른 품목보다 더 빨리, 많이 오른다. [그림 30-1]은 일반적으로 가장 많이 쓰이는 인플레이션 지수인 소비자물가지수CPI에서 CPI를 구성하는 주요 품목이 1990년부터 2009년 사이 20년 동안 얼마나 오르고 내렸는지를 보여준다.

놀랍게도 지난 20년 동안 자동차와 의류는 인플레이션을 감안하면 오히려 더 싸졌다. 식음료 가격은 대체로 같은 수준을 유지했지만, 달걀 가격은 많이 내려갔다. 한편 대학 등록금은 병원비와 의료비와 약값 등 전반적인 의료 서비스 비용과 함께 급등했다.

여러분이 은퇴 후 의료 서비스를 더 많이 이용하게 되겠는가, 더 적게 이용하게 되겠는가? 지금까지 의료 서비스는 다른 부문보다 더 빨리 가격이 올랐다. 우리가 그 이유에 대해 갑론을박을 벌이든 말든 앞으로도 평균 물가상승률보다 더 빨리 오를 가능성이 높다.

물가상승률이 평년 수준이라고 가정해보자. 2009년 말까지 지난

[그림 30-1] 주요 품목의 가격 변동률

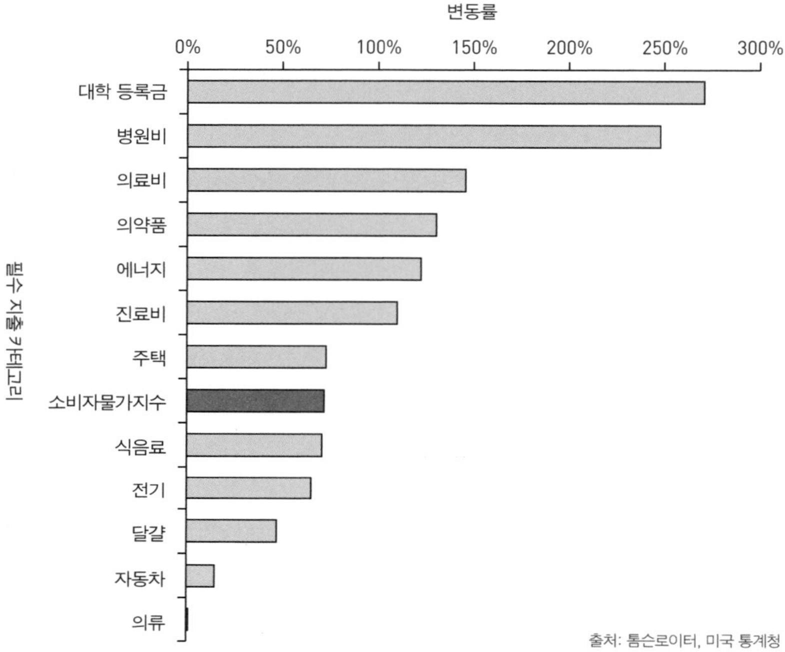

20년 동안 CPI는 대략 연 3퍼센트 올랐다.[1] 최근 몇십 년 동안 물가 상승률이 하향 추세였기 때문에 앞으로 더 낮아질 수도 있다. 물론 더 높아질 수도 있다. 어쨌든 매년 3퍼센트 정도만 물가가 오른다고 쳐도, 현재의 연간 생활비 2만 5,000달러 수준대로 살려면 10년 후에는 약 3만 3,600달러, 20년 후에는 약 4만 5,000달러, 30년 후에는 약 6만 달러가 필요하다. 게다가 지금 은퇴자들은 일반적으로 30년 정도는 가뿐히 더 살 것이다. 할아버지가 83세에 돌아가셨지만 아버지와 고모가 각각 96세와 91세에 돌아가셨다는 점을 감안하면 지금 65세의 은퇴자가 95세까지 산다는 것이 무리한 가정은 아니다. 앞으로 장수하는 사람이 늘어나면서 95세가 지금의 85세와 비슷할 것이다. 따라서 훗날 지금은 생각하지 않았던 추가적인 안락함을 얻기 위해 돈이 필요할 수 있다. 혹은 여러분이 자주 사는 약이나 자주 이용하는 의료 서비스의 비용이 다른 품목보다 더 빠르게 오를 수 있다.

어쨌든 간에 증시의 단기적인 변동성 속에서 피해를 입지 않으려고 지금은 찾아보기도 힘든 5퍼센트 금리의 CD에 안주한다면 여러분의 생활비는 물가상승률에 잠식되어 점차 사라질 것이다. 20년 후 생활비의 42퍼센트를 잃는다면 그건 더 이상 안전하거나 보수적인 선택으로 보이지 않을 것이다.

미래에도 현재 수준으로 쓸 수 있으려면 적극적인 투자를 통한 자산증식이 필수적이다. 5퍼센트 금리의 CD에만 투자해서는 충분하지 않다. 물가상승률을 절대로 잊어서는 안 된다.

투자의 배신
31

베이비붐 세대가 은퇴하면 증시는 끝장난다

베이비붐 세대가 뭔지 모르는 사람은 거의 없을 것이다. 미국에서는 제2차 세계대전 이후부터 1960년대에 걸쳐서 태어난 세대를 베이비붐 세대라고 칭한다. 그런데 이 글을 쓰고 있는 2010년 현재 조만간 대규모로 은퇴할 베이비붐 세대가 세상에 엄청난 위협을 가할 것처럼 떠들어대는 사람들이 많다.

이제 40대 중반에서 60대 중반에 이른 베이비붐 세대가 조만간 일제히 은퇴하면 주식을 처분하고 안전자산인 채권으로 갈아타거나 현금을 뒤뜰에 묻어둘 것이란 주장이다. 그리고 은퇴한 그들을 부양

할 젊고 생산적인 세대가 부족하다는 것이다. 따라서 그들은 증시가 영원히는 아니더라도 적어도 아주 장기간 하락세를 이어갈 수밖에 없다고 믿는다.

베이비부머들에게 남은 긴 투자 기간

젊었을 때부터 지금까지 계속해서 시장을 떠받쳐온 베이비붐 세대가 은퇴하면 증시는 급락할 수밖에 없을까? 도무지 말도 안 되는 생각이다. 시장은 널리 알려진 정보를 대단히 효율적으로 할인한다. 베이비붐 세대의 은퇴 규모는 선두 주자가 은퇴하기 시작한 이후로 널리 알려져 왔다. 그리고 그들이 조만간 은퇴한다는 정보 역시 이미 알려진 지 오래된 정보다. 사람들도 오랫동안 베이비붐 세대의 은퇴를 걱정해왔다. 증시가 미래의 사건을 얼마나 빨리 반영할지를 두고 논란이 있을 수 있겠으나 그렇게 오랫동안 알려진 일은 '충분히 오랫동안' 반영해온 게 분명하다.

3장과 4장을 읽어본 독자라면 현재 65세 노인들(지금 은퇴하는 베이비부머들)은 과거 어떤 세대보다 장수할 것이고, 20년 이상 투자할 수 있다는 사실을 알 것이다. 건강하거나 배우자가 젊으면 더 말할 필요도 없다. 은퇴를 10년이나 20년 앞둔 사람들도 마찬가지다. 그들은 40년, 아니 그보다 훨씬 오랜 기간 투자할 수 있다. 향후 물가상승률의 무서움을 알고 20~40년을 더 투자하려는 사람들이 은퇴하자마자 주식 투자를 완전히 포기하고 주식을 모두 매도할 가능성은 낮다.

이 점을 배제하더라도 여전히 걱정할 필요는 없다. 미국의 베이비붐 세대만 주식을 사는 것은 아니라 전 세계 사람들이 모두 주식을 사기 때문이다. 전 세계 GDP의 25퍼센트를 차지하고 1인당 소득 수준이 폭발적으로 오르고 있으며 젊은 세대의 수도 많은 신흥시장 사람들도 주식 투자에 적극적으로 뛰어들고 있다.

또한 주가는 기업이 미래에 창출할 이익을 보여준다. 따라서 전 세계의 기업들이 계속 이익을 낼 수 있는지는 얼마나 많은 사람들이 언제 은퇴하는지 여부와 아무런 상관이 없다. 베이비부머들이 그동안 모아놓은 돈을 깔고 앉기만 할 뿐 손자나 손녀들에게 쓰지 않을 거라는 생각은 틀렸다. 그들이 손자나 손녀들을 위해 흥청망청 쓰는 돈은 모두 기업의 이익이 될 것이다.

인구 변동과 증시 변동

많은 사람들의 생각과 달리 인구 변동은 증시를 움직일 힘이 없다. 인구 변동은 빙하가 녹듯이 천천히 일어나기 때문에 미리 알려진다. 증시는 향후 20년에서 30년에 걸쳐 서서히 일어나는 변화를 가격에 바로 반영하지 않는다. 주가 변동에 큰 영향을 미치는 것은 향후 12개월에서 최대 24개월 사이에 일어나는, 앞서 가늠해본 적이 없고 대부분이 예상한 적 없는 '돌발사태' 같은 변화들이다.

시장은 영원토록 먼 미래의 문제들을 선불리 믿지 않는다. 따라서 사람들은 언제나 미래에 일어날 많은 일들에 대해 걱정하지만 시장은 지금 당장은 그런 일들에 대해 전혀 신경 쓰지 않는다. 설령 2020년에 거대한 운석이 지구와 충돌해서 지구의 모든 생명체가 파괴될 거라는 소문이 퍼지고, 모두가 그런 소문을 알고 있더라도 시장은 콧방귀도 뀌지 않을 것이다. 물론 2018년 정도가 되면 그런 악재를 반영하기 시작할지도 모른다. 시장은 돌발사태와 비상사태에 의해서만 움직인다. 그 외에 다른 것은 무시하거나 아주 효과적으로 반영할 뿐이다. 지구온난화나 기후 변화는 어떨까? 증시에선 그것은 다음 세대한테나 중요한 문제다.

사회보장제도의 파산 우려?

베이비붐 세대의 은퇴와 관련된 또 다른 우려는 사회보장제도가 파산할 수밖에 없다는 것이다. 다만 그 시기는 25년, 30년, 40년 등 말하는 사람마다 천차만별이다. 현 추세대로라면 미국 정부가 세수보다 더 많은 돈을 사회보장제도에 지출해야 하는 시기가 오는 것은 분명한 사실이다. 그렇다고 해서 사회보장제도가 파산할까? 파산한다는 말은 별도의 '사회보장 펀드'가 있다는 것을 전제한다. 그러나 그러한 펀드는 없다. 미국 정부는 국민이 낸 세금을 한데 모아서 항목별로 지출할 뿐이다.

별도의 사회보장펀드를 만드는 것은 바보짓이다. 미국 정부는 사회복지세를 걷어서 다른 용도로 쓸 수도 있다. 사회보장연금은 정부 지출의 일부에 불과하다. 따라서 사회보장제도가 파산할지 모른다고 걱정하는 것은 존재하지 않는 펀드가 파산할지 모른다고 걱정하는 것과 같다. 그러나 언론은 이러한 사실을 설명하지 않는다.

물론 사회보장제도에 문제가 없는 것은 아니다. 그러나 사회보장제도는 의회의 투표로 얼마든지 없앨 수 있다. 그러면 재정 문제도 함께 사라진다. 언제인지는 모르지만 결국 의회도 현실에 대응하지 않을 수 없을 것이다. 다만 그렇게 하려면 엄청난 정치적 결단이 필요하다. 그래서 정부는 문제가 훨씬 악화되고 두드러지기 전까지는 극단적인 조치를 취하지 않을 것이다. 그동안 사람들은 계속 사회보장제도의 파산을 우려할 것이다. 그렇다 해도 시장이 먼 미래의 일에 신경 쓰지 않는다는 사실은 변하지 않는다.

자본시장은 계속해서 성장한다

베이비붐 세대에 대한 걱정은 멈춰라. 그들 중 일부는 은퇴하면 주식을 처분하겠지만 걱정하는 수준에 미치지 못할 것이다. 그리고 그들이 축적해놓은 엄청난 재산은 한순간에 사라지지 않는다. 그들은 소비하고, 투자하고, 증여하면서 향후 수십 년에 걸쳐 그들의 재산은 더 불어날 것이며, 그 과정에서 경기를 진작시키고 기업의 이익과 주주 가치에 보탬이 될 것이다. 베이비붐 세대가 판 주식은 브라질이나 페루의 젊은 부자들이 살 수도 있다. 현재 브라질과 페루의 GDP는 미국보다 두 배나 빨리 성장하고 있다.

사실 베이비붐 세대는 주식이나 채권보다 그들이 세운 사업체에 훨씬 많은 돈을 투자해놓고 있다. 그들은 은퇴하면서 그러한 비유동성 자산의 상당 부분을 처분하여 주식과 채권에 재투자할 것이다. 그러면 사람들이 걱정하는 추세는 나타나지 않을 것이다.

자본시장이 아이들이 구슬을 거래하듯 사람들이 주식을 거래하는 제로섬 게임이라고 생각하는 사람들은 자본주의를 제대로 이해하지 못한 것이다. 자본시장은 지금까지 성장해왔고, 앞으로도 영원히 성장할 것이다. 왜 그럴까? 언제나 시장에 신생기업들이 등장하고, 기존기업들은 새로운 제품과 서비스를 소개한다. 다른 기업에 인수되는 기업도 있고, 사라지는 기업이나 제품도 있겠지만 대개는 더 멋지고, 빠르고, 더 나은 크고 작은 기업이나 제품으로 대체된다. 그것이 바로 자본주의의 생명선인 '창조적 파괴'다. 앞으로도 의외의 인물이 창조한, 사람들이 상상하지 못했던 획기적인 제품이 등장하여 지금은 존재하지 않는 새로운 부를 창조할 것이다. 많은 미국의 투자자들이 은퇴 후 게임이나 하며 한가롭게 오후 시간을 보내건 말건 말이다.

투자의 배신
32

자산을 크게 늘리려면 집중투자하라

모두가 아는 또 다른 증시 격언은 "부를 쌓으려면 집중하고, 쌓은 부를 지키려면 분산해야 한다"는 말이다. 이 말은 사실이다! 집중은 부를 쌓는 데 큰 도움이 된다. 그러나 때로 치명적인 손실을 야기할 수도 있다.

많은 사람들이 "포트폴리오의 5퍼센트 이상을 한 종목에 투자하지 말라"는 말을 따른다. 소수 종목만 보유하는 것이 위험하다는 사실을 알기 때문이다. 큰 수익을 올려 재산을 불릴 수도 있지만 동시에 큰 손실을 입고 재산을 날릴 수도 있다. 집중과 분산 중 무엇이 적절한지는 부자가 되기 위해 여러분이 어떤 길을 선택하느냐에 달렸다. 이 선택에 따라 모든 것이 달라진다.

부자가 되는 방법

나는 2008년에 쓴《부자가 되는 10가지 방법》에서 부자가 되는 여러 가지 방법들을 소개했다. 거기에 복권 당첨은 포함시키지 않았다. 그건 계획한다고 해서 되는 일이 아니기 때문이다. 그러나 대지주가 되거나, 남의 돈을 대신 운용해주거나, 좋은 일자리를 얻어서 저축하고 똑똑하게 투자하겠다는 계획을 세울 수는 있다. 이것이 내가 책에서 말한 10가지 방법 중 3가지 방법에 해당한다.

자기 사업을 시작하는 것도 부자가 되는 또 다른 방법이다. 그것은 가장 큰돈을 벌게 해주는 방법이기도 하다. 세계적인 부호들은 대개 창업주다. 빌 게이츠, 제프 베이조스, 마이클 델 같은 억만장자들은 5퍼센트 규칙을 수시로 무시한다. 그들이 모은 재산 대부분은 지금이나 예전이나 마찬가지로 직접 세운 회사다. 증시로 따지면 한 종목에 100퍼센트 가까이 '몰빵' 투자한 셈이다.

워런 버핏의 단짝이자 사업 파트너인 찰리 멍거Charlie Munger는 어떠한가? 그는 버크셔 해서웨이의 CEO가 아니다. 그러나 버핏의 오른팔 역할을 하면서 15억 5,000만 달러에 이르는 돈을 벌어 억만장자가 되었다.[1] 나는《부자가 되는 10가지 방법》에서 큰 부자가 가는 길에 편승하는 것도 사실상 아주 좋은 방법임을 알려줬다. 물론 엄청난 성공을 거둔 창업주이자 CEO만큼 천문학적인 돈을 벌지는 못하겠지만 찰리 멍거 정도만 벌어도 괜찮을 것이다.

그렇다면 창업주는 아니더라도 미국 대기업의 CEO가 되는 건 어떠한가? 기존 대기업의 CEO가 되는 것 역시 부자가 되는 10가지 방법에 해당한다. CEO가 아니더라도 최고재무책임자CEO나 최고운영책임자COO 등 고위 임원만 되어도 부자가 될 수 있다. 이처럼 창업주, CEO, 고위 임원이 되어 회사를 발전시키는 데 전념하는 것도 부자가 되는 좋은 길이다. 모두 합법적이며 공정한 방법이다.

이런 길에 위험이 따를까? 물론이다. 그러나 기업가 기질을 타고난 사람이라면 이런 위기를 극복할 수 있다. 빌 게이츠가 한 종목에 5퍼센트 이상 투자하지 말라는 규칙을 따랐다면 마이크로소프트를 창업하지 못했을 것이다. 그리고 훨씬 못한 세상이 되었을 것이다. 나 역시 마이크로소프트의 제품을 사용하지 못해 지금만큼 성공을 거두지 못했을 것이다.

창업주와 CEO, 그리고 창업 초기부터 그들을 믿고 보좌해온 사람들은 자신이 감수해야 할 위험이 뭔지 잘 안다. 그래야만 한다. 엄청난 성공을 거둔 사람들도 대부분 커다란 실패를 겪기 때문이다. 억만장자인 도널드 트럼프도 추진했던 사업 중에 파산한 사례가 많다. 그러나 《부자가 되는 10가지 방법》에서 회사를 세우거나, 창업 멤버로 활약하거나, 대기업의 고위 임원에 오르는 등 부자가 되는 길을 밟으면 여러 차례 크게 실패할 수 있더라도 여전히 많은 돈을 벌 수 있다. 어렵지만 불가능한 일은 아니다.

큰 부를 쌓기 위해선 큰 위험을 감수해야 한다. 그리고 '올인'한다는 건 본래 대단히 위험하다. 그런 길을 가는 사람들은 하루아침에 모든 것이 물거품이 될 수 있다는 사실을 잘 안다. 그렇지만 그들은 어쨌든 그렇게 한다. 그리고 그들은 결국 성공했다. 설령 실패했더라도 실패를 통해 교훈을 얻어서 나중에 결국 성공하고 만다. 초기 실패를 딛고 월마트 제국을 건설한 샘 월튼처럼 말이다. 그러니 부자가 되고 싶다면 5퍼센트 규칙은 잊어라.

부자가 되는 일반적인 길

지금부터는 지금까지 했던 말과 완전히 반대되는 말을 할 것이다. 그러니 창업주나 CEO나 찰리 멍거의 오른팔이나 고위 임원이 되고 싶은 사람은 이 부분을 건너뛰어도 된다.

억만장자까지는 아니더라도 부자가 되는 가장 일반적인 길은 전통적인 방법을 따르는 것이다. 다시 말해, 좋은 일자리를 구해 꽤 괜찮거나 높은 임금을 받아 저축하고 현명하게 투자하는 것이다. 혹은 가끔 현명하지 못한 투자를 했더라도 높은 소득이나 절약을 통해서 사라진 돈을 보충하면 된다. 둘 중 어떤 방법을 쓰건 이것이 부자가 된 사람들이 가장 많이 따르는 길이다. 이런 길을 갈 때는 5퍼센트 규칙을 지켜 위험을 관리하는 것이 중요하다.

대부분의 사람들도 그래야 한다는 걸 안다. 그들은 과도하게 '올인'하면 안 된다는 걸 안다. 그러나 어떤 이유에서인지 자기 회사 주식은 사족을 못 쓰고 대량 보유하는 사람들이 있다. 그러나 자사주도 똑같은 주식이다. 그리고 5퍼센트 규칙은 여러분이 지금 일하고 있거나 예전에 일한 적이 있는 회사 주식이라고 해서 예외가 아니다. 물론 여러분이 회사의 최고위급 임원이라면 이야기가 달라질 수 있다. 어쨌든 여러분이 의무 보유기간을 지켜야 하는 고위 임원이 아니라면 자신이 일하는 회사의 주식이라고 해도 5퍼센트 이상 보유하지 말아야 한다. 욕심을 냈다가 회사가 잘못되기라도 하면 수입과 포트폴리오가 모두 타격을 입는 이중고를 겪게 된다.

여러분이 아무리 똑똑하고, 많이 알고, 시장에 정통하더라도 특정 회사에서 일하고 있다는 사실이 시장의 변동성이나 다니는 회사의 부도 위험을 막아주는 보험이 되지는 못한다. 약세장에서는 거의 모든 주식이 증시와 엇비슷한 수준으로 하락하기 마련이고 여러분이 보유한 주식도 마찬가지다. 또한 여러분이 일한다는 사실이 여러분의 회사가 처한 문제들을 막아주는 부적도 아니다.

기본 정보와 내부자 거래

"잘 아는 곳에 투자하는 게 맞다. 나는 우리 회사를 잘 안다"라는 말을 얼마나 많이 들어봤는지 셀 수조차 없다. 좋다. 여러분은 회사에서 맡은 일에 대해선 잘 알고 있을 것이다. 그러나 여러분이 CEO나 고위 임원이 아니라면 회사 모든 부분을 속속들이 파악하기 힘들다. 심지어 CEO라고 해도 대부분 그렇다. 그래서 고액의 연봉을 주고 똑똑한 임원들을 고용해서 모든 기본적인 사항을 대신 관리하고 보고하게 하는 것이다. 그러니 여러분이 고위 임원이 아닌 이상 회사가 조만간 중대한 위기에 처할지를 미리 알기란 아주 힘들 수 있다. 게다가 고위 임원이 부정을 저지르고 있는지도 알기 힘들다. 혹은 경쟁업체에 중대한 어떤 문제가 생겼다는 뉴스가 퍼지자 자기 회사도 문제가 생기지 않을까 걱정해 자사주를 투매했다가 손실을 볼 수 있다. 이러한 일들은 종종 일어난다. 갑자기 회사나 주식을 어려움에 빠뜨릴 수 있는 일이 수없이 많이 일어날 수 있다. 그리고 긍정적 정보건 부정적 정보건 간에 여러분이 회사에 영향을 끼치는 중요한 내부 정보를 미리 파악했더라도 그 정보를 매매에 활용하면 내부자 거래라는 중죄를 범하게 된다.

지금도 대규모 회계 부정으로 망한 미국의 에너지 회사 엔론을 기억하는 사람이 많을 것이다. 여러분도 아무 죄가 없는 엔론의 평직원들과 중간 관리자들에 대한 안타까운 이야기를 들어보았을 것이다. 그들은 졸지에 일자리를 잃었고, 퇴직연금을 자사주에 투자하는 바람에 모두 날리고 말았다. 2008년 9월에 리먼브라더스 사태가 터졌을 때도 같은 일이 반복되었다. 퇴직연금을 전부 혹은 대부분 자사주에 투자했던 리먼 직원들은 일자리와 노후자금을 모두 잃는 이중고를 겪었다. 그들이 5퍼센트 규칙을 지켰더라면 그런 최악의 상황을 모면할 수 있었을 것이다. 파산하는 기업은 언제나 나온다. 경제 여건이 아무리 좋더라도 마찬가지다. 부정이나 부적절한 정부의 개입 때문에만 파산하는 것도 아니다.

자사주 투자에 따른 손실

물론 회사가 망하는 것은 극단적인 사례다. 여러분이 일하는 회사는 파산하지 않을 수 있다. GE 같은 세계적으로 존경받는 기업에서 일한다면 안심하고 자사주에 큰돈을 투자할 수 있다. 그러나 2000년에서 2002년 사이 GE의 주가는 무려 62퍼센트나 떨어졌다. 이는 S&P500보다 더 큰 하락률이다.[2] 또한 2009년 말 기준 여전히 2000년 고점 대비 66퍼센트 수준에 머물고 있다. 역시 S&P500보다 부진한 수치다.[3] 물론 그 사이에 주가가 양호한 상승을 보인 적이 없었던 건 아니다. 그러니 단일 종목으로 포트폴리오를 구성하지 말라.

분산해놓은 포트폴리오라면 한 종목이 급락할 시 안타깝기는 해도 심각한 문제가 되지는 않는다. 여러 종목을 보유하면 지수보다 더 내리는 종목도 있고, 지수보다 더 오르는 종목도 있기 마련이다. 반면 한 종목만 보유한 상황에서 급락이 나오면 큰 타격을 피할 수 없다.

자사주가 아니라 선호하는 기업의 주식인 경우도 마찬가지다. 구글이나 애플처럼 최근에 인기를 끈 종목이라고 해도 예외는 될 수 없다. 어떤 종목도 시장 전체가 급락할 때 발생하는 위험으로부터 투자자를 보호해주지 못한다. 부정, 사업상의 나쁜 결정, 자연재해 혹은 전혀 예상할 수 없었던 다른 사태로부터 투자자를 보호해주는 그 어떤 종목도 없다. 오직 분산을 통해서만 자신의 자산을 보호할 수 있다.

기업가 정신을 발휘하여 회사를 세워라. 카리스마 있는 리더를 따라 성공 가도를 달려라. 승진의 사다리를 올라가 임원이 되어라. 이 모두는 집중을 통해 부자가 되는 훌륭한 방법이다. 그러나 이런 길을 걸을 수 없다면 5퍼센트 규칙을 따라 포트폴리오를 분산하라. 5퍼센트 규칙을 무작정 따르라는 말은 아니다. 하지만 그것을 따라야 할 시기를 아는 것이 중요하다.

Part 4

역사적 교훈은 당신을 손실로 이끈다

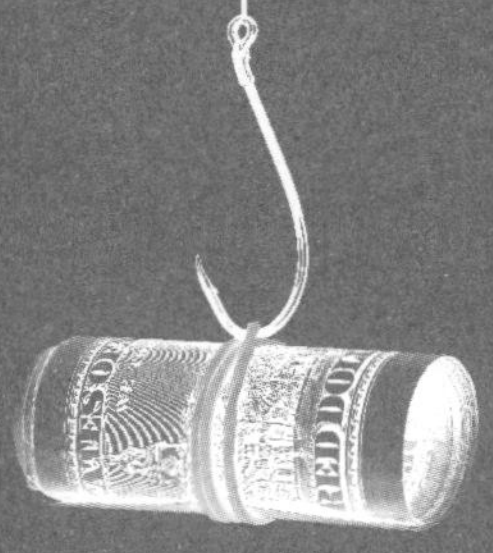

과거의 성과는 결코 미래의 성과를 보장하지 않는다. 그렇다면 이 책은 왜 역사적 교훈을 다루는 것일까? 역사는 주가의 미래를 말해줄 수 없다. 앞으로 주가가 어떻게 될지 말해줄 수 있는 건 아무것도 없다. 그러나 역사는 합리적인 예측의 근거를 제공한다.

투자를 일종의 '기술'로 생각하는 사람들이 지나치게 많다. 나는 《3개의 질문으로 주식시장을 이기다》에서 이 문제를 다루었다. 투자자들은 장인 밑에서 도제 생활하던 과거 대장장이처럼 올바른 기술을 배우고 연마하면 마침내 투자의 대가가 되어 다른 투자자들을 앞설 수 있다고 믿는 경향이 있다.

이런 믿음을 가진 투자자들은 주식시장이 널리 알려진 정보의 가치를 효율적으로 할인한다는 사실을 종종 망각한다. 투자 세미나나 인터넷 투자 사이트에서 퍼뜨리는 투자 기술이라고 해서 예외는 아니다. 이렇게 '잘 알려진' 투자 기술을 아무리 많이 알아봤자 결코 다른 투자자들보다 우위를 가질 수 없다.

그보다 투자자들은 투자를 일종의 '과학'으로 간주해야 한다. 과학에선 가설을 세우고, 실험을 통해 검증하고, 재실험하는 과정을 끊임없이 반복한다. 또 끊임없이 질문한다. 투자자들에겐 생물학자나 화학자들처럼 전통적인 연구소는 없어도 역사가 있다. 역사와 데이터가 바로 투자자들의 연구소다.

우리는 하루도 빠짐없이 증시에 악영향을 미칠 어떤 끔찍한 사건이 일어났다는 사람들 말이나 뉴스를 듣는다. 어떤 사건이 증시에 호재라는 내용은 그보다 훨씬 적게 나온다. 나쁜 소식이 좋은 소식보다 잘 팔리기 때문이다.

이러한 소식을 접하면 과거에도 정말 사람들이 말하는 대로 됐고, 됐으면 얼마나 자주 그랬는지 의문을 가져야 한다. 과거에 빈번히 발행한 A라는 사건이 전문가들이 예측한 결과로 이어지지 않는 경우가 자주 있었다면 왜 이번에는 예측대로 될 것이라 생각하는지 충분히 논리적으로 설명해야 한다. 그러나 대개 그들은 그렇게 하지 못하고, 아무런 합리적인 근거도 없이 끔찍한 사건 A가 끔찍한 결과 B로 이어진다고 주장할 뿐이다.

가령 과거에 빈번히 그랬듯이 재정적자가 급증하면 마치 경제와 증시가 끝장 것처럼 끝없이 떠들어대는 사람들이 등장한다. 그들의 주장은 쉽게 먹힌다. 본래 우리는 적자는 싫고 흑자는 좋다고 생각하기 때문이다. 하지만 우리는 왜 그렇게 생각하는 것일까? 그런 우려가 타당한지, 그리고 진실인지 역사적 사실을 확인해본 적이 있는가? 이 문제는 곧 다루겠지만, 어쨌든 적자는 싫고 흑자는 좋다는 생각은 미신이다(33장).

역사를 점검함으로써 쉽게 타파할 수 있는 미신들이 많다. 대표적으로는 높은 실업률이 증시를 침체에 빠뜨린다거나(34장), 금이 안전 자산이라거나(35장), 세금 인상이 증시에 무조건 악영향을 미친다거나(36장), 유가가 오르면 증시는 하락한다거나(37장), 전 세계적 팬데믹은 증시를 병들게 한다거나(38장), 소비자들의 변덕에 경기가 좌우된다는(39장) 미신 등이 있다.

역사는 여러분이 믿는 게(35, 36, 37, 38, 39장) 사실인지를 검증해주는 연구소일 뿐만 아니라 대부분의 사람들이 보려고 하지 않거나 심지어 비웃는 수익 창출 패턴(40, 41장)을 발견하도록 도와줄 수 있다. 그리고 적절한 역사적 전망은 증시가 사람들의 생각만큼 무서운 것이 아니라는 사실을 알게 도와줄 수도 있다(42장).

다시 말하지만, 과거의 성과는 아무것도 보장해주지 않는다. 그러나 투자는 확실성의 게임이 아니라 확률의 게임이다! 역사는 미래에 대한 기대를 할 수 있게 해주는 중요한 도구다. 물론 그것에만 의존해서는 안 되겠지만 역사는 세상을 조금이라도 더 명확하게 바라보도록 만들어주는 훌륭한 미신 타파 도구다. 그러니 지금부터 나오는 내용을 명심하도록 하자.

Debunkery

투자의 배신 33 재정흑자는 경제와 주식시장에 좋다

투자의 배신 34 실업률이 하락해야 경기침체도 끝난다

투자의 배신 35 금은 언제나 확실한 안전자산이다

투자의 배신 36 증시는 감세를 좋아한다

투자의 배신 37 유가와 주가는 반대로 움직인다

투자의 배신 38 팬데믹은 시장을 병들게 한다

투자의 배신 39 소비자가 돈을 써야 경제가 회복된다

투자의 배신 40 대통령의 임기와 증시는 아무런 관계가 없다

투자의 배신 41 특정 정당이 증시에 더 도움이 된다

투자의 배신 42 지나치게 상승하면 반드시 하락한다

투자의 배신
33

재정흑자는 경제와 주식시장에 좋다

지난 20년 동안 텔레비전만 틀면 전문가란 사람들이 나와 재정흑자를 찬양하는 모습을 볼 수 있었다. 그들의 말에 따르면 재정흑자는 경제와 시장이 잘 돌아간다는 징표이고 재정적자는 끔찍한 사태다. 언론이나 투자자들(아마추어와 프로 투자자 모두) 거의 모두가 그들의 말에 동의한다. 최근에 특히 이러한 목소리가 국내외에서 점점 더 커지고 있다.

재정흑자는 조세 수입이 재정 지출보다 많다는 뜻이다. 사람들은 그것이 정부의 도덕적이고 책임감 있는 재정관리 노력 덕분이라고 생각한다. 따라서 재정흑자가 나면 경제가 번영하고 증시가 상승해야 한다. 이 논리대로라면 지출이 세수보다 많은 재정적자는 나쁜 것이므로 재정적자가 나는 건 바람직하지 않다. 그리고 물론 재정적자는 규모가 클수록 나쁘지만, 적자 규모가 크든 작든 모두 더 많은 부채를 초래한다. 이는 도덕적으로 비난받을 일로 간주된다(45장).

모두가 믿는 게 맞는지 의심하라

모두가 믿는 게 사실이라고 생각하는 사람들이 많다. 하지만 대부분이 뭔가를 간절히 믿을수록 그 믿음이 옳은지 확인해볼 필요가 있다. 여러분도 재정흑자가 나기를 바라며 기도하는가? 그리고 재정흑자가 정말로 증시 수익률을 높여줄까? 그런지 어떻게 알 수 있을까? 방법은 간단하다. 역사를 점검해보면 된다. 지금까지 수차례 재정흑자와 재정적자가 났다. 그러므로 재정흑자가 크게 났을 때 증시가 정말 상승했는지, 아니면 재정적자가 크게 났을 때 증시가 정말 하락했는지 확인해보기만 하면 된다. 미국뿐 아니라 다른 국가의 재정수지와 증시 수익률에 대한 정보는 쉽게 구할 수 있다.

[그림 33-1]은 1947년 이후 GDP 대비 재정적자와 재정흑자 비율을 보여준다. 이렇게 경제 규모를 기준으로 살펴보는 게 재정흑자나 재정적자의 규모를 적절하게 판단해보는 방법이다. 가로선 위는 재정흑자, 아래는 재정적자를 가리킨다. 각각의 고점과 저점을 원으

로 표시해놓았다. 보다시피 1999년 말에 미국은 큰 폭의 재정흑자가 났다. 그러나 뒤이어 증시에선 대규모 약세장이 전개되었다. 반면 1982년과 1992년에는 큰 폭의 재정적자를 기록했지만, 직후 증시는 모두 큰 폭의 강세장을 나타냈다. 증시가 역사적으로 대규모 급등세를 연출했던 2009년에는 내내 미국은 대규모 재정적자에 시달렸다. 이처럼 재정흑자는 증시 상승에 도움이 되지 않았고, 재정적자는 증시를 약세에 빠뜨리지 않았다.

[표 33-1]은 재정수지의 고점과 저점 이후 12개월, 24개월, 36개월에 걸친 S&P500의 수익률을 보여준다. 이 표에서도 큰 폭의 재정흑자가 사람들의 생각처럼 높은 증시 수익률로 이어지지 않았다는 점이 드러난다. 재정수지가 고점을 찍었어도 12개월 뒤 평균 수익

〔그림 33-1〕 미국의 GDP 대비 재정적자 비율(2009년 12월 13일 기준)

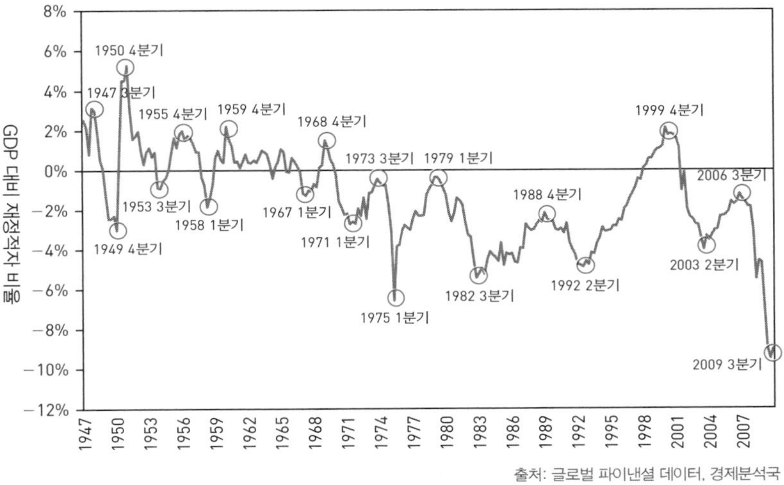

출처: 글로벌 파이낸셜 데이터, 경제분석국

〔표 33-1〕 재정수지의 고점과 저점 이후 S&P500의 기간별 수익률

재정흑자 고점		S&P500 수익률		
기간		**12개월**	**24개월**	**36개월**
1947년 3분기	연간	2.6%	1.6%	8.8%
	누적	2.6%	3.2%	28.8%
1950년 4분기	연간	16.5%	14.1%	6.7%
	누적	16.5%	30.2%	21.6%
1955년 4분기	연간	2.6%	-6.2%	6.7%
	누적	2.6%	-12.1%	21.4%
1959년 4분기	연간	-3.0%	9.3%	1.8%
	누적	-3.0%	19.5%	5.4%
1968년 4분기	연간	-11.4%	-5.8%	-0.6%
	누적	-11.4%	-11.3%	-1.7%
1973년 3분기	연간	-41.4%	-12.1%	-1.0%
	누적	-41.4%	-22.7%	-2.9%
1979년 1분기	연간	0.5%	15.7%	3.3%
	누적	0.5%	33.9%	10.2%
1988년 4분기	연간	27.3%	9.0%	14.5%
	누적	27.3%	18.9%	50.2%
1999년 4분기	연간	-10.1%	-11.6%	-15.7%
	누적	-10.1%	-21.9%	-40.1%
2006년 3분기	연간	14.3%	-6.6%	-7.5%
	누적	14.3%	-12.8%	-20.9%
평균	**연간**	**-0.2%**	**0.7%**	**1.7%**
	누적	**-0.2%**	**2.5%**	**7.2%**

재정적자 고점		S&P500 수익률		
기간		**12개월**	**24개월**	**36개월**
1949년 4분기	연간	21.8%	19.1%	16.6%
	누적	21.8%	41.8%	58.6%
1953년 4분기	연간	45.0%	35.4%	23.4%
	누적	45.0%	83.3%	88.1%
1958년 1분기	연간	31.7%	14.7%	15.6%
	누적	31.7%	31.4%	54.5%
1967년 1분기	연간	0.0%	6.1%	-0.2%
	누적	0.0%	12.5%	-0.6%
1971년 1분기	연간	6.9%	5.4%	–2.1%
	누적	6.9%	11.2%	–6.3%
1975년 1분기	연간	23.3%	8.7%	2.3%
	누적	23.3%	18.1%	7.0%
1982년 3분기	연간	37.9%	17.4%	14.8%
	누적	37.9%	37.9%	51.2%
1992년 2분기	연간	10.4%	4.3%	10.1%
	누적	10.4%	8.9%	33.5%
2003년 2분기	연간	17.1%	10.6%	9.2%
	누적	17.1%	22.3%	30.3%
2009년 3분기	연간	??	??	??
	누적	??	??	??
평균	**연간**	**22.1%**	**13.9%**	**10.1%**
	누적	**22.1%**	**30.6%**	**35.7%**

출처: 글로벌 파이낸셜 데이터, 경제분석국

률은 −0.2퍼센트였으며, 3년 뒤의 누적 수익률도 7.2퍼센트에 그쳤다. 이러한 데이터를 보면 재정흑자는 증시에 반드시 도움이 되기는커녕 오히려 악영향을 미친다고 말할 수 있다. 반면 재정적자의 경우 고점을 찍은 이후 12개월 뒤 평균 수익률 22.1퍼센트, 3년 뒤 누적 수익률이 35.7퍼센트에 달했다. 이는 재정흑자보다 훨씬 나은 수익률이다. 솔직히 어느 쪽이 더 나아 보이는가? 재정흑자인가, 재정적자인가?

재정흑자나 재정적자가 늘어날 때 그 결과는 여러 가지 양상으로 나타날 수 있다. 그러나 사람들은 재정적자가 크게 나면 정부 부채가 늘어나고, 부채는 무조건 나쁘다고 생각한다. 과연 그럴까? 부채가 없는 세상을 상상해 보라. 대부분의 사람들은 부채 없이 가진 돈만으로는 집이나 차를 살 수 없고, 자녀를 대학에 보낼 수 없다. 그리고 수많은 창업 기회가 사라질 것이다. 그래도 부채는 무조건 나쁜가?

주지하다시피 책임감 있게 부채를 활용하면 삶의 질을 개선하고 잠재 수익을 늘리는 데 긍정적 효과를 볼 수 있다. 대부분 그렇게 한다. 2008년 이후에 은행이 대출을 내주지 않거나 너무 적게 내준다고 비판하는 사람들을 생각해보라. 그들은 경제를 성장시키는 데 대출이 필요하다는 사실을 이해하고 있다. 그런데 내 경험상 은행이 대출에 소극적이라고 가장 목소리 높여 비판하는 사람들이 또한 재정적자가 많다고 비판하는 사람들이기도 하다. 전 세계 거의 모든 정치인들은 이처럼 모순된 태도를 보인다.

한편 사람들은 기업의 부채에 대해서는 대체로 불안해하지 않는다. 기업은 대개 부채를 연구개발, 공장 건설, 고용, 확장, 인수, 신제품 출시 등 생산적인 방향으로 활용한다. 물론 과도한 부채 때문에 곤경에 처하는 기업도 있다. 이러한 기업의 주가는 급락을 면치 못하고, 임원들도 경제적 피해를 입으며 CEO는 해고된다. 금융위기 시에는 의회 청문회에 불려 나갈 수도 있다. 부채를 무책임하게 관리하면 대부분의 사람과 회사가 두려워하고, 예상하고, 피하고 싶어 하는 결과를 맞게 된다. 그러나 전체적으로 보면 대부분의 사람과 기업은 부채를 책임감 있게 활용한다.

정부 부채는 다소 멍청하게 써도 괜찮다

안타깝게도 미국 정부는 종종 부채를 멍청하게 쓴다. 빌린 돈일수록 제대로 써야 하는데 말이다. 미국 정부는 부채를 무슨 가치가 있는지도 모르는 일을 하는 데 낭비한다. 이런 비효율적인 일은 항상 일어난다. 그나마 다행인 점은 미국 정부가 쓰는 돈이 다른 정부(외국, 주, 지방 정부)나 기관(영리나 비영리기관) 혹은 사람들에게 간다는 것이다. 그러나 정부의 돈을 받는 지방 정부 역시 멍청하게 돈을 쓰는 경우가 많다. 가령 300달러를 주고 망치를 산다거나 수도인 워싱턴 D.C.와의 운항 편수만 하루 세 번뿐인 공항을 짓는 식이다. 그래도 이 돈은 대부분 민간 부문으로 흘러간다.

정부가 주는 돈을 받은 민간 부문은 보통 월급을 주거나, 새 컴퓨터나 목재를 사거나, 전기요금을 내거나 보험료를 내거나, 식료품을 사는 용도로 돈을 쓴다. 그리고 이 돈을 받은 사람들 역시 이 돈을 갖고 소비활동을 하며, 이러한 소비활동은 경제에 보탬이 된다. 따라서 정부가 돈을 빌려 아주 멍청하게 쓴다고 해도 민간 소비활동을 촉진하면서 경제를 돌아가게 만들기도 한다.

일정 기간 은행 대출 등을 통해 새로 창출된 통화가 특정 경제 주체로부터 다른 경제 주체로 이동하는 속도나 빈도를 '통화유통 속도velocity of money'라고 부른다. 미국의 경우 은행이 정부에 빌려주면서 새로 창출된 통화는 평균적으로 1년에 6번 쓰인다. 이 6번의 소비활동은 정부 지출이 없었다면 일어나지 않았을 것이다. 6번 중에서 1번은 통상적 지출이나, 종종 실로 멍청한 지출이다. 그러나 나머지 5번의 지출이 경기 부양에 도움을 준다. 시장도 이 사실을 알기에 정부가 돈을 쓰면 좋아한다. 그래서 재정적자가 커지고, 심지어 고점에 달할 때 증시 수익률이 향상되는 건 좋은 일이다. 정부에서 푼 돈이 이리저리 돌다가 결국 증시로 직접 흘러 들어가기도 하고, 그중 일부는 주식을 발행하는 기업의 이익의 끌어올리는 데 일조한다.

대규모 재정흑자가 난 이후 주가가 부진한 이유도 여기에 있다. 이 경우 정부는 쓰는 돈보다 더 많은 돈을 거둬들여 부채를 줄이는데, 그로 인해 통화량이 줄어들게 된다. 결국 5번의 지출이 일어나지 않는 만큼 경기 부양 효과도 줄어든다. 증시도 이 사실을 알기 때문에 좋은 모습을 보여주지 못하는 것이다.

따라서 나는 미국과 다른 주요 선진국들의 재정적자를 두려워하지 않는다. 나는《3개의 질문으로 주식시장을 이기다》에서 영국, 독일, 일본의 재정수지와 증시 수익률을 비교해 보여주었다. 이들 나라에서도 재정적자 기록 이후 주식 수익률이 재정흑자 기록 이후의 주식 수익률보다 훨씬 높았다. 이런 점에서 모든 주요 선진국에서 재정수지와 주식 수익률의 상관관계는 상당히 일반적인 현상으로 추측된다.

여러분은 재정적자가 싫을 수 있다. 하지만 미래 세대에 부담을 주는 대규모 재정적자가 발생하더라도 증시에 부정적으로 반응해서는 안 된다. 역사가 명확히 말해준다. 재정적자가 나면 오히려 긍정적으로 대응하라. 그래도 정부 부채가 상당히 걱정되거나 너무 싫고, 그것만으로도 충분히 약세장을 예상하는 게 맞다고 생각한다면 45장을 읽어라. 증시의 경우 나는 사실 재정흑자가 더 두렵다. 여러분도 그래야 한다. 역사는 재정흑자가 난 후 증시가 부진했음을 보여준다. 그게 중요한 사실이다.

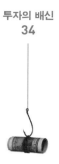

투자의 배신
34

실업률이 하락해야 경기침체도 끝난다

경기침체가 도래할 때마다 사람들은 "실업률이 개선되기 전까지 증시가 오르긴 글렀다"라는 말을 입버릇처럼 한다. 그러나 이 말은 전혀 사실과 다르다. 실업률은 대개 증시보다 훨씬 더 후행한다. 38년에 걸친 나의 투자 경력 내내 그랬으며, 과거에도 그러지 않은 적을 찾아볼 수가 없다.

실업률이 높으면 증시가 부진하다는 말이 직관적으로 맞는 것처럼 느껴져서 이런 미신이 퍼지는 것 같다. 사람들은 실업률이 오르면 당연히 소비가 줄 테니 기업 매출이 감소해 채산성이 나빠지고,

경제와 증시도 타격을 받을 수밖에 없다고 믿는다. 그러나 증시는 그렇게 직관적이기보다는, 대개 반직관적으로 돌아간다.

반대로 실업률이 오른 후 떨어지지 않는 동안 증시가 오른다고 말하는 사람은 좀처럼 찾아보기 힘들다. 그러나 이것이 항상 사실이다. 알다시피 거의 모두가 맹신하고 의문을 제기하는 걸 금기시하는 속설이야말로 사실인지 더 검증해볼 필요가 있다. 검증 방법은 언제나 그렇듯이 역사적 데이터를 확인하는 것이다. 필요한 모든 정보는 쉽게 무료로 구할 수 있다.

실업률이 오르면 증시도 오른다?

잠시 시간을 내서 최근 역사만 살펴봐도 실업률이 높으면 증시가 하락한다는 속설이 뭔가 잘못되었다는 사실을 알 수 있다. 2009년에 일어났던 일을 기억하는가? 실업률은 연중 내내 오르더니 마침내 10퍼센트를 상향 돌파했다. 하지만 증시는 더할 나위 없이 좋은 한 해를 보냈다. 미국과 세계 증시는 각각 3월 저점에서 68퍼센트와 73퍼센트씩 반등했고, 연간으로도 26.5퍼센트와 30퍼센트씩 올랐다.[1] 실업률이 계속 오르는 동안에도 증시는 급등한 것이다. 이러한 현상이 2009년에만 일어난 것은 아니다. 월간 실업률 통계가 처음 나온 시점으로 거슬러 올라가 살펴보면 증시는 대개 경기침체가 끝나기 전에 바닥을 친다. 그러나 실업률은 경기침체 막바지 내내 계속 오르는 경향을 보인다. 종종 오히려 더 오르기도 한다. 다만 2001년처럼 짧고 얕은 침체의 경우 예외적으로 침체가 끝날 때까지 증시의 약세장은 바닥을 치지 못했다. 그러나 그때도 역시 실업률은 그보다 훨씬 나중에 고점을 찍었다. 언제나 경기침체가 끝나면 실업률이 떨어지기 전에 증시는 상승한다.

여러분이 CEO라고 치자. 경기가 나빠질 것을 예상하고 재고 축소에 나선다. 소비가 줄어드는 시국에 창고에 재고를 가득 쌓아놓고 있을 필요가 없기 때문이다. 재고를 줄이는 것만으로 충분하지 않다면 감원도 병행해야 한다. 어떤 CEO도 감원에 나서길 원하지 않는다. 그러나 회사와 고객과 여러분에게 의지하는 남은 직원들을 위해선 회사 규모를 줄여 최대한 효율적으로 경영해야 한다. 사람들은 구조조정에 나선 CEO를 비난하지만, 비합리적인 비난이다. 구조조정을 하지 않아 회사가 망한다면 훨씬 더 많은 직원이 길거리로 내몰릴 텐데, 그게 더 낫단 말인가?

그렇다면 퀴즈를 하나 내겠다. CEO는 언제 고용에 나서는 게 맞을까? 매출 회복세가 완연해지기 전인가? 그래선 안 된다. 완전히 바보 같은 짓이다. 매출이 회복된다고 해서 바로 인력을 늘려서는 안 된다. 때가 아니다. 경제 상황이 훨씬 더 개선되기 전까지는 매출이 계속 늘어날지가 분명치 않으므로 더 기다려봐야 한다.

일단 기다려라. 매출이 다소 살아났다고 해서 서둘러 고용에 나서서는 안 된다. 인력을 줄인 덕분에 경기침체 기간에도 생산성이 다소 향상된 것일 수 있다. 남은 직원들이 저비용·고효율적으로 일하는 방법을 배운 것도 도움이 됐을 수 있다. 이 말은 매출이 약간만 늘어도 실적이 크게 개선될 수 있다는 뜻이므로 아주 좋은 일이다. 주주들에게도 마찬가지로 대단히 좋은 일이다.

따라서 회사는 회복하고 있고, 매출은 더 개선되고 있고, 영업 실적이 흑자 전환되고 있고, 예전보다 더 생산적으로 변하더라도 CEO는 여전히 고용에 나서지 못한다. 상황이 나빴을 때 서둘러 고용하지 말고 최대한 버텨야 한다는 교훈을 배웠기 때문이다. 다시 상황이 나빠질 수 있어 아직은 불안하다. 언론에서 자주 말하는 더블딥double-dip, 즉 경기침체 후 잠시 회복기가 나타나다가 다시 침체에 빠지는 이중침체 현상이 나타날 수도 있다. 역사적으로 더블딥이 나타난 사례는 매우 드물어도 그것은 여전히 두려운 일이다.

그래서 CEO는 복지 혜택도 제공해야 하는 정규직 대신에 시간제나 계약직으로 부족한 인력을 충원하려고 한다. 그들은 고용과 해고가 쉽고, 복지 혜택을 제공할 필요가 없어서 인건비가 덜 든다. CEO는 오랫동안 매출이 꾸준하게 늘지만 일손이 부족해서 채용하지 않으면 미래 매출에 타격을 받을 수 있다는 판단이 들 때라야 마침내 정규직을 채용하기 시작한다. 그리고 정규직을 채용하기 위해서는 일정한 시간이 필요하다. 채용이 하루아침에 되는 일이 아니기 때문이다.

실업률 하락의 후행성

[그림 34-1]은 월간 실업률 통계가 처음 집계된 1928년 12월 이후 미국의 실업률과 경기침체 사이의 시차를 보여준다. 경기침체 기간은 짙은 수직 막대로, 실업률은 실선으로 표시해놓았다. 더 짙은 마지막 수직 막대는 2007년 12월에 시작된 경기침체가 끝난 시점을 표시한 것이다. 이 시점은 경제성장률이 플러스 반전했을 때와 실업수당 청구건수가 고점에 도달했을 때를 근거로 내가 유추한 것이다. 경기침체를 추적하는 전미경제연구소NBER(The National Bureu of Economic

〔그림 34-1〕 경기침체가 끝난 뒤에도 오르는 실업률

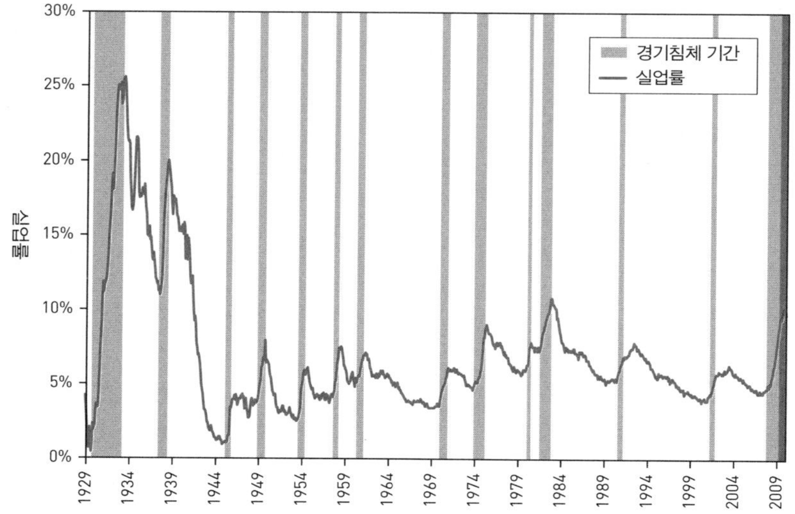

출처: 글로벌 파이낸셜 데이터, 전미경제연구소

Research)는 대개 침체가 끝나고 수개월 후에야 침체가 끝난 시점을 공식 확정한다. 이 그림에서 나타나는 실업률의 후행성은 최근에 더욱 심해졌다. 아마도 컴퓨터 보급이 늘면서 기업들이 고용을 이전보다 더 엄격히 관리할 수 있게 돼서 그런 것일 수 있다. 따라서 실업률이 후행하는 현상은 사라지기는커녕 앞으로 더 심해질 가능성이 크다.

언론은 2007~2009년의 경기침체가 1929년에 일어난 '대공황'에 버금가는 '대침체'라고 떠들어댔지만 당시 실업률은 대공황 때에 한참 못 미치는 수준이었다. 1981~1982년 사이 일어난 경기침체 때보다도 조금 더 낮았다. 그러나 경기가 침체에 빠질 때마다 실업률은 줄곧 상승하고, 심지어 경제침체가 끝난 후에도 때로는 수개월 동안 상승세를 이어간다. 그 이유는 CEO들이 군살을 뺀 경영 상태를 유지하려는 신중한 태도를 보이기 때문이다. 이러한 태도는 경기침체가 끝날 때마다 항상 기업의 이익이 급증하는 데 일조한다. CEO들은 구조조정에 점점 더 능숙해지면서 군살을 빼고 경영의 효율성을 높여 성장을 모색한다.

실업률은 본래 집계방식에 문제가 있다는 말도 빼놓을 수 없다. 실업률의 집계방식은 사람들이 일반적으로 생각하는 것과 다르다. 실업률은 일할 의지와 능력이 있으나 일자리가 없어 실업 상태에 있는 사람들의 비율을 말한다. 그러나 구직활동을 하지 않으면 실업자로 집계되지 않는다. 경기가 호전되면 취업을 포기했던 사람들이 다시 구직활동에 나서면서 실업률이 올라갈 수 있다. 이러한 이유로 실업률은 후행지표가 될 수밖에 없다.

반면 증시는 궁극적으로 선행지표라서 십중팔구 경기침체가 끝나기 전에 상승하기 시작한다. 따라서 실업률이 떨어지기를 기다리다가는 매수 적기를 놓칠 수 있다. [표 34-1]은 실업률이 고점을 찍은 후 12개월 동안의 S&P500 수익률과 실업률이 고점을 찍기 6개월 전부터 12개월 동안의 S&P500 수익률을 비교해놓은 것이다. 보다시피 실업률이 고점을 찍기 전, 다시 말해 실업률이 여전히 오르는 동안 주식을 매수한 경우의 수익률이 훨씬 높다. 그 이유는 새로운 강세장의 초입에 나오는 큰 폭의 반등에 올라탈 수 있기 때문이다. 사실 실업률의 고점만 잘 잡아도 12개월 동안 평균 14.7퍼센트라는 양호한 수익률을 올릴 수 있다. 그러나 그전에 매수하면 평균 수익률이 무려 30.6퍼센트나 된다.

물론 실업률의 고점이 언제인지를 맞추기란 거의 불가능하다. 내가 아는 한 꾸준히 매번 고점을 잡아내는 데 성공하는 사람은 없다. 무엇보다 실업률 자체가 엉성한 통계라서 굳이 고점을 잡으려고 노력할 가치가 없다. 다만 실업률이 높은 상태를 유지한다고 해서 증시 투자를 꺼려서는 안 된다는 말이다.

실업률이 높을 때 증시 투자를 꺼리는 이유는 소비활동이 GDP의 약 71퍼센트를 차지하는[2] 상황에서 높은 실업률로 인한 지출 둔화가 경기를 침체에 빠뜨릴 것이라고 착각하기 때문이다. 그러나 이러한 착각 역시 미신에 불과하다(39장).

실업률이 하락해야 경기침체가 끝나는 것은 아니다. 그런 생각도 미신에 불과하다. 사실은 그렇게 된다고 생각하는 자체가 아주 이상

〔표 34-1〕 실업률과 S&P500 수익률

실업률 고점	이후 12개월 수익률	실업률 고점 6개월 전	이후 12개월 수익률
1933.05.31	3.0%	1932.11.30	57.7%
1938.06.30	-1.7%	1937.12.31	33.2%
1947.02.28	-4.3%	1946.08.30	-3.4%
1949.10.31	30.5%	1949.04.30	31.3%
1954.09.30	40.9%	1954.03.31	42.3%
1958.07.31	32.4%	1958.01.31	37.9%
1961.05.31	-7.7%	1960.11.30	32.3%
1971.08.31	15.5%	1971.02.26	13.6%
1975.05.30	14.4%	1974.11.29	36.2%
1980.07.31	13.0%	1980.01.31	19.5%
1982.12.31	22.6%	1982.06.30	61.2%
1992.06.30	13.6%	1991.12.31	7.6%
2003.06.30	19.1%	2002.12.31	28.7%
평균	14.7%	**평균**	30.6%

출처: 글로벌 파이낸셜 데이터, 노동통계청

하다. 오히려 경기침체 때 실업률은 계속 상승하는 것이 정상이고 건전한 일이다. 반복해서 말하지만, 경기침체가 끝나기 전까지 실업률은 하락하지 않는다. 경기가 다시 성장하기 시작해도 실업률은 계속 상승한다. 그리고 증시는 그 전부터 크게 오른다. 이것이 역사와 데이터가 말해주는 진실이다.

투자의 배신
35

금은 언제나 확실한 안전자산이다

또 다른 역사적 교훈을 말해보려고 한다. 옛날 사람들은 젊음을 유지하려고 금을 마시기도 했다. 지금 생각해보면 정말로 멍청한 짓이다! 금에는 독성이 있다. 프랑스 국왕 앙리 2세(재위 1547~1559년)의 정부情婦였던 디안 드 푸아티에Diane de Poitiers가 금 중독으로 죽었다는 사실이 최근에 밝혀졌다. 그녀는 앙리 2세보다 20살이나 더 많았지만 사랑스러웠다고 한다. 하지만 금을 마시기보다 햇빛을 피하고 금연을 했다면 그렇게 허망하게 죽지 않았을 것이다.

다행히 요즘 사람들은 금을 마시지는 않는다. 대신 보톡스를 맞기는 하지만 말이다. 솔직히 말해서 이렇게 젊어지려는 욕구 때문에 사람들이 죽는다. 투자자들이 지나치게 많은 금을 갖기를 원하다가 자해하는 일을 당하지 않으려면 디안 드 푸아티에의 비극을 반면교사로 삼아야 한다.

투자 자산으로 금의 인기는 기복이 심하다. 당연한 이야기지만 큰 폭으로 가격이 상승하면 금에 대한 인기가 더욱 높아지는 경향이 있다. 2010년에도 그랬다. 언론은 연일 상승하는 금값을 보도하고, 사람들은 금을 최고의 투자상품으로 생각하게 된다. 그러나 그런 관심을 받는다는 사실만으로도 금 투자를 기피할 충분한 이유가 생긴다. 금은 하나의 상품에 불과하다. 다른 투자상품과 차이가 없다. 금이라고 해서 절대 손실이 나지 않는 특별한 상품이 아니다. 금이 안전자산이라는 생각도 미신이다. 금도 다른 자산군과 마찬가지로 가격이 오르고 내린다.

금에 애착을 갖는 사람들이 많다. 이러한 성향은 고대의 역사나 골드러시 때 사람들이 재산을 불리고 잃는 모습을 담은 서부 영화를 너무 많이 봐서 생겼을 수 있다. 혹은 지금은 사라진 금본위제에 대한 향수 때문에 그런 것인지도 모른다. 금본위제(화폐단위의 가치와 금의 일정량의 가치가 등가관계를 유지하는 본위제도-옮긴이)가 폐지된 후 금은 주로 장신구와 산업 용도로 활용되었다.

금값의 경향

그러나 금은 안전한 투자자산일까? 만약 안전하지 않다면 최소한 주식에 견줄 만한 투자자산일까? 주식 및 채권과 수익률을 비교해보면 쉽게 그 답을 찾을 수 있다. 모닝스타, 구글 파이낸스, 야후 파이낸스 등 수많은 곳에서 필요한 데이터를 무료로 구해 비교해볼 수 있다. 그리고 수익률을 비교하는 방법도 여러 가지다.

1971년에 브레튼우즈 체제가 붕괴하면서 금본위제도 무너졌다. 그러나 전 세계가 금본위제에서 벗어나는 과도기간인 1973년 말까지 금 거래는 자유화되지 않았다. 이후 1973년 12월부터 2009년 3월까지 세계 증시는 총 2,229퍼센트, 연 9.1퍼센트 올랐다.[1] S&P500의 수익률은 이보다 높아 총 3,552퍼센트, 연 10.5퍼센트 상승했다.[2] 또한 10년 만기 미국 국채 가격도 총 1,642퍼센트, 연간 8.2퍼센트 상승이란 나쁘지 않은 성적을 기록했다.[3] 놀랍게도 금의 수익률은 더할 나위 없이 안전한 국채 수익률보다 낮았다. 같은 기간 금의 수익률은 총 983퍼센트, 연 6.8퍼센트에 그쳤다.[4]

이번에는 다른 방법으로 수익률을 비교해보자. 같은 기간 1만 달러를 S&P500에 투자했다면 36만 5,200달러가 됐다. 같은 금액을 금에 투자했다면 25만 6,900달러가 됐다. 결론적으로 금의 장기 수익률은 아주 대단히 높지는 않다. 그런데 이걸로 끝이 아니다. 금은 다른 상품과 마찬가지로 급등과 급락에 취약하다.

[그림 35-1]에서 보듯이 1973년 이후 금값이 급등한 시기가 여섯 번 있었다. 중간에 작은 규모로 상승하기도 했지만 급등한 경우만 포함한 것이다. 금의 급등 기간은 보통 4개월에서 22개월 동안 유지됐다. 평균은 약 11개월로 전체 기간의 15퍼센트를 차지한다.[5] 이는 상승할 때가 하락할 때보다 많은 주식이나 채권, 심지어 부동산보다 못한 수치다. 여섯 번의 짧은 급등기를 빼면 금의 수익률은 마이너스 67.5퍼센트, 연 마이너스 3.6퍼센트에 불과하다.[6] 형편없는 수준이다. 예를 들어, 1982년에 금 투자를 시작했다면 그는 1982년부터 2005년까지 무려 23년 동안 손실에 시달렸을 것이다. 이처럼 오랫

[그림 35-1] 금값 변동

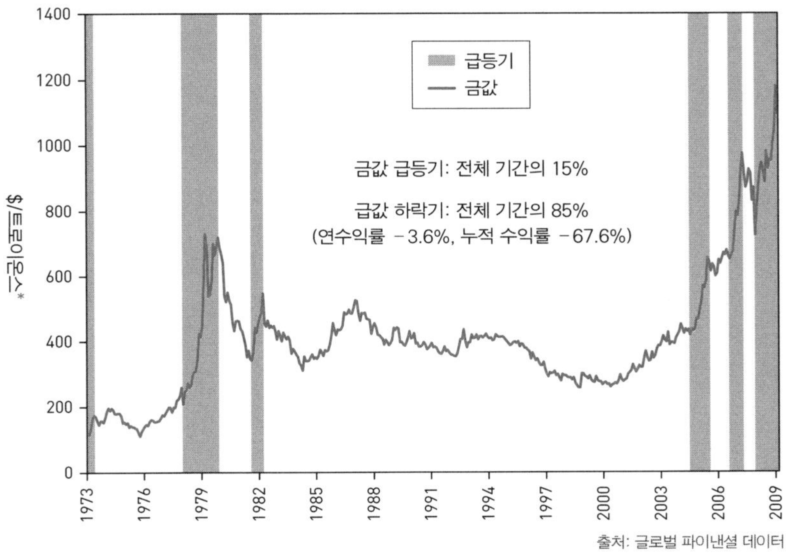

출처: 글로벌 파이낸셜 데이터

* 1트로이온스는 약 31.1034그램에 해당 – 옮긴이 주

동안 손실을 견뎌낼 수 있는 사람이 얼마나 될까?

타이밍을 잡을 수 있는가?

금 투자로 돈을 벌려면 거의 완벽에 가까운 매매 타이밍을 잡거나 아주 오랜 기간에 걸쳐 손실을 견뎌야 한다. 금값은 장기간 횡보하거나 하락하다가 갑자기 급등하고 다시 떨어진다. 따라서 금에 투자하는 게 어떤지 묻기보다 자신이 얼마나 매매 타이밍을 잘 잡아낼 수 있는지를 물어라. 내게는 그런 능력이 없는데 여러분은 어떤가?

1990년대 초반에서 중반 사이에 기술주를 쓸어 담았다가 2000년 3월에 매도했는가? 2001년에 주식을 처분했다가 2003년 3월에 다시 사서 2007년까지 보유했는가? 2007년 1월 급등 전 원유 등 상품에 투자했다가 2008년 7월에 이익을 실현했는가? 2008년 가을에는 신흥시장 주식에, 그리고 2009년 초에 선진국 주식에 투자했는가? 2008년 4월에는 유로를 팔고 달러를 사고, 2009년 3월에는 달러를 팔고 유로를 샀는가? 이러한 매매 타이밍을 제대로 잡지 못했는데도 금값이 고점일 때 팔고 다음 호황에 맞춰 다시 매수할 수 있다고 생각하는 이유는 무엇인가? 전체 기간 중 15퍼센트 정도에 불과한 금값의 급등기를 잡아낼 수 있는 능력이 있다면 분명 다른 어떤 자산의 투자 시기도 적절히 잡아낼 수 있을 테니 굳이 나의 조언이 필요 없을 것이다. 평소 하던 대로 하면 된다.

놀랍게도 증시나 채권 혹은 돼지고기나 통화의 매매 타이밍을 잡아낼 수 있다고 생각해본 적도 없는 많은 평범한 사람들이 안전하다는 이유로 금에 투자하며 만족해한다. 그들에게 나는 금은 다른 상품과 마찬가지로 높은 변동성을 지닌 상품일 뿐이라는 말을 해주고 싶다. 금이라고 해서 특별한 것은 없다.

여러분이 매매 타이밍을 정확하게 잡아낼 수 있다고 자신하고 실제로 그럴 수 있다면 다행이다. 그러나 그렇지 않다면 금 투자로 안전하게 수익을 올릴 것이라는 헛된 기대를 충족시키기까지 아주 오랜 시간을 기다려야 할 수도 있다. 몇 년 동안 꾸준하게 가격이 하락하는 자산을 끌어안고도 평정심을 유지할 수 있는 사람은 드물다. 무엇보다 금값이 급등한 2009년에도 수익률은 주식보다 못했다. 2009년에 금값은 24.8퍼센트 상승했지만 S&P500은 26.5퍼센트, 세계 증시는 30퍼세트가 각각 상승했다.[7]

목걸이나 귀걸이 혹은 전기 배선 용도로 금을 사는 건 자유다. 그러나 자산 증식을 위해서라면 매매 타이밍의 귀재가 아닌 이상 금 투자 매력은 낮다.

투자의 배신
36

증시는 감세를 좋아한다

누구나 세금이 줄어들기를 원한다. 정치인만 빼고 그렇다. 그러나 그들은 본래 제정신이 아니니 이해하자. 그들 말고 세금 인상을 환호하는 사람은 보기 드물다. 한결같이 세금 인상을 두려워한다.

특히 투자자들은 자본이득세 인상이 증시에 타격을 줄까 걱정한다. 2010년 현재 시장에선 지난 부시 정권이 실시한 자본이득세율 인하 조치가 폐지되는 데 대해 우려하고 있다. 사실 지금으로부터 10년, 20년, 그리고 하물며 453년 뒤라도 사람들은 자본이득세 인상이 증시에 악영향을 끼칠까 봐 걱정하고 세율이 인하되기를 기도할 것이다. 그러나 놀랍게 들릴지 모르겠으나 역사적으로 합리적으로 측정 가능한 시간 동안 미미한 세율 조정과 이후 증시 수익률 사이에는 명확한 상관관계가 없다. 거기에는 몇 가지 이유가 있다.

자본이득세는 언제 부과되는가?

자본이득세율 인상이 증시에 상당히 부정적인 소식이고, 증시 투자자들은 세율 인하를 원한다는 게 직관적으로 봐도 맞는 것 같다. 그래서 우리는 세율과 증시 사이에 밀접한 상관관계가 존재할 거라고 기대한다. 자본이득세는 주식 처분 시 생기는 소득에 매기는 세금이기 때문이다. 정치인들만 빼고 누구나 부담해야 할 세금이 늘어나면 그만큼 주식 매도 이익이 줄어든다는 사실을 안다. 정치인들은 세금을 이용해 사람들의 행동을 통제할 수 있다는 걸 완벽히 알고 있다. 사람들이 탄산음료를 지나치게 많이 마신다고 생각하면 탄산음료에 과세한다. 휘발유 소비를 줄이고 싶어도 마찬가지다. 그러나 세금을 올리면 사람들의 소득이 줄어들고, 따라서 세수도 그만큼 줄어든다는 사실을 그들은 왜 이해하지 못하는지 도통 모르겠다.

자본이득세는 이익이 난 주식을 처분할 때 내는 세금이지 주식 보유에 대한 세금은 아니다. 이론적으로 주식 처분에 따른 비용이 늘어나면 더 오래 보유하는 것이 유리하다. 그에 따라 매도 압력이 약해지면 증시는 상승하게 된다. 반대로 자본이득세율이 낮아지면 상승한 주식 매도 시 내야 할 세금이 줄어들기 때문에 세율 인하 직후 시장에 단기적으로 매도 압력이 커질 수가 있다. 즉, 우리가 상식적으로 생각하는 것과 반대되는 현상이 나타날 수 있다.

자본이득세 조정과 증시의 역사

그렇다면 자본이득세율이 오르기를 기도해야 할까? 그렇지 않다. 세율 인상이 증시에 도움이 된다는 결정적인 증거는 없다. 그리고 상식적으로나 직관적으로 보면 자본이득세율 인상이 부정적 재료지만 우리는 이 책에서 자본시장의 경우 종종 그런 상식과 직관대로 생각한 결과로 이어지지 않으며, 상식과 직관에 따라 결정을 내려서는 안 된다는 걸 수차례 확인했다.

사실 장기적으로 보면 세율 조정의 영향도 다른 많은 요인과 뒤섞이기 마련이다. 이처럼 여러 힘들이 수렴하면 세율 조정의 영향만을 별도로 떼어내 파악하기란 완전히는 아니더라도 사실상 불가능하다. 다만 단기적으로는 파악에 도움을 주는 단서가 있을 수 있다. [그림 36-1]에서 [그림 36-4]까지는 1981년 이후 단행된 네 차례의 자본이득세율 조정과 이후 증시 변동을 보여주고 있다. 이 그림들을 통해 다음과 같은 사실을 알 수 있다.

- 1981년 자본이득세율은 28퍼센트에서 20퍼센트로 인하됐다. 이후 12개월 동안 S&P500은 22퍼센트 하락했다(그림 36-1).
- 1987년 자본이득세율은 20퍼센트에서 28퍼센트로 다시 인상됐다. 그해 S&P500은 8개월 동안 폭등하다 폭락했는데 당시 폭락은 자본이득세율 인상과는 아무 관련이 없었다(그림 36-2).
- 1997년 자본이득세율이 다시 28퍼센트에서 20퍼센트로 인하되자 S&P500은 2000년까지 상승세를 이어갔다(그림 36-3).

[그림 36-1] 1981년 경제회복법

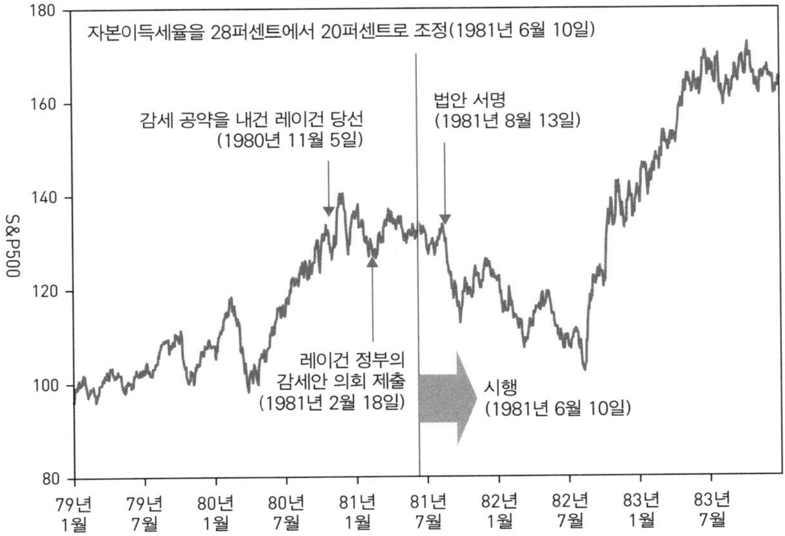

출처: 글로벌 파이낸셜 데이터

[그림 36-2] 1986년 세제 개혁법

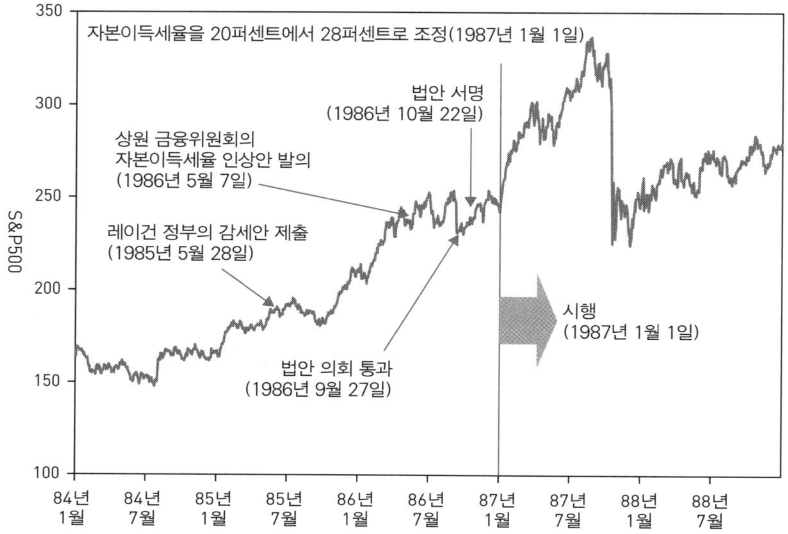

출처: 글로벌 파이낸셜 데이터

- 2003년 자본이득세율이 20퍼센트에서 15퍼센트로 추가 인하된다고 발표되자 S&P500은 일시적으로 급락했지만, 감세안 시행 직후 5년에 걸쳐서 강세를 보였다(그림 35-4).

보다시피 세율을 낮춘 이후 증시가 오르기도 하고 내리기도 했다. 즉, 세율과 증시 사이에는 명확한 상관관계가 존재하지 않는다.

세율 조정은 단기적으로 투자심리에 영향을 미칠 수 있다. 그러나 시장은 종종 그보다 더 큰 영향력을 지닌 다른 힘들에 좌우된다. 그래서 1981년에 자본이득세율이 인하됐어도 더 강력한 악재들로 인

〔그림 36-3〕 1997년 세금 감면법

출처: 글로벌 파이낸셜 데이터

해 증시는 하락했다. 세율 인하 영향으로 낙폭이 줄어들었을 수는 있지만 말이다. 또한 1987년에는 증시가 어차피 상승하게 되어 있는 상황이어서 세율 인상이 큰 악영향을 미치지 못했을 수도 있고, 세율 인상이 아니었다면 더 큰 폭의 상승이 나왔을지도 모른다. 어쩌면 세율이 오를 것임을 알고 사람들이 미리 주식을 팔았기 때문에 나중에 증시가 올랐을 수도 있다. 이러한 설명 역시 충분히 타당하다. 요점은 어느 쪽도 확실한 답이 아니라는 것이다. 따라서 세율 조정만을 기준으로 시장의 향방을 판단하면 안 된다. 시장을 움직이는 힘은 그보다 더 크다.

그러면 세율 조정은 왜 그렇게 미미한 영향밖에 미치지 못할까?

[그림 36-4] 2003년 세금 감면법

출처: 글로벌 파이낸셜 데이터

그 이유는 시장이 널리 알려진 정보를 거의 즉시 대단히 효율적으로 할인하기 때문이다. 세금 정책은 천천히 추진된다. 보통 많은 논의를 거치고, 그 과정에서 언론을 통해 알려진다. 논의와 논쟁과 투표를 여러 차례 반복한 끝에 법제화되기까지 최소 몇 달에서 최대 몇 년이 걸리기도 한다. 그래서 시장은 세율 조정이 시행되기 훨씬 전부터 다가올 변화를 가격에 반영할 충분한 시간을 갖는다. 1987년 사례에서도 세율 인상에 따른 매도 물량은 법안이 발효되기 전에 전부 소화되어 증시 상승에 걸림돌이 되지 않았다. 이처럼 사람들이 먼저 움직이기 때문에 세율 조정이 가하는 매도 압력은 법안 발효 전에 모두 흡수된다.

세율 조정의 제한적인 영향력

미국의 경우 면세 혜택을 받는 연기금과 재단과 단체, IRA와 401k 등 세금 유예 혜택을 받는 계좌들이 전체 증시 시가총액의 약 절반에 해당하는 주식을 보유하고 있다. 미국 경제가 세계 경제에 차지하는 비중은 25퍼센트 미만이고, 미국 증시의 시가총액이 세계 증시 시가총액에서 차지하는 비중은 절반이 못 된다.[2] 그래도 미국과 해외 증시는 비교적 동조화된 움직임을 보이는 경향이 있다(43장). 따라서 미국의 세율 조정이 미치는 영향은 해외에서 발생하는 사건들의 영향에 의해 상당 수준 희석된다. 자본시장은 대단히 복잡하다는 사실을 잊지 말자. 세율 조정이 단기적으로 미국 투자자들에게 약간의 영향을 미칠 수 있다. 그러나 궁극적으로는 1981년 약세장과 1997년 및 2003년의 강세장처럼 미국 증시보다 더 규모가 큰 세계 증시를 움직이는 다른 더 큰 동인의 영향을 받을 수밖에 없다.

머지않아 자본이득세율이 인상될지 모른다. 그러나 그에 대한 우려는 세율 조정이 이루어지기 전에 대부분 시장에 반영될 것이다. 사람들은 오래전부터 세율 조정을 걱정해 왔다. 따라서 2010년이 끝나기 전에 세율 조정에 따른 매도 압력은 모두 시장에서 흡수될 것이다. 물론 이러한 예상이 빗나갈 수도 있다. 2011년의 장을 결정하는 것은 그보다 더 큰 힘든 일일 것이기 때문이다.

사람들은 언제나 세금에 대해 불평한다. 전국적인 현상이다. 그러나 세율 인하나 인상이 증시에 호재인지 악재인지를 보여주는 증거는 없다. 여러분은 개인적으로 세율 인하를 원하고 세율 인상을 싫어할지 모른다. 그렇다고 누가 여러분을 비난할 수 있단 말인가? 증시도 여러분이 뭘 좋아하든 그다지 신경 쓰지 않는다. 그러니 증시 투자를 할 때 세율 조정을 신경 쓸 필요가 없다. 임박한 세율 조정에 대한 현실이나 두려움을 근거로 매매 타이밍을 예측하려고 애쓰거나 시장을 낙관하거나 비관할 필요는 없다.

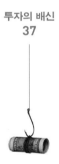

투자의 배신
37

유가와 주가는 반대로 움직인다

시장에 떠도는 속설도 유행을 탄다. 유가와 주가는 반대로 움직인다는 속설은 최근 몇 년 사이 인기를 끌다가 2010년 현재 다소 잠잠해졌다. 그러나 후에 유가가 빠르게 많이 오르거나 장시간 오르면 다시 고개를 쳐들 것이다.

사람들은 대개 고유가가 증시에 악재라고 믿는 경향이 강하다. 즉, 유가가 오르면 증시가 하락하는 식의 역상관관계가 성립한다고 믿는다. 그러나 이 믿음은 미신에 불과하다. 흥미롭게도 유가가 오를 때 이런 이야기를 더 자주 듣게 된다. 유가가 내리면 사람들은 모든 게 다 좋은 듯 아무 말도 하지 않는다. 장기적으로 보면 유가와 증시는 서로 무관한 관계라서 둘 중 하나의 움직임을 보고 나머지 하나의 움직임을 예측할 수가 없다. 이것은 입증이 가능하다.

유가가 소비의 순환에 미치는 영향

유가와 주가가 반대로 움직인다는 생각 역시 상당히 직관적이다. 우리는 유가가 상승하면 곧바로 그것을 나쁜 징조로 여긴다. 유가가 우리 삶에 막대한 영향을 미치기 때문이다. 기름이 없으면 식료품을 사러 가거나 출퇴근할 수 없다. 유가가 오르면 생활비가 올라간다. 연료비와 냉난방비가 올라가는 만큼 우리는 다른 부문에 대한 소비를 줄여야 한다. 그래서 경기는 둔화하고 기업의 이윤은 감소하니 이는 결국 증시에도 악재로 작용한다고 믿는다.

하지만 사고 범위를 세계로 넓히면 데이터를 분석하거나 역사를 확인해보지 않아도 이런 믿음이 멍청해 보인다. 이렇게 생각해보자. 세계 경제의 차원에서 보면 소비는 다 똑같은 소비일 뿐이다. 세계 경제는 소비자가 매달 100달러로 휘발유를 사든, 테니스화를 사든, 세무 상담을 받든, 반려견 장난감을 사든 신경 쓰지 않는다. 휘발유에 30달러를 쓰고 나머지에 70달러를 써도 총액은 100달러다. 유가가 올라서 휘발유에 40달러를 쓰고 나머지에 60달러를 쓴다고 해도 총액은 그대로다. 이 경우 정유사들이 좀 더 잘 벌게 돼서 그들 주가에도 좋은 반면에 다른 기업들은 상대적으로 덜 벌 것 같기도 하지만 반드시 그런 것도 아니다. 상품 수요의 막대한 증가로 물류가 늘면서 유가가 오르는 수도 있고, 다른 기업들이 혁신과 비용 절감 등을 통해 이익을 늘릴 수도 있기 때문이다. 이런 일은 늘 일어나기 마련이다. 자본주의는 놀라운 적응력을 갖고 있다! 다만 검증을 위해 잠시 경제적 현실을 무시해보기로 하자.

장기적으로 존재하지 않는 상관관계

사람들은 고유가가 경기를 둔화시키고 증시에 타격을 줄까 봐 걱정한다. 유가가 오를 때 증시가 내려가는 게 두렵다는 것이다. 그리고 유가가 하락하면 사람들이 다른 데 쓸 돈이 늘어나게 되므로 증시에도 호재일 수 있다고 한다. 그러나 최근의 역사를 살펴보면 그렇지 않다는 사실이 드러난다. 2001년 유가가 하락했을 때 경기침체로 증시도 같이 하락했다. 반면 2003년, 2004년, 2005년과 이후 2007년까지 줄곧 유가가 올랐지만 증시 역시 강세 기조를 이어갔다. 유가는 증시가 하락하기 시작한 2007년 말에도 계속 올랐다. 이후 미신처럼 2008년 6월까지 유가가 상승하는 동안 증시는 계속 하락했다. 그러다가 유가와 증시는 6월부터 그해 연말까지 동반 하락한 후 2009년 내내 동반 상승했다.

이러한 사실을 놓고 볼 때 유가와 증시 사이에 상관관계가 있다고 말할 수 있을까? 물론 가끔은 그렇다. 역상관관계를 맺을 때도 있고, 아무 관계를 맺지 않을 때도 있다. 그러나 장기적으로 보면 아무 관계도 성립되지 않는다. 이 점은 데이터를 보면 명확해진다. [그림 37-1]은 증시와 유가의 월간 수익률을 보여준다.

엑셀을 이용해서 쉽게 구할 수 있는 상관계수correlation coefficient는 두 변수 사이에 형성되는 상관관계의 정도를 나타내는 +1과 −1 사이의 수치다. 수치가 높을수록 강한 상관관계가 성립된다. 이때 유가와 증시는 같은 시간에 같은 정도로 같이 움직인다. 반면 −1에 가까운 수치는 역상관관계를 의미한다. 즉 유가와 증시는 반대로 움직인다. 끝으로 0에 가까운 수치는 아무 관계도 성립되지 않음을 의미한다. 이때 유가와 증시는 서로 각자 움직인다.

〔그림 37-1〕 유가와 증시의 월간 수익률

출처: 글로벌 파이낸셜 데이터, 서부 텍사스산 중질유의 배럴당 가격 기준

1980년 이후 증시와 유가의 상관계수는 −0.02다. 다시 말해 두 변수 사이에는 아무 관계도 성립하지 않는다. 미국 증시뿐만 아니라 영국, 독일, 일본, 세계 증시와 비교해도 마찬가지다. 그러면 이번에는 결정계수에 대해 살펴보자. 통계학에서 결정계수는 독립변수가 종속변수를 얼마만큼 설명해주는지를 가리키는 지표다. 일반적으로 R로 나타내는 상관계수를 제곱한 것과 같아 'R 제곱R-Squared'이라고도 불린다. 그리고 증시와 유가의 결정계수는 0퍼센트다. 다시 말해서 유가는 장기적으로 증시 움직임에 '전혀 아무런' 영향을 미치지 않는다. 재차 말하지만 '전혀 아무런' 영향도 없다.

그렇다면 유가가 특정 산업과 기업에 직접적인 영향을 미칠 수 있을까? 분명 그렇다. 특히 시추, 정제, 유통에 관계된 에너지 기업들의 실적은 유가에 큰 영향을 받는다. 그러나 산업 전반적으로 보면 유가와 증시는 긍정적이건 부정적이건 아무런 관계가 없다.

단기적 상관관계는 어디에나 있다

장기적으로 봤을 때 그렇다는 얘기다. 단기적으로 보면 유가와 증시는 아주 짧은 시간 강한 상관관계나 역상관관계를 가질 수 있다. 그러나 아무리 기이한 두 개의 변수라도 짧은 시간 동안은 설명하기 힘든 이유로 함께 내지 반대로 움직이는 게 가능하다. 가령 야구와 관련된 통계와 증시를 같이 묶더라도 단기적으로는 상관관계나 역상관관계를 찾아낼 수 있다. 굳이 야구가 아니더라도 증시와 전혀 상관이 없는 다른 어떤 생산 활동을 갖고도 일정한 관계를 찾아내는 게 가능하다. 그러나 이러한 관계는 아무런 의미를 지니지 못한다. 장담하건대 나이지리아의 강우량 통계와 나스닥 100 지수도 분명히 일시적으로는 그럴듯한 상관관계를 형성할 것이다. 그러나 현실적으로 무의미하기는 마찬가지다.

[그림 37-2]는 12개월 단위로 집계한 유가와 증시의 상관계수를 표시한 것이다. 상관계수는 위아래로 심한 변동성을 보여준다. 기준선 위는 상관관계 정도를, 아래는 역상관관계 정도를 나타낸다. 이 그림을 보면 1987년부터 1992년에 걸쳐 비교적 긴 기간 동안 역상관관계가 형성되었다. 그러나 역상관관계의 정도가 대단히 불규칙하다. 이 기간을 제외하면 순전히 무작위적인 변동성만 확인할 수

〔그림 37-2〕 유가와 S&P500의 상관관계

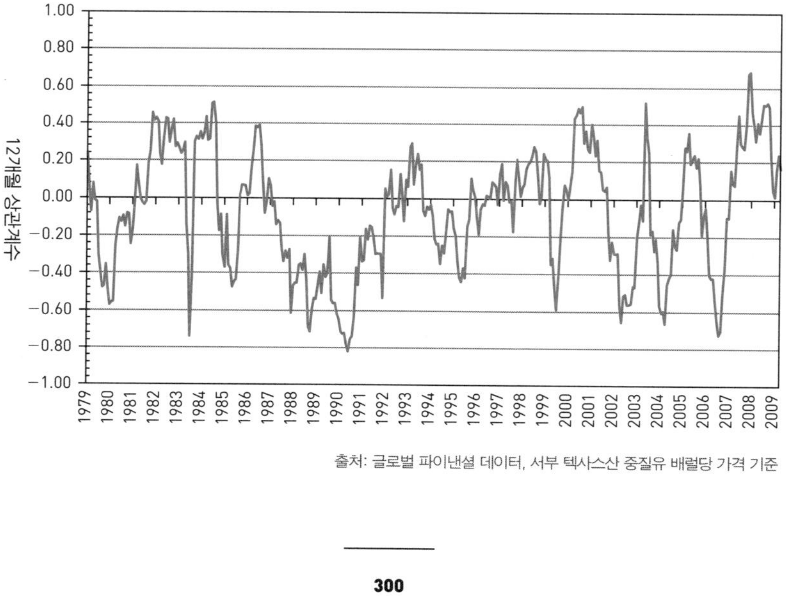

출처: 글로벌 파이낸셜 데이터, 서부 텍사스산 중질유 배럴당 가격 기준

있을 뿐이고 예측성은 존재하지 않는다.

그래도 사람들은 빈번하게 유가와 증시의 관계에 대해 생각할 때 인지적 오류에 빠져든다는 점이 흥미롭다. 특히 유가와 증시가 반대로 움직일 때, 즉 기준선 아래의 경우 이러한 믿음이 강화된다. 그러면 그들은 "봐라! 내 생각이 옳다는 게 입증됐다. 유가와 증시가 역상관관계를 가진다"라고 말한다. 혹은 유가와 증시가 역상관관계를 형성한 기간을 일부러 찾아낸 뒤 "봐라! 1987년부터 1992년 사이를 보면 내 생각이 옳다는 게 입증됐다!"라고 주장한다. 그러면서 나머지 기간을 외면해 버린다. 이러한 행동은 우리가 말했던 인지적 오류인 확증편향에 해당한다. 확증편향에 빠진 사람들은 유가와 증시가 개별적으로 움직이는 기준선 위의 데이터를 접하면 "유가와 증시가 항상 반대로 움직이는 건 아니다. 그러나 더 긴 기간의 데이터를 보면 그렇다는 걸 알 수 있다"라고 우긴다. 좋다. 그런데 우리는 방금 더 긴 기간의 데이터를 살폈다. 그리고 기간이 길수록 유가와 증시 사이에 아무 관계도 존재하지 않는다는 사실을 확인했다.

각기 다른 수요와 공급

유가는 주가와 마찬가지로 수요와 공급에 의해 결정된다. 때로 경기팽창에 따라 수요가 늘어나 유가가 상승한다. 이 경우 유가와 증시가 동반 상승하는 것이 전혀 이상하지 않다. 유가를 상승시킨 요인이 증시에도 영향을 미치기 때문이다. 그 반대의 경우도 성립한다.

혹은 예상하지 못했던 공급 차질로 유가가 상승할 수도 있다. 이러한 돌발적 사태가 경제나 증시에 반드시 좋은 일은 아닐 수 있다. 이 경우 유가와 증시가 반대로 움직일 수 있다. 공급 차질이 일시적이고 증시도 그 사실을 안다면 증시는 유가와 아무런 상관없이 움직일 것이다. 또한 경기가 갑자기 예상보다 호전됐을 때 유가와 증시는 종종 동반 상승한다. 증시는 경기의 영향을 받고 유가는 늘어난 에너지 사용의 영향을 받기 때문이다. 물론 반대의 상황이 전개되기도 한다. 그러나 유가의 향방을 안다고 해도 증시의 향방을 알 수는 없다.

유가와 증시는 공급 측면에서 본래 완전히 다른 동인의 영향을 받는다. 또한 수요 측면의 동인도 엄청날 정도로 많은데, 그들이 일부 겹치기도 하지만 대개는 그렇지 않다. 경제 시스템은 대단히 복잡하다. 그래서 장기간 유효한 "뭐가 올라가면 주식을 팔고, 뭐가 내려가면 주식을 사라"는 규칙 같은 건 없다.

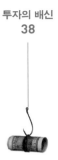

투자의 배신
38

팬데믹은 시장을 병들게 한다

2009년 3월, 사람들은 전 세계 약세장이 바닥을 쳤는지 단정할 수 없었다. 증시는 강하게 반등했지만 대규모 약세장에서 나타나는 일시적인 반등에 불과할 수도 있었다. 약세장에서 반등이 일어날 수 있지만 그것의 정확한 성격을 확실히 파악하기는 힘들다. 대개 약세장이 바닥을 치면 변동성이 엄청나게 커지고 사람들은 겁에 질려서 새로운 강세장이 형성되고 있다는 사실을 알지 못한다. 그리고 시장에는 언제나 두려워해야 할 일들이 있기 마련이다.

최근에는 소위 PIIGS로 불리는 포르투갈, 아일랜드, 이탈리아, 그리스, 스페인의 재정위기가 새로운 위협으로 등장했다. PIIGS는 이 5개 국가의 영어 머리글자를 따서 만든 용어다. 2010년까지만 해도 PIIGS의 부채 문제에 대해 걱정하지 않아도 됐다. 2009년 봄 우리는 PIIGS가 아닌 이와 발음이 같은 Pigs, 즉 실제 돼지들 때문에 골머리를 앓았다. 돼지독감이 퍼져 사람들까지 병들게 하고, 전 세계 경제 가동을 중단시킬 거란 팬데믹으로 인한 지구 종말론이 확산했기 때문이다.

내가 지금 이러한 문제들을 비교적 가볍게 언급할 수 있는 이유는 극소수의 사람들만 비극적인 사망을 맞이했고 그보다 더 많은 사람들은 병에 걸렸지만(모두 서글픈 일이다) 전 세계적으로 걱정했던 것만큼 심각한 위협이 현실화되지는 않았기 때문이다. 그러나 2009년 봄 당시 언론들은 이구동성 우리가 1957년이나 1968년, 심지어 더할 나위 없이 심각했던 1918년 스페인 독감과 맞먹는 끔찍하고 치명적인 팬데믹 상황에 처했을 수 있다는 추측성 보도를 끊임없이 내보냈다. 그리고 감염되거나 숨지는 사람들이 등장하자 이미 침체에 시달린 경기와 증시가 더 깊은 침체의 늪으로 빠질지 모른다는 두려움이 순식간에 퍼졌다. 또한 백신을 접종받기 위한 줄이 길게 이어졌고, 비행기 여행객들 사이에서는 수술용 마스크 착용이 유행처럼 번졌다.

팬데믹은 증시에 어떤 영향을 미쳤을까?

당시만 해도 사람들은 돼지독감이 일반적인 독감보다 약한 독감으로 그칠 것이라는 사실을 알지 못했다. 그래도 나는 돼지독감이 증시에 전혀 영향을 주지 못할 것이라고 예상했다. 어떻게 그렇게 예상했을까? 몇 가지 방법이 있었다. 팬데믹은 크게 번지거나 작게 번진다. 두 가지 경우를 모두 살펴보자. 대개 팬데믹은 크게 번지지 않고 끝나는데, 이 경우 증시에는 악재가 아닌 호재로 작용한다는 걸 직관적으로 알 수 있다. 임박한 악재에 대한 공포가 사라지면 언제나 증시 상승에 도움이 되기 때문이다. 초반에는 유행하는 질병에 공포를 느끼고 심각한 우려를 쏟아낸다. 그러다가 피해 규모에 대한 예상이 지나치게 부풀려진 것으로 드러나거나 인류가 천재성을 발휘해 위협에 맞설 혁신적인 약이나 백신을 개발하곤 한다.

예를 들어보자. 2003년 우리는 사스SARS(Severe Acute Respiratory Syndrome)로 불리는 '중증급성호흡기증후군'에 걸릴까 봐 공포에 질렸다. 기억하는가? 당시 중국을 다녀온 여행객들은 본국에서 격리 수용되었다. 갑자기 중학교 졸업 후 생물학을 까맣게 잊고 살았던 사람들이 코로나바이러스에 대해 떠들기 시작하면서 조만간 전 세계에 팬데믹이 돌 것으로 확신했다. 그러나 결과는 어떻게 되었나? 전 세계적으로 8,422명이 사스에 걸렸고 908명이 목숨을 잃었다.[1] 사망자가 나왔다는 것은 슬픈 일이다. 비극이 아닐 수 없다. 그러나 사람들이 우려했던 수준만큼은 아니었다. 사스로 인한 사망률은 737만 5,930 대 1이었는데, 이는 2009년 번개에 맞아 사망할 확률 정도에 불과했다. 물론 사스 환자의 치명률은 11퍼센트로 상당히 높았지만 당초 우려와 달리 사스는 사람 간에 쉽게 전염되지 않았고, 취약군은 닭 농장에서 일하는 사람들인 것으로 판명되었다. 처음 걱정했던 대로 전 세계를 휩쓸 수준의 팬데믹은 아니었다. 결과적으로 2003년에 세계 증시는 33.1퍼센트 상승했다.[2] 비관론을 불어넣었던 근거 없는 공포가 사라지면서 낙관론이 득세하며 억눌렸던 매수세를 되살린 것이다.

2005년과 2006년에는 조류독감이 유행했다. 조류독감도 사스와 비슷한 결과로 이어졌다. 병에 걸린 사람 수는 적었고, 사망한 사람은 더 적었다. 그리고 증시는 강하게 상승했다. 2009년 돼지독감으로 사람들이 너나없이 백신을 찾았던 해에도 증시는 상승세를 지속했다. 그래도 사스, 조류독감, 돼지독감이 모두 대규모 팬데믹으로 번지지 않았기 때문에 팬데믹이 증시를 하락시키지 않는다는 증거가 될 수 없다고 주장하는 사람들이 있을 것이다.

충분히 타당한 이의 제기다. 그렇다면 대규모 팬데믹이 일어난 경우를 살펴보자. 대표적으로 1918년의 스페인 독감을 예로 들 수 있다. 존 M. 배리John M. Barry가 쓴 《더 그레이트 인플루엔자The Great Influenza》를 보면 스페인 독감의 엄청난 피해에 대한 연구결과가 나온다. 또한 배리는 스페인 독감과 맞서 싸운 존스홉킨스 의과대학의 치열한 노력을 소개했다. 나는 존스홉킨스 의과대학의 1회 졸업생이었던 할아버지가 그 노력에 동참했다는 사실을 자랑스럽게 생각한다. 당시 세계는 스페인 독감 사태를 해결하기 위해 존스홉킨스 의과대학에 크게 의존했다.

지금처럼 신뢰할 만한 자료는 없지만 당시 전 세계적으로 5억 명이 넘는 사람들이 스페인 독감에 걸렸던 것으로 추정된다. 세계 인구의 약 3분의 1이 걸렸던 셈이다. 그중에서 20퍼센트인 1억 명 정도가 사망했다. 당시에는 의료진도 환자와 같이 죽어가는 상황이어서 선진국이라도 정확한 통계를 기대하기 어려웠다. 특히 사태가 절정에 이르렀을 무렵에는 공무원들조차 출근하지 않았기 때문에 집계가 불가능했다. 그래도 전 세계에서 엄청난 숫자의 사람들이 사망한 것만은 확실하다.

《더 그레이트 인플루엔자》를 읽어보면 당시의 심각했던 피해 규모를 짐작할 수 있다. 북극해 지역의 외딴 마을들과 태평양의 섬들, 그리고 아프리카 일부 지역처럼 항생제가 부족했던 곳은 특히 치명적인 타격을 받았다. 스페인 독감이 무서웠던 점은 경제를 이끌어가는 건강한 성인들이 많이 숨졌다는 것이다. 20대 중반의 젊은이가 아침까지 멀쩡하다가 오후에 갑자기 사망하는 경우가 많았다. 사망자 중 일부는 흑사병에 걸렸을 때처럼 온몸이 검게 변하기도 했다. 전 세계가 공포에 떨었다. 거리는 텅텅 비었고, 모든 모임은 취소되었다. 사람들은 외출할 때 반드시 마스크를 썼고, 다른 사람과 대화하기를 꺼렸다. 스페인 독감은 일종의 변형된 조류독감이어서 당시에는 마땅한 항생제가 없었다.

스페인 독감에 비하면 최근의 독감은 팬데믹 수준에 끼지도 못한다. 의학의 발달로 이제 바이러스는 더이상 치명적인 살상력을 발휘하지 못한다. 정부가 지나치게 간섭하지 않는 한 의학 분야의 혁신은 계속될 것이다. 보다 공영화된 의료체계가 어떨지 궁금하다면 아프리카나 영국, 프랑스, 캐나다의 의료 분야에서 얼마나 많은 혁신이 일어나는지 생각해보라.

다시 본론으로 돌아가서 치명적인 팬데믹으로 오랫동안 정상적인 생산 활동이 지장을 받았던 기간에 증시는 어땠을까? 언뜻 엄청나게 폭락했을 것 같지만 사실은 대단히 수익률이 좋았다. 증시는 스페인 독감이 절정에 달했던 1918년에 26퍼센트, 이듬해에 21퍼센트나 상승했다.[3] 이처럼 팬데믹은 우려하는 것만큼 증시를 하락시키지 못한다. 그러므로 투자에 관해서라면 팬데믹을 두려워할 필요가 없다.

물론 2009년 초처럼 팬데믹 발발과 증시 급락 시기가 겹치는 때도 있다. 그러나 증시를 급락시킨 주요인은 돼지독감이 아니었다. 2005년의 경우처럼 팬데믹에 대한 공포가 일시적인 조정을 불러올 수는 있다. 그러나 조정은 근거 없는 공포에 의해서도 일어난다. 펀더멘털이 아니라 투자심리에 좌우되는 것이 조정의 속성이다. 그래서 사람들이 공포의 실체를 깨닫는 순간 조정은 끝난다. 그러므로 앞으로 독감이 돌면 백신을 맞되 주식을 팔지는 말아라.

투자의 배신
39

소비자가 돈을 써야 경제가 회복된다

경기침체가 끝날 때마다 소비자들의 돈이 바닥 나서 경제가 회복하기 힘들 거라는 예상이 여기저기서 등장한다. 늘 그랬다. 소비지출이 미국 경제에 차지하는 비중이 절대적이라 소비자들이 돈을 쓰지 않는다면 경기가 끝장이 날 수밖에 없다는 논리다. 이 글을 쓰고 있는 2010년 현재도 미국 소비자들의 사망 선언이 계속해서 이어지고 있다. 경기침체가 끝날 때마다 같은 일이 반복되고 있지만, 전문가들은 자신들이 처음으로 이런 일을 생각해낸 듯 말한다. 문제는 그들은 자신의 생각이 틀렸다는 사실을 배우지 못했다는 점이다.

흥미롭게도 사람들은 반대로 미국 소비자들의 과소비가 위험할 정도여서 경제에 해를 끼칠 것이라는 불만을 드러내기도 한다. 그렇다면 미국 경제는 사람들이 소비할 때도 망하고 소비하지 않을 때도 망하는 것일까? 분명 둘 다 맞을 리는 없다. 그런데도 이러한 걱정이 얼마나 멍청하고도 모순되는지 충분히 고민하는 사람은 거의 없다.

소비지출이 미국 GDP의 71퍼센트를 차지하는 것은 사실이다.[1] 따라서 소비가 부진한 상태로 회복하지 못한다면 장기간에 걸쳐 경제에 악영향을 줄 수 있다. 그러나 경기침체가 계속되는 동안 소비지출 감소폭은 일반적으로 생각하는 것보다 훨씬 작다. GDP에서 차지하는 비중은 소비지출에 비해 상대적으로 작지만 경기에 가장 많은 영향을 끼치고, 훨씬 변동성이 큰 부문은 기업투자와 순수출이다. 다만 언론은 이 사실에 거의 주목하지 않는다.

구성요소별 GDP 변화폭 기여도

사람들은 경기침체 때 소비지출이 급감하지 않는다는 말을 쉽게 믿지 않는다. 그러나 사실이 그렇다. [그림 39-1]은 GDP가 고점을 찍은 후 바닥으로 내려온 2007~2009년 경기침체 당시 각 경기 구성요소의 기여도를 보여준다(NBER은 2007년 12월 경기침체가 시작된 것으로 보지만, GDP는 2008년 2분기에 이르러 정점을 찍고 2009년 2분기에 바닥에 도달했다). 보다시피 수입이 줄어들긴 했지만 오히려 GDP에 3퍼센트

〔그림 39-1〕 항목별 미국 GDP 기여도(2008년 2분기~2009년 2분기)

출처: 경제분석국

포인트 기여했다. 이 사실은 수입에서 수출을 뺀 순수출을 반영하는 GDP 산출방식의 문제점을 드러낸다. 즉, 수입 감소는 대개 경기 둔화의 신호이긴 하나 수출보다 수입 감소폭이 크면 순수출은 늘어남으로써 GDP는 늘어난다(48장). 정부지출의 GDP 기여도도 0.5퍼센트포인트를 기록했다. 이는 전혀 놀랄 일이 아니다. 누구나 경기가 침체에 빠지면 정부지출이 늘어난다는 사실을 알고 있다. 반면 주택투자의 기여도는 -0.8퍼센트포인트였다. 아마 부동산 시장의 붕괴를 다룬 언론 보도를 접했던 사람들은 이 영향이 생각보다 적은 데 놀랄 것이다. 한편 수출 기여도는 1.9퍼센트포인트, 기업투자는 그보다 큰 3.4퍼센트포인트로 각각 집계됐다. 반면 민간소비의 GDP

기여도는 -1.2퍼센트포인트에 그쳤다. 마이너스가 큰 편은 아니었고, 전체 감소에 기여한 비중도 크지 않았다.

이러한 양상이 특이한 것은 아니다. 소비지출은 사람들이 생각하는 것만큼 변동성이 심하지 않다. 오히려 소비지출이 GDP에 기여하는 비율은 보통 경기침체 때 올라간다. 이러한 사실은 반직관적으로 보일지 모르지만 그렇지 않다. 그러나 전체 경제 규모가 줄어드는 폭에 비해 소비 지출이 줄어드는 폭이 작으면 기여 비율은 늘어날 수밖에 없다. [그림 39-2]는 민간소비의 GDP 기여율을 보여준다. 시간이 지날수록 기여율이 올라갔지만 가장 눈에 띄는 점은 지난 다섯 차례의 경기침체 때 특히 많이 올라갔다는 점이다. 소비지출이 기업

[그림 39-2] 민간소비의 GDP 기여율 변화

출처: 톰슨로이터, 경제분석국

투자만큼 변동성이 크다면 이러한 일은 일어날 수 없다.

소비지출은 생각보다 안정적으로 움직인다

그렇다면 소비지출은 어떻게 안정적인 양상을 띨까? 이유는 단순하다. 우리의 소비 패턴에 대해 생각해보라. 많은 사람들은 '소비'하면 자동차, 외식, 여행, 보석을 떠올린다. 그러나 우리가 구매하는 것 중 다수는 치약, 약, 휘발유, 세무 상담처럼 일상적으로 필요한 상품과 서비스다. 우리는 경기가 나쁘면 자동차를 더 오래 쓰고, 여행을 취소하면서 허리띠를 졸라맨다. 그러나 대부분의 상품과 서비스는 여전히 소비한다. 물론 더 싼 브랜드로 대체하고 운전을 덜 할 수는 있다. 그래도 필수적인 소비를 중단하지는 못한다.

[표 39-1]은 GDP가 저점에 도달했을 때 민간소비를 구성하는 각 항목의 기여율을 보여준다. 보다시피 소비의 상당 부분은 서비스가 차지하지만(68.1퍼센트), 서비스 지출은 고작 0.2퍼센트 감소했을 뿐이다. 오히려 주거 및 공공 서비스와 의료, 기타 서비스에 대한 지출은 더 늘어났다. 기타 서비스에는 다른 범주로 묶기 애매한 법률 서비스, 인터넷, 학비, 미용, 세탁 등이 포함된다.

소비지출에서 두 번째로 비중이 큰 항목은 21.8퍼센트에 해당하는 비내구재다. 비내구재는 신발, 의류, 식품처럼 내구연한이 3년 미만인 상품을 말하며, 대부분 생활에 꼭 필요한 것들이다. 내구재 소

〔표 39-1〕 민간소비 구성항목의 GDP 기여율

	비중 (2009년 2분기)	실질 성장률 (2008년 3분기~2009년 2분기)
국내총생산		3.8%
민간소비 지출	100%	-1.7%
내구재	**10.1%**	**-8.8%**
자동차와 부품	3.0%	-8.8%
가구와 내구성 가정설비	2.5%	-10.0%
오락 용품과 차량	3.2%	-2.9%
기타 내구재	1.4%	-4.9%
비내구재	**21.8%**	**-2.7%**
포장 식음료	7.9%	-2.2%
의류와 신발	3.2%	-7.6%
휘발유와 기타 에너지 상품	2.8%	1.4%
기타 비내구재	8.0%	-2.6%
서비스	68.1%	-0.2%
서비스용 가구 소비 지출	**65.5%**	**-0.2%**
주거와 공공 서비스	18.7%	0.3%
의료	16.2%	2.1%
수송 서비스	3.0%	-4.8%
여가 서비스	3.8%	-1.7%
식품 서비스와 숙박	6.1%	-3.7%
금융 서비스와 보험	8.2%	-1.0%
기타 서비스	9.4%	1.1%
비영리단체 최종 소비 지출	**2.6%**	**-3.9%**

출처: 경제분석국

비는 2.7퍼센트 줄었다.

소비지출에서 가장 비중이 작은 항목은 내구재다. 내구재는 큰 비용이 들어가는 상품이라서 경기침체 때 심각한 타격을 받는다. 그래서 감소율이 가장 높지만 소비지출에서 차지하는 비중이 10.1퍼센트에 불과하다. 사실이 이러한데도 신문에서는 자동차 판매가 줄었다고 대서특필한다. 그러나 전혀 놀라울 게 없다. 경기침체 와중에 사람들은 대부분 자동차 구입을 보류한다. 물론 자동차 산업에는 긍정적이지는 않지만, 경제 전반에 치명적인 타격을 입힐 정도는 아니다. 소비 비중이 워낙 작기 때문이다.

그래도 언론은 소비자들이 지갑을 열지 않아서 경기회복이 더디다고 떠들어댄다. 그러나 소비지출은 경기침체 때도 급감하지 않기 때문에 원상 복구된다고 해도 경기회복에 결정적인 도움을 주지 못한다. 오히려 경기침체 때 크게 줄었다가 경기회복 초기에 크게 늘어나면서 많은 기여를 하는 것은 기업투자다. 그러나 이상하게도 기업투자에 주목하는 언론은 드물다. 지금도 언론은 소비 지출이 부진해서 경기회복의 발목을 잡고 있다는 잘못된 분석을 하고 있다. 게다가 경기회복이 시작된 2009년 3분기부터 2010년 1분기까지 기업투자가 무려 19.2퍼센트나 늘었다는 사실을 완전히 간과하고 있다.[2]

소비자가 미국 경제에 중요할까? 물론이다. 그러나 대부분의 사람들이 생각하는 것만큼 소비지출의 변화가 심하지는 않다. 따라서 소비지출 증가가 경기회복의 핵심이라는 믿음은 틀렸다.

투자의 배신
40

대통령의 임기와 증시는 아무런 관계가 없다

대통령 임기 중 어떤 해가 다른 해보다 더 오르는 식으로 성공 투자에 이르게 해줄 신뢰할만한 증시 패턴이 존재한다는 주장을 들어봤을지 모른다. 또한 1926년 이후 1935년, 1945년, 1955년처럼 5로 끝나는 해에 항상 증시가 올랐다는 말도 들어봤을 것이다. 너무 많이 퍼져서 안 들어본 사람이 없을 정도다! 그러나 이런 말이 주술과 다름없는 엉터리 지표이니 주의하라는 경고도 들어본 사람이 있을 것이다.

실제로 5로 끝나는 해마다 증시가 오른 것은 통계적인 우연에 불과하다. 1926년 이후 지금까지 5로 끝나는 해는 총 8번 있었다. 증시는 내리기보다 오르는 성향이 강하다는 점을 감안했을 때 최소한 3분의 2의 확률로 상승장이 나온다고 볼 수 있다. 따라서 앞면이 나올 확률이 3분의 2인 동전을 8번 던질 때마다 항상 앞면이 나오는 것에 베팅해도 전혀 비합리적이지 않다. 항상은 아니더라도 확률적으로는 그렇게 나오는 게 가능하다. 그래도 그것은 여전히 통계적인 우연에 불과하다.

그럼에도 불구하고 대통령의 임기와 증시 사이에 상관관계가 존재한다는 믿음은 주술에 불과하며 깨져야 할 신화다.

[표 40-1]은 역대 대통령과 소속당, 그리고 S&P500의 연수익률을 임기 첫해부터 마지막 해까지 정리해놓은 것이다. 이 표를 보면 대통령 임기 첫 두 해의 증시 평균 수익률이 부진하면서 변동성은 더 심해진다는 사실을 바로 알 수 있다. 그렇다고 해서 임기 첫 두 해의 수익률이 무조건 나쁜 것은 아니다. 상당히 좋은 수익률을 기록한 적도 있다. 단지 변동성이 심해서 몇 번의 큰 하락이 평균을 끌어내린 것뿐이다. 반면 나머지 두 해 동안은 다른 모습을 보인다. 평균 수익률도 훨씬 낫고 변동성도 낮다.

임기 3년 차의 S&P500 연평균 수익률은 17.5퍼센트였으며, 0.9퍼센트 하락한 1939년 이후 한 번도 마이너스 수익률을 낸 적이 없다. 4년 차 역시 수익률이 양호하다. 다만 마이너스 수익률이 난 해가 더 많고, 특히 2008년의 큰 하락이 평균을 많이 끌어내렸다. 그래도 대체로 일관되게 좋은 수익률이 유지됐다고 볼 수 있다. 이러한

〔표 40-1〕 역대 미국 대통령의 임기 중 증시 수익률

당선자	소속당	1년차		2년차		
쿨리지	공화당	1925년	N/A	1926년	11.1%	
후버	공화당	1929년	-8.9%	1930년	-25.3%	
루스벨트-초선	민주당	1933년	52.9%	1934년	-2.3%	
루스벨트-2선	민주당	1937년	-35.3%	1938년	33.2%	
루스벨트-3선	민주당	1941년	-11.8%	1942년	21.1%	
루스벨트/트루먼	민주당	1945년	36.5%	1946년	-8.2%	
트루먼	민주당	1949년	18.1%	1950년	30.6%	
아이크-초선	공화당	1953년	-1.1%	1954년	52.4%	
아이크-2선	공화당	1957년	-10.9%	1958년	43.3%	
케네디/존슨	민주당	1961년	26.8%	1962년	-8.8%	
존슨	민주당	1965년	12.4%	1966년	-10.1%	
닉슨	공화당	1969년	-8.5%	1970년	3.9%	
닉슨/포드	공화당	1973년	-14.7%	1974년	-26.5%	
카터	민주당	1977년	-7.2%	1978년	6.6%	
레이건-초선	공화당	1981년	-4.9%	1982년	21.5%	
레이건-2선	공화당	1985년	31.7%	1986년	18.7%	
부시	공화당	1989년	31.7%	1990년	-3.1%	
클린턴-초선	민주당	1993년	10.1%	1994년	1.3%	
클린턴-2선	민주당	1997년	33.4%	1998년	28.6%	
조지 부시-초선	공화당	2001년	-11.9%	2002년	-22.1%	
조지 부시-2선	공화당	2005년	4.9%	2006년	15.8%	
오바마	민주당	2009년	26.5%			
전체(연평균)		**5.9%**		**6.5%**		

	3년차		4년차		연평균 수익률	득표율
	1927년	37.1%	1928년	43.3%	N/A	54.1%
	1931년	−43.9%	1932년	−8.9%	−23.2%	58.2%
	1935년	47.2%	1936년	32.8%	30.7%	57.4%
	1939년	−0.9%	1940년	−10.1%	−6.4%	60.8%
	1943년	25.8%	1944년	19.7%	12.6%	54.7%
	1947년	5.2%	1948년	5.1%	8.5%	53.4%
	1951년	24.6%	1952년	18.5%	22.8%	49.5%
	1955년	31.4%	1956년	6.6%	20.6%	55.1%
	1959년	11.9%	1960년	0.5%	9.5%	57.4%
	1963년	22.7%	1964년	16.4%	13.4%	49.7%
	1967년	23.9%	1968년	11.0%	8.6%	61.1%
	1971년	14.3%	1972년	19.0%	6.7%	43.4%
	1975년	37.2%	1976년	23.9%	1.6%	60.7%
	1979년	18.6%	1980년	32.5%	11.7%	50.1%
	1983년	22.6%	1984년	6.3%	10.8%	50.7%
	1987년	5.3%	1988년	16.6%	17.7%	58.8%
	1991년	30.5%	1992년	7.6%	15.7%	53.4%
	1995년	37.6%	1996년	23.0%	17.2%	43.0%
	1999년	21.0%	2000년	−9.1%	17.2%	49.2%
	2003년	28.7%	2004년	10.9%	−0.5%	47.9%
	2007년	5.5%	2008년	−37.0%	−5.2%	50.7%
					단순 평균	
	17.5%		9.4%		9.5%	

출처: 글로벌 파이낸셜 데이터

패턴이 우연일까, 아니면 실질적이고 근본적인 이유가 있는 것일까?

예측 가능한 패턴과 근본적 동인

패턴은 언제나 형성된다. 따라서 무작정 패턴을 보고 돈을 걸어서는 안 된다. 건전한 펀더멘털에 기반한 패턴인지 확인할 수 없다면 일단 그것을 우연으로 치부해야 한다. 대통령 임기 중 나타나는 패턴에는 두 가지 근본적인 이유가 있다. 첫째, 7장에서 다뤘듯이 투자자들이 느끼는 손실의 고통은 수익의 기쁨보다 두 배나 커서다.

둘째, '정치'를 뜻하는 영어 단어 politics는 그리스어로 많음을 뜻하는 poli와 작은 진드기를 뜻하는 ticks에서 유래됐다. 정치인들도 원래는 진드기가 아닌 평범한 인간이었다는 사실을 추호도 의심하지 않는다. 그러나 정치판에서 3년을 구르다 보면 그들은 어느새 진드기의 영혼을 가진 자아도취에 빠진 흡혈귀처럼 변해버린다. 정치인들은 가진 에너지의 절반을 재선에 할애한다. 그리고 나머지 에너지의 절반은 재선에 필요한 자금 모금에 할애한다. 이 점은 하원의원이든, 상원의원이든, 혹은 왕 진드기 격인 대통령이든 다 똑같다. 나는 수십 년 동안 수많은 정치인들을 만나봤지만 끝까지 진정 인간다운 정치인을 단 한 명도 보지 못했다.

대통령은 당선되기 전부터 정치의 속성을 잘 간파하고 있다. 그렇지 않다면 애초에 당선되지도 못할 것이다. 제2차 세계대전 이후로 야당은 대체로 중간선거에서 하원의 경우 25석, 상원의 경우 2~3석 정도의 우위를 차지해왔다. 이러한 추세는 조지 부시 집권기인 2002년 선거에서 깨졌지만 2006년 선거에서 다시 이어졌다. 그래서 대통령들은 집권 1~2년 차에 가장 논쟁적인 법안들을 통과시켜야 한다는 사실을 안다. 야당이 과반수 이상을 차지하는 집권 후반기에는 현실적으로 법안을 통과시키기가 불가능하기 때문이다. 이러한 상황은 일종의 딜레마를 만들어낸다. 미국은 본래 중도적인 국가다. 그래서 대통령이 집권 초반에 논쟁적인 법안들을 강력하게 추진할수록 중간선거에서 더 큰 패배를 당할 가능성이 높다. 지금까지 모든 정권에서 이러한 현상이 나타났다.

그리고 이 법안들은 대개 부의 재분배에 대한 것이다. 다시 말해서 정부가 부자들에게 돈을 걷어 서민들에게 나누어주거나, 반대로 서민들에게 돈을 걷어 부자들에게 나누어주는 일에 대한 것이다. 이때 돈을 내는 쪽이 느끼는 고통은 받는 쪽이 느끼는 기쁨보다 두 배는 더 강하다. 그리고 이러한 과정이 언론을 통해 모두 공개되기 때문에 돈을 내지 않은 사람들도 다음에 내게 될까 봐 걱정한다. 집권 초반기에 정치적 위협이 강할수록 위험 회피 성향도 강해진다. 설령 법안이 통과되지 않더라도 논쟁 자체가 증시에 악영향을 미칠 수 있다. 정치적 위협이 자본시장에 쓸데없는 부담으로 작용하기 때문이다. 위험 회피 성향이 강해지면 전반적인 매수세가 줄어들면서 증시를 하락시킨다. 정치적 위협만으로 약세장이 오지는 않는다. 그러나 시장에 부담을 주기에는 충분하다.

정치인이 게을러야 시장이 행복하다

이러한 상황은 대통령의 임기 후반부에 달라진다. 여당은 이미 야당에 주도권을 내준 상태다. 또 레임덕으로 대통령이 할 수 있는 일이 줄어들고 대통령 자신도 그 사실을 안다. 게다가 자신의 재선 내지 여당 내 다른 후보의 다음 대선 승리를 지원해 정치적 유산을 이어가는 문제도 고민하기 시작한다.

갑자기 정치인들이 말로만 떠들어대고 법안 통과에 소극적으로 굴어도 되는 창의적 방법을 찾아낸다. 사람들이 느끼는 정치적 위협이 현저하게 줄어들면서 정치적 위협을 피하려는 움직임도 급속히 줄어든다. 이는 모두 증시에 도움을 준다. 우리의 정치문화에 뿌리박힌 이렇게 중요한 사회 현상을 제대로 이해하는 사람이 많지 않은 것 같다는 사실이 놀라울 뿐이다.

역사를 돌이켜보면 역대 정권의 대표적인 법안들은 모두 대통령 임기 1~2년 차에 통과되었다. 따라서 증시 입장에서는 3년 차가 가장 좋다. 4년 차에는 선거운동이 시작되면서 일단 뽑히면 추진할 온갖 법안에 대한 힌트가 나오기 마련인데 증시는 그런 상황을 반기지 않는다. 그렇지만 이때까지는 말로만 떠들 뿐 행동에 옮기는 경우가 많지 않다. 그랬다가 자칫 중도파 유권자들의 심기를 건드릴 수도 있기 때문이다. 미국에서는 선거에서 승리하기 위해선 중도파의 표를 얻어야만 한다. 진보적이거나 보수적 성향의 사람들만 만족시켜서는 이기지 못한다. 그래서 정치인들에게는 중도파의 환심을 사는 일이 대단히 중요하다. 어느 한쪽에 치우친 행동을 할수록 중도파의 심기를 불편하게 만들 수 있으므로 정치인들에게 득이 될 게 없다. 그러니 대통령 임기 4년 차에는 3년 차 때보다 증시의 평균 수익률은 낮지만 전체적으로는 양호한 꽤 높은 수익률을 나타낸다.

다시 말하지만, 평균만 보지 말고 평균을 구성하는 수치를 확인해야 한다. 임기 1~2년 차에는 증시의 평균 수익률이 낮다. 그러나 마이너스 수익이 나지 않는 해에는 크게 상승할 수 있다! 이 경우에도 집권 후반기와 마찬가지의 정치 역학이 영향을 미쳤다고 볼 수 있다. 즉, 집권 1~2년 차에는 보통 정치적 위험 회피 성향이 강하지만 시간이 지나 그런 성향이 줄어들면 증시 상승에 놀랄 만큼 큰 도움이 될 수 있다.

또한 증시에 영향을 주는 요인은 무수히 많다는 사실도 명심하라. 정치적 위협 회피 성향은 강력한 영향을 미치지만, 이것은 단지 한 가지 중요한 요인에 불과하다. 즉, 다른 요인들이 미국 정치계에 더 큰 영향을 미칠 수 있다. 가령 미국 경제가 세계 경제에서 차지하는 비중은 25퍼센트 미만이며,[1] 세계 증시는 미국 증시와 상관관계를 형성하는 경향이 있다. 그러나 세계 증시 상황을 살펴봤을 때 1939년 이후 대통령 임기 3년 차에 마이너스 수익률이 난 경우가 한 번도 없다는 점을 지적해 두는 것도 중요하다. 예를 들어, 2009년은 오바마 대통령의 임기 1년 차에 해당하는 해였다. 이 해에 미국 증시는 급락장 이후 크게 반등하는 세계 증시와 함께 높은 상승률을 기록했다. 이때는 세계 증시의 영향력이 결정적으로 작용했다고 볼 수 있다. 동시에 역대 민주당 대통령들의 임기 1년 차에는 증시가 크게 상승하여 평균 수익률을 끌어올리는 경향이 있다. 이처럼 항상 평균을 구성하는 수치들을 찬찬히 뜯어볼 필요가 있다(이와 관련해서는 42장 참조). 끝으로 미신처럼 보이는 속설들이 실은 미신이 아니라는 사실을 기억하자.

투자의 배신
41

특정 정당이 증시에 더 도움이 된다

사상적 편향에 쉽게 빠지는 투자자들이 부지기수다. 그래서 공화당 지지자들은 공화당 소속 대통령이 집권할 때 세상이 더 살기 좋아진다고 믿는다. 물론 민주당 지지자들의 생각도 마찬가지다. 또한 사람들은 자신이 지지하는 정당이 과거나 지금이나 미래나 증시에 더 도움이 된다고 생각한다. 역사적 데이터를 이리저리 짜맞춰서 민주당에 유리하게 보이거나, 공화당에 유리하게 보이게 만들 수 있다. 그러나 두 정당 중 누가 더 낫고 나쁜 건 없다. 어느 시기를 표본으로 삼느냐에 따라 다르게 보일 뿐이다. 특정한 정당이 증시에 더 도움이 된다는 생각은 사상적 편향이자 일종의 인지적 오류다. 앞서 말했듯이 인지적 오류는 투자자의 천적이다.

역사적으로 민주당 대통령들이 당선됐을 때의 증시 수익률이 공화당 대통령이 당선됐을 때의 수익률보다 평균적으로 약간 높았다. 그러나 통계학에서 가르쳐준 방식대로 두 정당의 집권기에 나온 가장 높거나 낮은 극단적인 수익률이 나온 해를 아무 의미가 없는 예외적이고 특이한 해로 간주하고 제외할 필요가 있다. 그런 다음 나머지 해들의 수익률을 따져보자. 통계적으로 서로 차이가 있는가, 아니면 일관적인가? 양극단의 예외적인 수익률이 난 해를 배제하면 공화당과 민주당 대통령 집권기 동안의 증시 평균 수익률은 거의 같다(40장).

게다가 대통령 집권기에 여당이 다수당이 된 때도 있고 야당이 다수당이 된 때도 있다. 이 경우 수익률에 다수당이 영향을 미쳤는지 대통령이 영향을 미쳤는지 판단하기 어렵다.

다만 투자자들이 느끼는 정치적 위협의 정도에 따라 임기 1년 차의 수익률과 임기 4년 차의 수익률에 큰 차이가 난다는 사실은 분명하다. 새로운 대통령이 취임한 첫해 수익률보다 선거를 앞둔 4년 차의 수익률이 훨씬 더 좋다. 나는 이것을 '대통령 임기 동안의 편차 presidental term anomaly'라고 부르겠다.

정당의 영향은 일시적이다

때로 대통령이 속한 당이 중요할 수도 있다. 대통령 취임 해인 임기 1년 차와 선거 해인 임기 4년 차가 그러한 경우다. 특히 집권당과 다수당이 바뀌는 해에는 정당의 영향력이 더욱 강해진다. 민주당 출신 대통령에서 공화당 출신 대통령으로 바뀐 해의 평균 수익률은 13.2퍼센트다(표 41-1). 그리고 그런 경우가 많지는 않더라도 상·하원 모두 다수당이 민주당에서 공화당으로 바뀌면 평균 수익률은 25.5퍼센트에 달한다. 이 정도면 의미 있는 결과라고 볼 수 있다. 그 이유가 무엇일까?

미국 투자자들의 정치적 성향을 보면 공화당 지지자가 민주당 지지자보다 약 두 배 더 많다. 또한 공화당은 대개 친시장적이고 친기업적인 정책을 추구한다. 선거철이 되면 공화당 정치인들은 친시장적인 공약을 내건다.

〔표 41-1〕 선거 결과와 S&P500 수익률

선거 결과(대선이 있는 해)	임기 1년차	임기 4년차
대통령 교체(공화당→민주당)	−2.8%	21.8%
대통령 교체(민주당→공화당)	13.2%	−6.6%
대통령, 다수당 교체(공화당→민주당)	−8.9%	52.9%
대통령, 다수당 교체(민주당→공화당)	25.5%	−3.0%

출처: 글로벌 파이낸셜 데이터

그래서 시장은 공화당이 정권을 잡거나 다수당이 되면 보다 낙관적인 태도를 취하는 경향을 보인다. 그래서 총선과 대선에서 공화당이 이기면 시장이 평균보다 나은 수익률을 기록한다.

반대로 민주당은 사회 복지를 강조한다. 그들은 공정한 사회를 약속하고, 그런 사회를 만들기 위한 정부의 역할 확대를 중시한다. 종종 그들의 정책은 반기업적이고 반시장적으로 간주된다. 이때 대부분의 투자자와 시장은 겁을 먹으면서 적극적 투자를 주저한다. 그래서 2008년처럼 민주당 대통령이 당선된 해에 증시는 2.8퍼센트 하락했다. 평년에 비해 훨씬 부진한 수익률이다. 다수당이 공화당에서 민주당으로 넘어간 해에도 역시 증시는 8.9퍼센트 하락했다.

임기 첫해의 수익률 역전

그러나 선거가 끝난 다음 해에 시작되는 대통령 임기 첫해에 반전이 일어난다. 한 마디로 모든 게 뒤바뀐다. 새로 취임한 대통령은 백악관에 입성한 첫날부터 곧바로 재선을 준비하기 시작한다. 드물게 다음 날 아침까지 기다렸다가 준비를 시작하는 대통령도 있을지 모르지만, 그렇게까지 기다릴 대통령이 있을지 의문이다.

신임 대통령은 자신의 지지기반이 흔들리지 않을 것임을 안다. 그에게는 4년 동안 대통령으로서의 권력이 보장된다. 보수적 성향의 공화당원이 갑자기 공화당 출신 대통령에게 등을 돌리고 민주당을 지지하거나 진보적 성향의 민주당원이 갑자기 민주당 출신 대통령에게 등을 돌려 공화당을 지지하는 일은 일어나지 않는다.

따라서 재선을 신경 쓰는 대통령은 오로지 중도파들의 환심을 사는 데 집중하면 된다. 결국 대선의 향방을 결정짓는 것은 중도파들의 표다. 그래서 대통령은 지지자들에 충성하는 듯한 말을 하면서도 다소 중도적인 행보를 보인다. 그는 처음 내세웠던 공약에서 물러나거나 중도파들의 마음을 가장 언짢게 만들 수 있는 정책들의 추진 수위를 낮춘다. 양당 대통령 모두 마찬가지다. 그렇지 않으면 금세 인기를 잃게 되기 때문이다.

그래서 임기 1년 차에 민주당과 공화당 출신 대통령들은 모두 선거운동을 할 때보다 중도적인 태도로 변신한다. 친시장적인 공약을 내걸었던 공화당 출신 대통령은 시장의 기대보다 못한 모습을 보인다. 시장은 실망하고, 임기 첫해 증시는 평균 6.6퍼센트 하락한다. 역사상 임기 첫해에 S&P500 지수가 하락하지 않은 공화당 출신 대통령은 아버지 부시가 유일하다(40장의 [표 40-1]).

그러나 대권이 공화당에서 민주당으로 넘어가면 시장은 프랑스식 사회주의 정책을 추진할까 봐 우려한다. 그러나 민주당 출신 대통령도 결국 정치인일 뿐이다. 그래서 그는 대권을 잡은 후에는 중도적인 모습을 보이면서 시장을 안심시킨다. 즉, 선거운동 중 시장이 걱정했던 행동을 자제한다. 시장은 긍정적인 반응을 보이면서 점점 더 안심하고, 민주당 출신 대통령의 임기 첫해에 증시는 평균 21.8퍼센트라는 높은 상승률을 보인다.

버락 오바마 대통령 때도 그랬다. 그의 당선 초기만 해도 잔뜩 겁을 먹었던 시장은 갈수록 긴장을 풀었다. 덕분에 그의 임기 첫해에 증시는 26.5퍼센트 올랐다.[1] 선거가 열린 전년도에 37퍼센트 하락한 것과 비교하면 엄청난 반전이라고 말할 수 있다.[2] 공화당원들은 오바마를 싫어했지만 그가 그들이 걱정했던 것보다 훨씬 온건한 정치를 하고 있다는 데에는 대체로 동의했다.

사실 민주당 출신 대통령의 임기 첫해에 증시는 거의 상승했다. 유일한 예외라고 하면 1977년에 지미 카터의 당선 이후 증시가 7.2퍼센트 하락했을 때다(표 41-2). 아마 그는 충분히 중도 노선을 걷지 않았던 것 같다. 일각에서는 그가 똑똑한 대통령이었지만 현실을 배우는 속도가 늦었다고 말한다. 그래서였는지 그는 연임에 실패했다. 어쨌든 역대 대통령들의 임기 첫해에 증시가 가장 부진한 모습을 보였지만 민주당 출신 대통령의 경우는 그럭저럭 괜찮았다.

〔표 41-2〕 역대 민주당 출신 대통령의 임기 첫해 S&P500 수익률

대통령	임기 첫해	S&P500 수익률
루스벨트-초선	1933년	52.9%
트루먼	1949년	18.1%
케네디/존슨	1961년	26.8%
존슨	1965년	12.4%
카터	1977년	-7.2%
클린턴-초선	1993년	10.1%
오바마	2009년	26.5%

출처: 글로벌 파이낸셜 데이터

정치적 편향이 나쁜 건 아니다. 사람들은 대체로 정치적으로 편향된 사고를 한다. 개인적으로 나는 양당 정치인들 모두 마땅치 않게 생각하지만, 사람들이 공화당이나 민주당을 지지하는 것을 전혀 나쁘게 보지 않는다. 특정 정당을 지지하는 것은 프로 스포츠팀의 팬이 되는 것과 같다. 각자 응원하는 팀이 있고, 미워하는 팀이 있기 마련이다. 이러한 감정은 공동체 의식을 심어준다. 그러나 투자할 때는 정치적 편향에서 벗어나야 한다. 자칫 정치적 편향 때문에 증시를 움직이는 근본적인 힘을 보지 못할 수 있다.

공화당이 증시에 도움이 될 때도 있고 안 될 때도 있다. 민주당 역시 마찬가지다. 선거 결과가 투자심리와 증시 수요에 미치는 영향과 시기를 파악해놓으면 좋다. 그러나 단지 지지하는 정당이 선거에서 이겼거나 졌다고 해서 시장을 낙관하거나 비관해서는 안 된다. 이러한 태도는 응원하는 스포츠 팀의 경기 결과에 따라 투자하는 것과 같다. 그런 식의 투자가 성공하리라 믿는 것이 바로 미신이다!

투자의 배신
42

지나치게 상승하면 반드시 하락한다

잘못된 투자 결정을 내리게끔 유도하는 문제가 단 하나뿐이고 그것이 뭔지 진단하기도 쉽다면 인생은 훨씬 더 단순해질 것이다. 그러나 인간의 두뇌는 자본시장 투자처럼 반직관적이고 비정상적인 뭔가를 고민할 때 걷잡을 수 없을 만큼 복잡해진다. 이 문제를 집중적으로 연구하기 위해 등장한 게 행동심리학이자 행동경제학이다.

행동심리학과 행동경제학이 공통으로 다루는 주제는 고소공포증이다. PER는 그것이 몇 배인지와 상관없이 어떤 합리적 시간 내에 주가 수익률을 예측할 수 있게 하지 않는데도 우리 뇌는 높은 PER

를 보면 질겁하며 고소공포증을 느낀다(26장). 이런 생각이 틀렸다는 걸 알려주는 결과가 나오더라도 PER가 지나치게 높은 것 같다는 느낌은 머릿속에서 급락에 대한 공포를 불러일으킨다. 이런 공포에서 벗어나기 위해 장기 수익률을 확인하는 것도 한 가지 방법이다.

배율의 차이로 인한 착각

[그림 42-1]은 1926년부터 2010년까지 이어지는 S&P500 총수익 지수Total Return Index 차트다. 이 차트는 일부 투자자들, 특히 현재 증시가 비합리적일 정도로 높으며 반드시 급락할 것이라고 믿는 투자자들을 공포에 떨게 만든다. 일단 차트를 확인해보자. S&P500은 오랫동안 상당히 꾸준히 상승하다가 1990년 무렵부터 지속불가능하게 보일 정도로 급등했다. 너무 오르니 공포심이 생긴다! 증시가 너무 엄청나게 오른 나머지 1929년의 폭락은 그래프에서 표시도 나지 않을 정도다.

보이는 것에 속아서는 안 된다. 1990년 무렵부터 시작된 이 '무시무시한' 상승은 초장기간 동안의 수익률이 누적된 결과일 뿐이다. 그래도 많은 사람들은 증시가 너무 빨리, 너무 많이 올랐기 때문에 역사적 기준으로 엄청났던 2007~2009년 약세장보다 더 크고 오래 지속될 폭락장이 나타날 것이라는 걱정을 떨쳐내지 못한다.

그렇다면 이제 [그림 42-2]를 보자. 이 그래프는 전혀 무섭거나

[그림 42-1] S&P500 총수익지수 차트

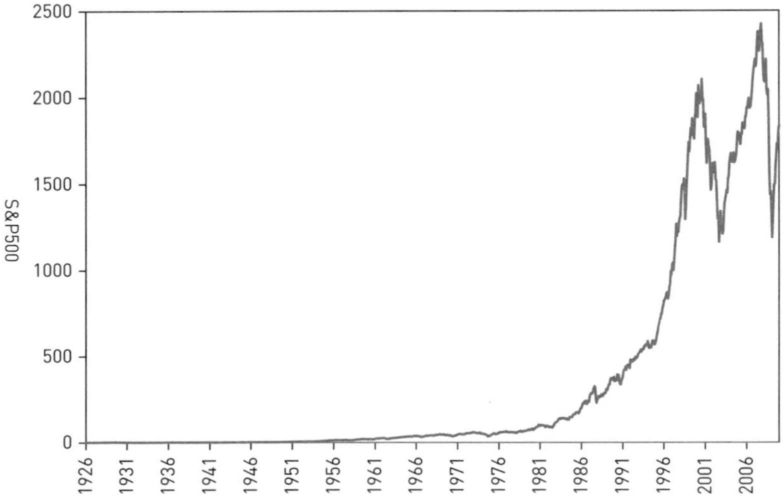

출처: 글로벌 파이낸셜 데이터

심하지 않고 합리적인 장기 수익률처럼 보인다. 그러나 [그림 42-1]과 [그림 42-2]는 1926년부터 2009년 말까지의 S&P500 전체 수익률이라는 정확히 똑같은 데이터를 보여주고 있다. 유일한 차이라고는 적용한 '배율scale'뿐이다.

[그림 42-1]은 선형 배율linear scale을 적용한 차트다. 선형 배율은 단기 수익률을 표시할 때 적절하다. 그러나 장기 차트에 적용하면 포인트 변동폭이 그대로 반영되기 때문에 현실과 다른 양상으로 나타날 수 있다. 가령 100포인트에서 200포인트로의 이동이 1,000포인트에서 1,100포인트로의 이동과 같은 양상으로 나타난다. 모두 100포인트가 움직였지만 두 변화는 실제 시장에서는 엄청

〔그림 42-2〕 로그 배율로 표시한 S&P500 장기 차트

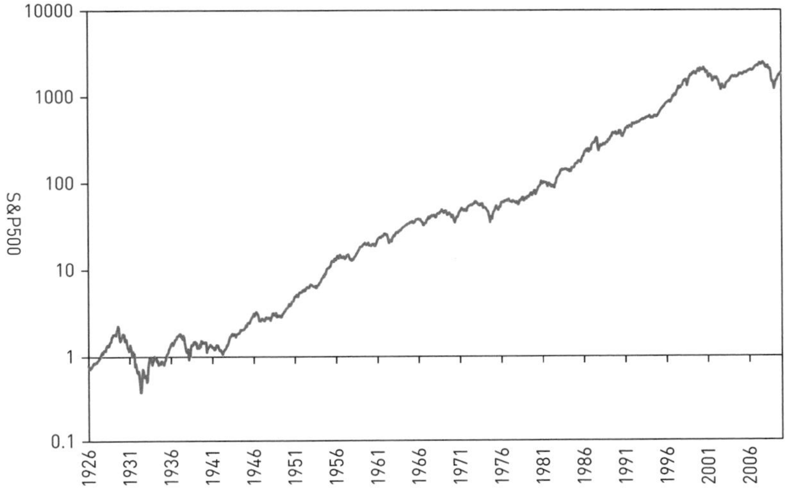

출처: 글로벌 파이낸셜 데이터

난 차이다. 100포인트에서 200포인트로의 이동은 무려 100퍼센트, 즉 두 배 상승이지만 1,000포인트에서 1,100포인트로의 이동은 10퍼센트 상승에 불과하기 때문이다. 따라서 선형 배율로 1926년 이후 S&P500 장기 주가지수를 표시하면 지수 수준 자체가 예전보다 높아서 최근 상승률이 엄청난 것처럼 보인다. 그러나 1990년부터 2009년까지 연평균 상승률은 사실 7.8퍼센트로 1926년부터 1989년까지의 연평균 상승률인 10.2퍼센트보다 낮았다.[1] 그 이유는 2000년대에 두 번의 대형 급락장이 나왔기 때문이다. 그렇지만 [그림 42-1]을 보면 초기 수십 년 동안의 전체 상승률보다 후기 상승률이 훨씬 더 커 보인다. 아이러니하지 않은가?

반면 [그림 42-2]는 로그 배율logarithmic scale을 적용한 것이다. 장기 수익률을 표시할 때는 로그 배율이 더 적당하다. 로그 배율은 포인트가 아닌 퍼센트의 변화를 반영한다. 그래야 장기적인 지수 변동 규모를 제대로 파악할 수 있기 때문이다. 이 경우 100포인트에서 200포인트로의 이동과 같은 규모로 표시되려면 1,000포인트에서 2,000포인트로 이동해야 한다. 그래야 투자자가 실제로 체감하는 변화를 반영할 수 있다.

결국 배율이 문제다. 따라서 적절하게 데이터를 읽는 방법을 배우는 게 중요하다. 올바른 배율을 적용하는 건 일반적인 미신 타파 수단의 하나다. 그래야만 대부분의 사람들이 느끼는 고소공포증에서도 벗어날 수 있다. 그리고 장기적으로 증시는 생각보다 훨씬 더 꾸준히 상승해 왔다는 사실을 알 수 있다.

Debunkery

Part 5

미국 증시만으로론 충분하지 않다

미국인은 지나치게 물질에 집착하고 시끄럽고 자만심이 강하다는 비판을 종종 듣는다. 프랑스에서도 영어만을 고집할 정도니 그런 비판도 일리가 있긴 하다. 그러나 미국인을 욕하는 외국인들이 간과하는 사실은 미국인과 그들이 서로 닮은 점이 생각보다 훨씬 많다는 것이다. 무엇보다 미국 투자자들이건 프랑스, 일본, 케냐 투자자들이건 모두 다른 나라 시장 투자를 생각하지 못한다는 공통점이 있다. 투자자들은 모두 자기 나라 증시에만 국한해 생각한다. 이 말을 들으면 미국인은 "우리는 미국 증시만으로도 충분히 크기 때문에 굳이 다른 나라 시장에 투자할 필요가 없다"라고 반박한다. 그러나 나는 미국 증시에만 투자할 생각이 없다. 여러분도 그래야 한다.

무엇보다도 여러분의 포트폴리오와 투자자로서의 사고가 자국 내로 제한되어서는 안 된다. 미국의 경제가 전 세계 경제에서 차지하는 비중은 25퍼센트도 되지 않는다.[1] 미국 시장이 아무리 크다고 해도 75퍼센트에 달하는 해외 시장의 영향을 받지 않을 수 없다.

세계는 생각보다 훨씬 긴밀한 상관관계를 맺고 있는다. 이러한 상관관계는 과거 수 세기에 걸쳐 존재해왔다. 이런 사실을 모르는 사람들이 많다. 따라서 세계 시장을 무시하는 투자자는 포트폴리오를 더욱 잘 운용할 수 있는 좋은 기회들을 잃는 것이다(43, 44장).

더 넓은 세계를 고려하지 않아 생기는 중대한 오해들이 많다. 삐

딱한 선입견으로 세계를 보다 투자 실수를 저지르는 사람들도 있다. 역사를 확인하면 미신 타파에 큰 도움이 되지만 세계적인 시각을 가져도 더 깨끗하고 쉽게 세상을 보는 눈이 생긴다.

사람들은 미국 정부와 국민들의 부채가 과도하다고 떠들어댄다. 부채가 어떤 용도로 어디에 쓰이는지, 과다한 수준이 어느 정도인지를 두고 논란이 있을 수 있겠으나 역사적인 맥락뿐만 아니라 세계적인 맥락 속에서 미국의 부채 문제를 바라보면 이런 우려를 금세 해소할 수 있다. 그것을 45~47장을 통해 확인할 수 있다. 사람들은 미국을 깎아내리는 걸 좋아해 미국이 경제적 · 재정적 측면에서 다른 나라와 유사하며, 미국이나 그들이나 모두 재난에 직면하지 않았다는 사실을 모른다. 이 문제 역시 45장과 48장에서 살펴볼 것이다.

세계적 차원에서 조망하면 미국을 비롯한 모든 나라의 경제적 삶이 선명하게 드러난다. 그런 차원에서 보면 전 세계적 폭력이 자본시장을 마비시킬 수 있다는 두려움이 누그러지고(50장), 오해를 부르는 대표적인 경제지표인 GDP를 둘러싼 혼란도 완화된다(49장).

세상을 두루 돌아다니지 않아도 세계적인 시각을 얻을 수 있다. 세상을 보다 밝은 눈으로 바라볼 수 있다면 다른 사람들보다 훨씬 유리한 입장에 서게 될 것이다.

투자의 배신
43

해외 증시와 미국 증시는 별개로 움직인다

해외 투자라는 말만 들어도 부담스러운가? 해외 주식은 너무 낯설게 느껴지는가? 여러분만 그런 것이 아니다. 수많은 미국 투자자들이 해외 증시를 완전히 무시한다. 그들은 해외 주식이 본질적으로 더 위험하다고 생각한다. 그러면서도 무엇보다 위험하다는 건지는 말하지 않는다. 이 생각은 무료로 구할 수 있는 정보와 역사적 자료를 통해 반박할 수 있다. 해외 주식과 채권 투자가 미국 주식과 채권보다 더 위험할 이유가 없다. 오히려 포트폴리오의 절반을 해외 주식에 투자하는 것이 효율적인 분산투자 방법일 수도 있다.

포트폴리오의 절반을 해외 주식에 투자하는 것이 무모해 보이는가? 그렇지 않다. 미국 증시의 시가총액은 단일국가로는 세계 최대 규모지만 선진국 시장 전체 시가총액의 약 49퍼센트밖에 차지하지 않는다.[1] 전 세계 시가총액과 비교하면 그 비중은 약 43퍼센트로 줄어든다.[2] 다시 말해, 미국 증시에만 투자하면 분산화의 혜택뿐만 아니라 세계 증시가 제공하는 기회의 절반을 놓치게 된다는 뜻이다.

과거에는 미국 증시에만 투자하고 해외 증시를 무시하는 것도 타당한 면이 있었다. 해외 주식 투자 시의 거래 수수료가 높았고, 해외 기업의 투명성도 신뢰할 수 없었기 때문이다. 그러나 지금은 인터넷으로 미국 주식만큼 쉽게 칠레 주식에 투자할 수 있다. 또한 주식예탁증서ADR(American Depository Receipts)를 활용하면 환율 위험도 피할 수 있다. 그리고 선진국뿐만 아니라 신흥시장도 상장기업에 표준회계기준을 적용한다. 따라서 프랑스나 브라질 기업 ADR이나 미국 주식 중 무엇을 사건 회계와 보고기준은 대체로 비슷하다.

미국과 해외 증시의 오랜 동조화

해외 증시가 실제로 투자하기 더 위험하다면 수익률의 변동성도 클 것이다. 그러나 사실은 그렇지 않다. 미국과 해외 증시는 사람들이 생각하는 것보다 더 긴밀한 상관관계를 맺는다. 이러한 현상은 수세기 동안 지속되었다. 나는 《90개 차트로 주식시장을 이기다》에서 미국과 해외 증시의 오랜 동조화 현상을 증명하는 여러 차트를 제시했다. 우리는 글로벌 경제 시대에 살고 있다. 미국 증시에 영향을 미치는 거시적 힘은 해외 증시에도 영향을 미친다.

[그림 43-1]은 S&P500과 MSCI EAFE(유럽, 호주, 극동) 지수의 연수익률을 대조해 미국과 해외 증시 상승률을 보여주고 있다. 이 그림에서 대체로 두 지수가 비슷하게 움직이는 모습을 볼 수 있다. 변동폭의 차이는 있지만 반대 방향으로 움직이는 경우는 드물다. 다시 말해 미국 증시가 하락할 때 해외 증시도 하락한다. 정도의 차이만 있을 뿐이다. 가끔 서로 반대로 움직일 수도 있지만 그건 단기적인 현상에 그친다. 해외 증시에 대한 양호한 데이터를 구할 수 있

[그림 43-1] S&P500과 MSCI EAFE의 연수익률

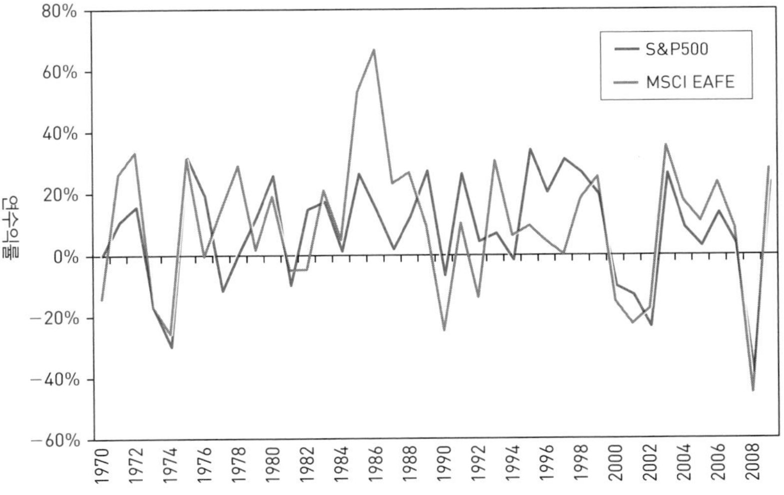

출처: 톰슨로이터, MSCI[4]

는 1970년부터 지금까지 S&P500의 연수익률은 10퍼센트, MSCI EAFE의 연수익률은 미국 달러 기준으로 9.4퍼센트다.[3] 결과를 보면 앞으로 장기적으로 어느 한쪽이 더 낫거나 위험하다고 믿을 이유는 없다. 다만 두 시장에 모두 투자하면 한쪽에만 투자하는 경우보다 변동성이 줄어든다. 따라서 분산투자를 할 가치가 있다.

세계 증시에 두루 투자하면 분산화를 통해 근본적으로 위험을 줄일 수 있다. 많은 사람들은 미국이 사회적·정치적 문제 때문에 패권국가의 지위를 잃을지 모른다고 우려한다. 근거가 있든 없든 이러한 우려가 있다면 더욱 세계적으로 폭넓게 투자하는 게 합리적이다.

가능한 한 광범위한 지역에 투자하지 않으면 위험 관리 기회를 놓치는 셈이다. 해외 증시에 투자해도 얻을 게 없다는 미신은 44장에서 자세히 다룰 것이다. 미국과 해외 증시 사이에는 분산화로 인한 혜택을 누리기에 충분한 차이가 존재한다. 따라서 해외 증시를 외면하지 말고 적극적으로 투자하라.

투자의 배신
44

미국 증시에 분산투자하면 충분하다

43장을 읽었다면 해외 증시가 미국 증시보다 근본적으로 더 위험하거나 덜 위험하지 않으며, 장기적으로 비슷한 수익률을 기록한다는 사실을 알았을 것이다. 그러나 위험과 장기 수익률에 큰 차이가 없다면 굳이 해외 증시 투자를 해야 할 이유는 무엇일까? 위험 관리와 수익 창출이라는 두 가지 목적을 이루기 위해서다.

장기적으로 미국과 해외 증시가 매우 비슷한 수익률을 보여주는 건 맞다. 역사적으로 내내 그런 양상을 보였다. 그러나 가치주 대 성장주나 대형주 대 소형주, 혹은 기술주 대 에너지주 등 다른 모든 범

〔그림 44-1〕 S&P500과 MSCI EAFE의 수익률 비교

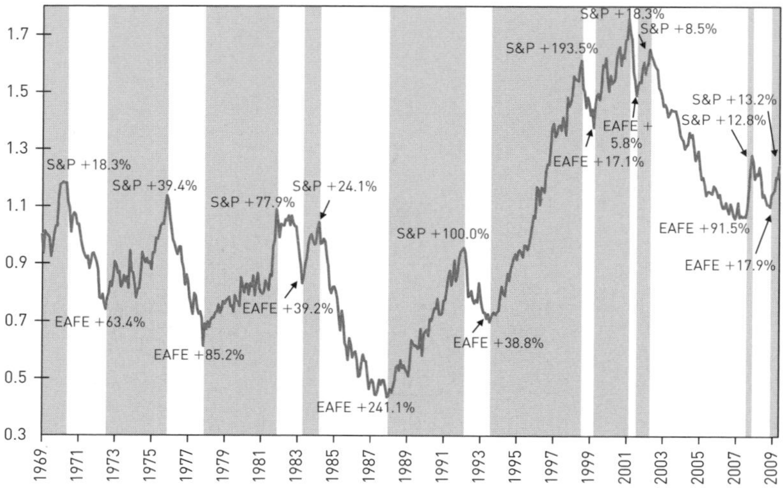

출처: 톰슨로이터, MSCI[1]

주들과 마찬가지로 3~7년 정도의 시간을 두고 보면 한 범주의 수익률이 다른 범주의 수익률을 앞지를 수가 있다.

[그림 44-1]은 S&P500 수익률을 MSCI EAFE 수익률로 나눈 수치를 그래프로 보여준다. 이 그림에서 선이 우상향 모양이면 미국 증시 수익률이 해외 증시 수익률을 앞질렀다는 뜻이고(회색으로 표시), 우하향이면 미국 증시 수익률이 해외 증시 수익률에 뒤처졌다는 뜻이다(흰색으로 표시). 그림을 보면 곧바로 알겠지만, 흰색으로 표시된 부분과 회색으로 표시된 부분의 오르고 내리는 모양이 거의 같지만 몇 년 동안 어긋나는 기간이 있다.

앞서거니 뒤서거니 하지만 같은 방향

1970년 이후 미국과 해외 증시는 서로 앞서거니 뒤서거니 하면서 불규칙한 움직임을 보였다. 때로는 미국 증시의 수익률이 오랫동안 큰 차이로 해외 증시의 수익률을 앞지르기도 했다. 가령 1990년 중반부터 후반 사이 미국 증시 수익률은 193.5퍼센트로 해외 증시 수익률보다 높았다.[2] 반대로 해외 증시 수익률이 더 높을 때도 있다. 1980년대에는 해외 증시 수익률이 241.1퍼센트로 미국 증시 수익률을 훨씬 앞질렀다.[3]

그러나 초장기적으로 보면 미국과 해외 증시의 수익률은 대체로 비슷한 수준이었다. 1970년 이후 지금까지 S&P500와 MSCI EAFE의 연수익률은 각각 10퍼센트와 9.4퍼센트로 큰 차이가 없었다.[4] [그림 44-1]을 보고 미국과 해외 증시가 반대 방향으로 움직인다고 착각해서는 안 된다. 미국과 해외 증시는 대체로 같은 방향으로 움직였다. 단지 움직임의 폭에 차이가 있었을 뿐이다.

미국 주식만으로 포트폴리오를 구성한 투자자는 1990년대에는 상당한 만족감을 느꼈겠지만 1980년대와 2000년대 상당 기간 더 높은 수익률을 올릴 기회를 놓치고 말았을 것이다. 따라서 앞으로도 미국 증시만 고집하다가는 오랜 기간 상대적으로 부진한 수익률에 머물 수 있다. 어차피 미국과 해외 증시의 장기 수익률이 비슷하고 서로 번갈아 가며 더 나은 수익률을 올린다면 둘 다 투자하지 않을 이유가 어디 있는가? 둘 다 투자하면 장기 수익률을 더욱 안정적으로 유지할 수 있다.

해외 증시를 무시하면 또 다른 수익률 창출 기회도 잃게 된다. 해외에 투자함으로써 훨씬 더 폭넓은 선택 기회를 누릴 수 있다. 시장 분석을 통해 해외 증시 수익률이 미국 증시 수익률보다 높을 것이라는 확신이 들면 해외 증시 비중을 늘릴 수 있다. 그렇다고 해외 증시에 '몰빵'해서는 안 된다. 포트폴리오 내 투자 비중은 55~60퍼센트, 혹은 65퍼센트 정도가 적당할 것이다. 이 경우 예상이 적중해 해외 증시 수익률이 더 높으면 전체 포트폴리오의 수익률도 좋아질 것이다. 예상이 빗나가서 해외 증시 수익률이 미국 증시 수익률보다 뒤지더라도 여전히 미국 증시 투자 비중이 적지 않기 때문에 큰 피해를 입지는 않는다. 그리고 업종이나 국가 혹은 규모와 스타일 등 더 좁은 범주 내에서도 포트폴리오를 적절히 조정할 수 있지만, 해외에 투자한다면 도움이 되는 더 많은 선택지를 얻게 된다. 시장 움직임을 항상 맞추는 게 아니라 맞추는 횟수를 못 맞추는 횟수보다 늘리는 게 최종 목표다. 이는 곧 수익률 향상으로 이어진다.

분산해야 위험도 분산된다

해외 증시 투자는 위험 관리 측면에서도 유리하다. 현대 포트폴리오 이론의 핵심은 다양한 성격의 투자상품에 골고루 투자하는 분산화를 통해 전반적인 변동성 위험을 줄이는 것이다. 분산화의 범위는 넓을수록 유리하다.

투자 범위가 넓으면 업종, 규모, 스타일, 국가 관련 위험을 더 많이 분산시킬 수 있기 때문이다. 이렇게 나누더라도 여전히 변동성을 겪으며 손실을 볼 수 있을까? 물론이다. 전 세계 어떤 주가지수도 시장의 위험을 완전히 분산시켜 줄 수는 없다. 그래도 광범위한 종목에 분산 투자함으로써 변동성에 따른 위험을 줄이는 효과를 볼 수 있다. 금융이론에 따르면 그렇다.

미국과 해외 증시의 장기 수익률이 비슷한 수준으로 나오는 이유는 뭘까? 10장을 읽어보면 그 이유를 알 수 있다. 수익률을 높이고 위험을 적절하게 분산하여 관리할 수 있는 기회를 외면해서는 안 된다. 그냥 해외 증시에 투자하면 된다. 간단하다.

투자의 배신
45

국가 부채는 미국의 미래를 어둡게 만든다

좌파건 우파건 중도파건 정치적 입장이 어떻든 상관없이 모두가 미국의 국가 부채가 상당한 수준이라는 데 동의한다. 아울러 끔찍할 정도로 많은 국가 부채가 지금의 미국 경제뿐만 아니라 앞으로도 큰 부담으로 작용할 수 있다는 사실에도 동의한다.

이렇게 국가 부채에 거부감이 있는 사람이라면 2009년 경제를 살리기 위한 대규모 경기부양책 재원을 마련하느라 국가 부채가 급증한 걸 보면 졸도했을지도 모른다. 부양책이 적절한 대응 방안이었는지, 부양책이 잘 가동되고 있으며 재정이 효율적으로 집행되고 있는지는 더 따져봐야 할 문제일지 모른다. 과거나 현재나 정부지출은 언제나 엉망으로 쓰인다. 그러나 경기를 부양하려면 돈을 전혀 쓰지 않는 것보다 멍청하게라도 쓰는 편이 낫다. 어쨌든 2009년 말 미국의 국가 순부채는 GDP의 약 53퍼센트에 이르렀으며, 최근 증가폭이 가팔라졌다는 사실을 부정하기는 힘들다.[1]

대규모 국가 부채의 역사

그렇다면 이 정도 부채 수준이면 얼마나 나쁜 것일까? [그림 45-1]은 미국의 GDP 대비 국가 부채 비율을 보여준다. 보다시피 현재 이

〔그림 45-1〕 GDP 대비 국가 부채 비율

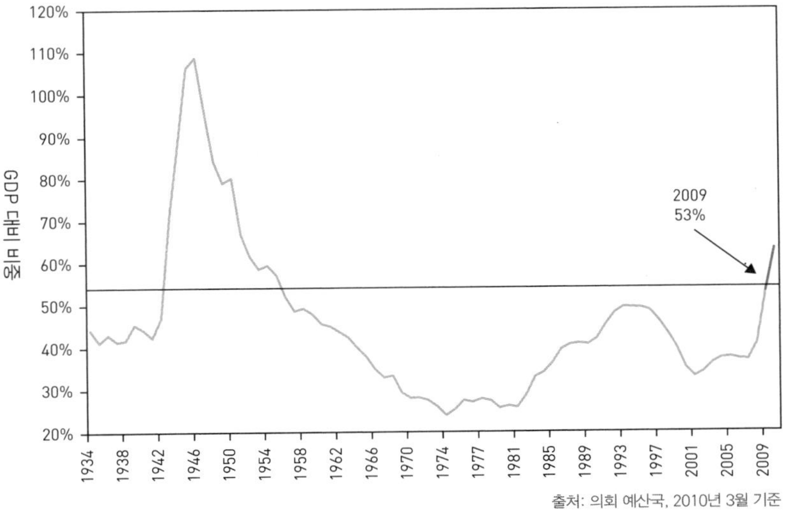

출처: 의회 예산국, 2010년 3월 기준

비율이 높은 편이기는 하나 전반으로 경기가 활황이고 증시가 많이 상승했던 1991년부터 1998년 사이 어느 해에 비해서도 크게 높지 않다.

게다가 제2차 세계대전 이후인 1943년부터 1955년 사이 GDP 대비 국가 부채 비율은 109퍼센트로 지금보다 훨씬 높았다. 물론 이때는 전쟁 비용을 대느라 국가 부채가 급증한 것이기는 하다. 사람들은 전쟁 비용을 대기 위한 국가 부채는 평화 시 국가 부채와는 다르게 인식한다. 전자는 당위의 문제지만 후자는 선택의 문제라고 생각하는 것이다. 그러나 경제는 국가 부채의 목적이나 도덕성 여부에 대해 신경 쓰지 않는다. 다만 빌리고 쓸 돈이 늘어나는지 여부만 중요할 뿐이다. 늘어난 돈이 사람들의 손을 거칠 때마다 거래가 일어나고 돈이 돌면서 경제가 활성화된다. 게다가 1940년대 후반과 1950년대 초반은 국가 부채 비율이 높았지만 미국 경제에 특별히 문제가 있었던 때로 기억되지 않는다.

아이러니하게도 제2차 세계대전 전인 대공황기에 국가 부채는 더 낮았지만 경제 상황은 참혹할 정도로 나빴다. 그리고 심지어 국가 부채가 급증한 1950년대 이후에도 경제 상황이 크게 나쁘지 않았다. 따라서 국가 부채 수준이 높다고 해서 반드시 경제가 파탄에 이른다고 말할 수 없다. 이 점은 지금도 마찬가지다.

외국의 국가 부채는 더 심각하다

미국의 국가 부채에 대한 우려를 해소하는 간단한 방법은 해외와 역사로 눈을 돌리는 것이다. 우선 무려 1700년 이후부터 GDP와 국가 부채 통계를 작성하고 있는 영국 사례를 살펴보기로 하자. [그림 45-2]는 영국의 GDP 대비 국가 부채 비율이다.

역사적으로 영국의 GDP 대비 국가 부채 비율은 미국보다 훨씬 높았지만 영국 경제는 대체로 잘 굴러갔다. 특히 1725년부터 1875년 사이는 현재 미국처럼 영국이 경제적·군사적 패권을 장악한 황금기였다. 산업혁명도 이때 일어났다. 1830년에 시작된 산업혁명은

(그림 45-2) 영국의 GDP 대비 국가 부채 비율

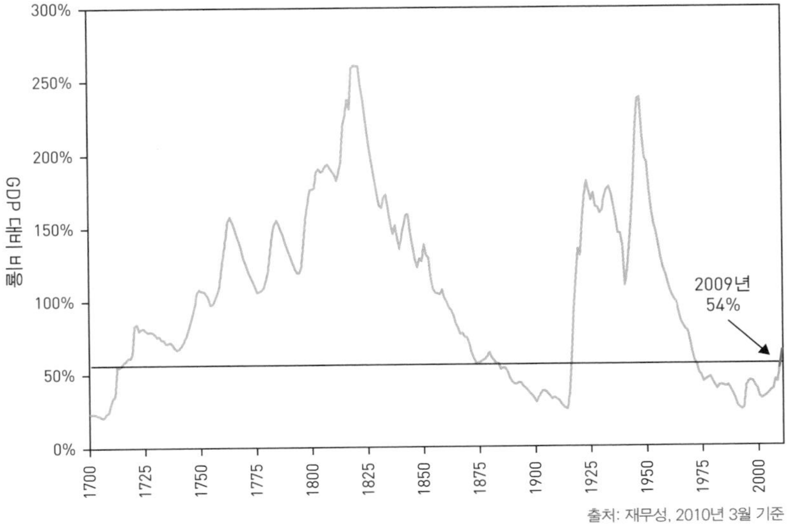

출처: 재무성, 2010년 3월 기준

이후 유럽과 미국으로 수출되었다. 당시 영국이 세계를 선도한 것이다. 하지만 이 150년 동안 내내 영국의 국가 순부채는 현재 미국의 국가 순부채보다 많았다. 또한 1750년부터 1850년까지 100년 동안에도 GDP 대비 국가 부채 비율은 100퍼센트 이상이었다. 심한 경우 현재 미국의 국가 부채 비율보다 네 배나 더 높은 250퍼센트를 상회하기도 했다.

영국이 패권국가이던 시절은 정보가 펜으로 작성되어 말과 배로 느리게 전파되었으며, 세계는 지금보다 훨씬 덜 개방된 상태였다. 물론 경제개발 수준도 지금보다 훨씬 뒤처져 있었다. 그러나 당시 영국은 현재 미국보다 네 배나 더 높은 수준의 국가 부채를 지고도 혁신을 주도하면서 세계 경제를 이끌었다. 심지어 나폴레옹 전쟁 Napoleonic Wars(1797~1815년 프랑스 혁명 당시 프랑스가 나폴레옹 1세의 지휘하에 유럽의 여러 나라와 싸운 전쟁의 총칭 – 옮긴이 주)의 부담까지 감수하면서 말이다. 당연히 미국도 현재 수준 혹은 그 이상의 국가 부채를 충분히 감당할 수 있다. 물론 국가 부채가 더 늘어나는 것이 바람직한 일은 아니다. 단지 현재 수준이 사람들이 생각하는 것만큼 심각하지는 않다는 말이다.

사람들은 대개 해외 자료나 역사 자료를 확인하지 않는다. 다른 선진국들만 해도 미국보다 높은 수준의 국가 부채를 진 시기가 많았지만 망하지 않았다. 그렇다면 2008년 과다한 국가 부채로 촉발된 그리스의 위기는 어떻게 된 것이냐고 묻는 사람들이 있을 것이다. 당연히 과다한 국가 부채는 문제가 될 수 있다. 그러나 나는 역사적으로 미국을 비롯한 선진국들에게 '과하다'고 확실하게 규정할 수 있는 국가 부채 수준이 어느 정도인지 찾지 못했다. 그리스 위기는 채무를 이행하지 못할 수도 있다는 우려에서 촉발되었다. 내가 보기에 이는 근거 없는 우려다. 과거 그리스는 GDP 대비 현재보다 두 배나 높은 비율의 이자를 지불하면서도 생존했다. 문제는 부채가 아닌 부진한 경기다. 경기가 조금만 활성화되면 국가 부채 문제는 말끔히 해소될 것이다.

2010년 현재 금리는 기록적으로 낮은 수준이다. 심지어 그리스의 금리도 마찬가지다. 그리스에 필요한 일은 부패와 사회주의적 정책을 줄이고 보다 친시장적인 정책을 추진하는 것이다. 그러면 경제 규모가 성장하면서 GDP 대비 국가 부채 비율도 낮아지게 된다. 그리스의 위기는 무리한 복지정책의 실패에 따른 것이다.

결론적으로 2010년 현재 미국의 국가 부채는 걱정할 만한 수준이 아니며, 문제가 되는 수준에 이르지 않고도 금액적으로 더 늘어날 여지가 있다. 해외 자료와 역사 자료를 살펴보면 현재 미국의 국가 부채를 우려할 필요가 없다는 사실이 명확해진다. 46장에서 현재의 국가 부채 수준이 전혀 경제에 부담을 주지 않는다는 점을 밝힐 것이다. 미국의 국가 부채가 위험한 수준에 이르렀다는 생각은 미신이다.

투자의 배신
46

미국은 국가 부채를 관리할 수 없다

앞장에서 말했듯이 미국의 국가 부채가 너무 많다고 불평하는 사람들이 많다. 실제로 국가 부채가 많기는 하지만 크게 문제될 게 없는 이유가 하나 있다. 부채를 갚는 데 드는 비용이 사람들이 걱정하는 것만큼 높지 않기 때문이다. 2010년 현재 미국 정부가 내야 하는 이자는 최근 역사와 비교해서도 적은 편이다.

2009년 말 현재 미국 정부는 매년 3,000억 달러가 넘는 돈을 이자로 지급해왔다. 얼핏 엄청나게 많은 금액처럼 들리지만 꼭 그런 것만은 아니다. 역시 맥락은 무시한 채 무시무시하게 큰 숫자만 보고 속는 또 다른 사례다. 미국의 경제 규모가 워낙 크다 보니 이자로 내는 돈도 엄청나게 커 보일 수 있다. 이처럼 '큰' 숫자가 조장하는 미신을 깨는 방법대로 이자가 감당 가능한 수준인지를 따져보면 된다. 즉, GDP 대비 비율을 확인해보면 된다.

[그림 46-1]은 GDP 대비 순부채의 이자 비율을 보여준다. 놀랍게도 미국의 국가 부채 규모가 크게 늘었지만 이자 비율은 약 2.2퍼센트 정도로 과거에 비해서 크게 높지 않은 수준이다.

현재 이자 비율은 1980년대와 1990년대 두 차례의 강세장이 있었던 1979년과 2002년 사이보다도 낮으며, 1950년대와 1960년대에 비해서도 크게 높지 않다. 또한 증시와 경제가 활황이었던 1984년부터 1996년까지는 GDP 대비 이자 비율이 지금의 두 배에 가까웠다.

[그림 46-1] GDP 대비 이자 비율(1980년 이전 기준)

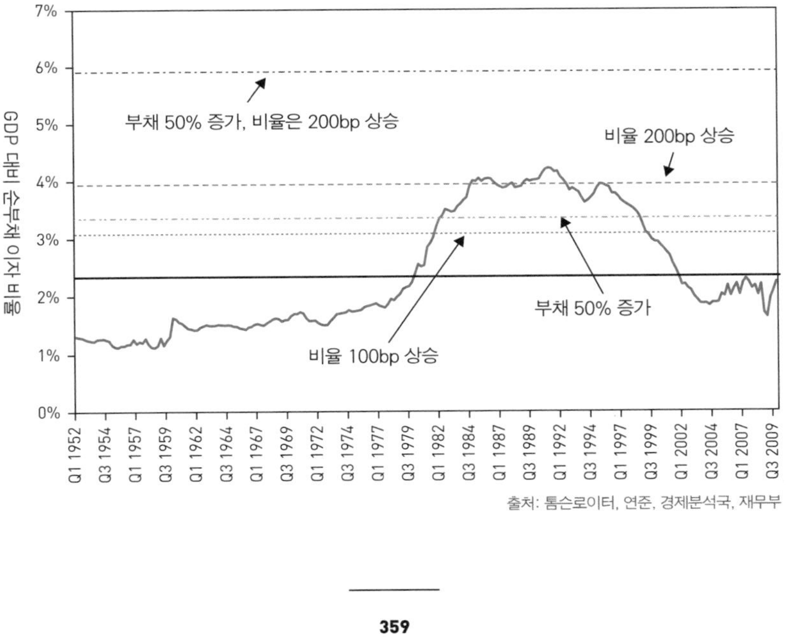

출처: 톰슨로이터, 연준, 경제분석국, 재무부

낮은 금리와 낮은 비용, 이유가 있다

부채 규모는 큰데 이자 비율은 그렇게 낮은 이유는 무엇일까? 무엇보다 통상적으로 생각하는 것만큼 미국 경제 규모에 비해 부채 규모가 그렇게 크지 않기 때문이다(45장). 금리도 역사적 저점에 머물고 있다. 1980년대 초반 이후 전 세계 금리는 하향 추세를 이어가고 있다. 이자 비율이 1980년과 1999년 사이보다 낮은 GDP의 3퍼센트까지 높아지려면 장기 부채 전반에 걸쳐 적용되는 금리가 평균 1퍼센트포인트는 올라야 한다. 지금과 같은 저금리 상황에서 GDP 대비 부채 규모가 50퍼센트 증가해도 여전히 이자 비율은 3.5퍼센트를 밑돈다. 이 정도면 문제가 될 만한 수준이 아니다.

국가 부채가 급증하고 있어 걱정하는 사람들도 있지만 아무리 부정적으로 생각해봐도 가까운 미래에 GDP 대비 부채가 50퍼센트 증가할 가능성은 거의 없다. 증시 랠리가 펼쳐졌던 1984년부터 1996년 사이의 부채 수준으로 돌아가려고 해도 금리가 2퍼센트포인트나 올라야 한다. 다시 말해 현재 국가 부채에 적용되는 금리는 아주 낮으며 완벽히 감당할 수 있는 수준이다. 부채가 과거의 호경기 시절의 수준까지 가려면 금리가 상당히 올라야 한다.

금리가 그만큼 오를 수 있을까? 당연히 가능성은 존재한다. 그러나 세계적인 추세를 보면 당분간 그렇게 될 가능성은 매우 낮다. 미국의 금리는 지난 30년 동안 세계 금리와 거의 완벽하게 보조를 맞추며 하락했다. 따라서 미국의 금리가 오르려면 세계 금리도 같이 올라야 한다. 물론 내 예상이 틀릴 수도 있다. 그러나 1970년대에 세계적인 초인플레이션과 초고금리를 촉발한 통화 정책 같은 실수가 반복되지 않는 한 저금리 기조는 이어질 것이다. 다시 말하지만 이러한 예상이 빗나갈 수도 있다. 앞으로 금리는 2009년부터 2010년에 걸친 기록적으로 낮은 수준이 유지되기보다는 높아질 가능성이 높다. 그러나 금리 조정에는 시간이 걸린다. 또한 경제가 성장하면 GDP 대비 이자 비중도 줄어들기 마련이다.

국가 부채가 많다는 게 좋은 일은 아니다. 그러나 많은 사람들이 걱정하는 것만큼 아직 이자 부담이 크지 않아 문제가 안 된다. 적어도 당장 경제가 난리가 날 정도는 아니다. 적절한 자료를 갖고 제대로 비교해보면 자명해진다. 세계적 상황을 고려해볼 필요도 있다.

투자의 배신
47

중국이 보유한 엄청난 미국 국채는 약점이 된다

희곡 《욕망이라는 이름의 전차A Streetcar Named Desire》의 극적인 마지막 장면에서 블랑쉬 뒤부아Blanche DuBois는 정신병원 의사에게 "저는 항상 낯선 사람들의 친절에 의지하며 살아왔어요"라고 말한다. 이 말은 외로움과 상처를 겪으며 살아온 사람만이 내뱉을 수 있는 말이다. 하지만 그녀의 말은 제정신인 사람이 하는 말로 들리지 않는다. 대체 낯선 사람들에게 의지하며 살아야 할 이유가 뭐란 말인가?

아이러니하게도 미국인들 중에 미국도 낯선 누군가에 의지해 버티고 있다고 생각하는 사람이 많다. 미국엔 부채, 그것도 끔찍할 정도로 부채가 많은데(이런 생각이 틀렸다는 걸 앞선 45장에서 확인했다), 부채를 해외 국가들이 사들이고 있다는 것이다. 그것도 다름 아닌 중국이!

그들의 논리는 이렇다. 중국과 다른 나라들이 방만한 과소비를 일삼는 미국 경제를 떠받쳐주고 있다는 것이다. 그것도 순전히 호의로. 말하자면 일종의 자선을 베풀고 있다는 것이다. 그렇게 해주는 이유는 미국이 계속 자국 제품을 사게 만들어 무역흑자를 유지하고 미국은 차곡차곡 쌓이다 나중에 터질 수 있는 무역적자로 인해 불리한 처지에 내몰리게 만들기 위해서란 것이다(절대 그렇게 되지 않으리란 건 다음 장을 보면 알 수 있다). 외국이 미국의 엄청난 부채를 손가락만 까딱하면 쏠 수 있는 머리에 들이댄 권총처럼 이용하고 있다는 것이다. 그런데 만약 그들이 잔혹하게도 방아쇠를 당겨버리면 어떻게 될까? 더 이상 미국 국채를 사는 대가로 돈을 빌려주지 않고 모조리 처분해 버린다면? 미국은 순식간에 망하고 마는 것일까?

이 문제를 둘러싼 논쟁은 2009년 내내 뜨거웠다. 미국이 경기침체 극복을 위해 재정 부양책을 쓰면서 재원 조달을 위해 국채 발행을 늘리자 달러가 유로나 위안화에 기축통화로서의 지위를 내줄지 모른다는 우려 섞인 말들이 끊임없이 흘러나왔다.

투자는 자선 사업이 아니다

기관이든 국가든 심지어 개인이든, 모든 투자자는 미 국채를 나름의 계산에 따라 사들인다. 미국에 선의를 베풀기 위해 투자하는 것이 아니다. 그들이 미 국채에 투자하는 목적은 자신의 이익에 부합한다고 생각하기 때문이다. 입장을 바꿔 여러분이라면 어떻게 하겠는가? 회사의 대주주나 남을 위해 주식에 투자하는가? 단지 선의로 투자하는가? 자선단체에 기부할 때 그것을 전통적 의미의 투자로 생각하지는 않을 것이다. 그건 말 그대로 자선활동이기 때문이다. 여러분은 자신의 목표를 달성하려고 투자한다. 즉, 일정한 위험을 감수하는 대신 최대한 많은 이익을 얻기 위해서다.

중국 역시 다르지 않다. 중국은 어느 나라 국채든 마음대로 사들일 수 있고 또 실제로도 그렇게 사고 있다. 그러나 다른 나라의 국채 시장은 미국 국채 시장만큼 규모가 크지 않다. 게다가 중국은 2005년 위안화 환율을 달러에 고정시키는 페그제를 철폐하기 전까지 오랫동안 달러에 위안화 환율을 연동시켜왔다. 이러한 환율 제도를 유지하려면 충분한 달러 표시 자산을 보유해야 한다. 그들은 이 자산이 최대한 안전하게 유지되기를 바라기 때문에 가장 대표적인 안전자산인 미국 국채에 투자해온 것이다.

중국이 보유한 막대한 미 국채에 대한 우려는 사실 부질없다. 미 국채의 최대 보유자는 다름 아닌 미국 정부이기 때문이다. [그림 47-1]은 미 국채 보유현황을 보여준다. 보다시피 약 37퍼센트의 국채는 사회보장·메디케어Social Security and Medicare 신탁 펀드를 위시한 수백 곳의 미국 정부기관이 보유하고 있다. 미국 정부가 직접 지고 있는 부채에 대해서는 걱정할 필요가 없다. 주정부, 연기금, 기타 지방 정부가 국채의 5.7퍼센트를 보유하고 있다. 캘리포니아 주정부가 미국 국채를 보유하고 있다고 해서 걱정하는 사람은 없을 것이다. 캘리포니아와 관련한 다른 이유로 걱정하는 건 합당하지만, 미국 국채를 보유했다고 걱정할 필요는 없다.

개인, 기업, 자선단체, 은행, 뮤추얼펀드, 헤지펀드를 비롯한 미국 국내 투자자들이 보유한 국채도 27.7퍼센트에 이른다. 많은 투자자들이 안전자산으로서 국채를 선호한다. 물론 국채 투자로 높은 수익률을 올리기는 어렵고, 장기적으로 보면 주식이 대체로 더 나은 수익률을 제공한다. 그러나 국채는 미국 정부가 원금 상환과 이자 지급을 보증한다. 따라서 안전하게 돈을 지키고 싶다면 그리스 국채가

〔그림 47-1〕 미 국채 보유현황(2009년 12월 31일 기준)

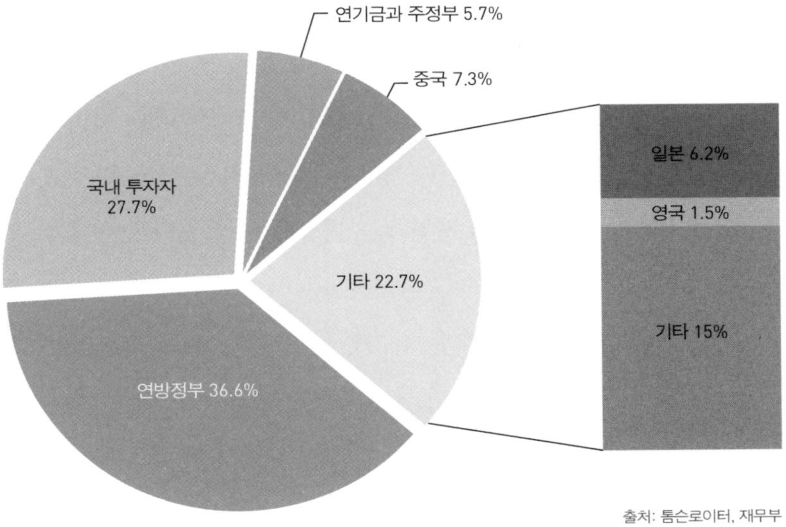

출처: 톰슨로이터, 재무부

아닌 미국 국채를 사야 한다. 그리스 국채는 위험이 큰 만큼 높은 수익률을 노리고 사는 것이다.

이처럼 미 국채의 70퍼센트는 미국 정부와 투자자들이 보유하고 있다. 외국 보유분은 30퍼센트에 불과하다. 그중에서 중국이 차지하는 비중은 7.3퍼센트다. 흥미로운 점은 일본의 보유 비중도 중국과 비슷한 6.2퍼센트지만 누구도 그에 대해 불평하지 않는다는 것이다. 일본이 미 국채를 처분할 것이라고 걱정하는 사람도 없다. 그렇다면 중국에 대해서만 걱정할 특별한 이유가 있는 것일까? 미련한 걱정에 지나지 않는다. 수학적으로 일본이 팔고 중국이 사거나 그 반대라면 전체 시장에는 아무런 차이가 없다. 이는 누구나 아는 사실이다.

영국은 약 2퍼센트의 미 국채를 보유하고 있다. 이 사실은 모두가 편안하게 받아들인다. 영국은 미국의 좋은 친구이기 때문이다. 또한 룩셈부르크(0.7퍼센트), 멕시코, 태국, 인도(0.3퍼센트), 이스라엘(0.1퍼센트)의 보유 비중을 신경 쓰는 사람도 없다. 중국, 일본, 영국, 룩셈부르크 등은 기꺼이 미 국채를 사고 보유한다. 그들은 다른 나라의 국채를 살 수도 있고, 실제로 산다. 단지 물량이 훨씬 적을 뿐이다. 그들은 선의가 아니라 나름의 정책 목표를 달성하기 위하여 미 국채를 산다.

시간이 지나면 미 국채 보유 국가들이 바뀐다. 과거 일본은 중국보다 많은 미 국채를 보유했다. 3년 후에는 어떻게 변할지 모른다. 어떤 국가에서 갑자기 미 국채를 많이 사들일 수도 있다.

국채 매수자들이 금리가 마음에 안 들어 매도에 나서는 일도 일어날 수 있겠으나 지금 미국 국채에 대해서는 만족해하리라고 본다. 물론 내일 마음이 바뀔 수도 있다. 중국이 변심해서 대량 처분에 나선다면 이전보다 미 국채 가격이 하락하고, 가격과 반대로 움직이는 수익률은 상승할 것이다. 그러면 투자상품으로서 미 국채 투자 매력이 예전보다 올라가게 되므로 다른 투자자들이 다른 국가 국채를 일부 정리하고 더 투자 매력이 있는 미 국채를 일부 매수하면서 중국의 매도에 따른 영향을 대부분 흡수해줄 것이다. 중국이 팔면 미 국채 금리는 올라가고, 미 국채의 투자 매력이 올라가서 매수세가 붙을 것이란 말이다. 결국 중국의 매도가 미치는 영향은 미미한 수준에 그치게 된다. 사람들은 이런 사실을 간과한다. 결국 중국이나 그 외 일본, 영국, 브라질, 혹은 심지어 부탄 정부가 보유한 미 국채를 걱정할 필요가 없다는 말이다.

아이러니하게도 불과 20년 전만 해도 사람들은 일본에 대해서도 같은 걱정을 했다. 지금 중국에 대해 걱정하는 것처럼 말이다. 일본이 미국 자산을 마구 사들이면서 세계 경제를 지배할 것이라는 걱정이었다. 그러나 그런 걱정은 기우로 끝났다. 그러니 긴장을 풀고 자본주의를 좀 더 믿어보자.

투자의 배신
48

무역적자는 증시에 심각한 악재다

미국이 무역적자, 그것도 심각한 무역적자에 시달린다는 사실을 아는가? 아니라면 여러분은 지난 30년 내내 현대 기술과 뉴스를 일부러 외면하며 살아온 러다이트Luddite임에 틀림없다. 2009년 말 기준으로 미국의 무역적자는 5,040억 달러에 달한다.[1] 세계 최대 수준이다!

무역적자를 증시에 심각한 악재로 보는 사람들의 주장을 정리하자면 이렇다. 무역적자가 커진 이유는 파는 것보다 더 많이 사고 있기 때문인데 이런 과소비는 경제와 증시에 부담을 준다는 것이다. 대규모 무역적자는 결국 다른 통화 대비 달러의 가치를 끌어내린다는 게 그들의 생각이다. 터무니없는 생각이다!

적자를 뜻하는 deficit는 결함이 있음을 뜻하는 deficient와 같은 라틴어에서 유래됐다. 그러나 무역에 있어서 적자는 큰 결함이 아니다. 세계적 차원에서 생각하면 무역적자에 대한 걱정에서 벗어날 수 있을 것이다. 그런 걱정은 미신에 불과하다. 주식들은 전 세계적으로 서로 밀접히 연결되어 있고, 모든 무역수지 역시 마찬가지다. 그래야 정상이다.

누구도 노스다코타주가 캘리포니아주와의 무역에서 적자를 낸다고 걱정하지 않는다. 노스다코타 사람들은 겨울에 지역에서 나는 보리와 해바라기 씨앗 외에도 신선한 식품을 먹고 싶어 한다. 그래서 캘리포니아산 식품을 사들인다. 이러한 지역 간 교역에서 발생하는 적자나 흑자에 대해 우려하는 사람은 없다.

사람들은 겨울에는 신선한 농산물을 먹는 것을 좋아하고, 긴 겨울 동안 현지에서 나는 보리와 해바라기 씨앗을 소비하지 않고 남겨 팔아 얻는 돈의 가치가 햇볕이 잘 드는 캘리포니아로 보내는 돈만큼 가치 있다고 생각한다. 이 상황에서 무역적자가 나는 주정부가 발행한 지방채 투자를 걱정하거나 무역흑자인 주정부가 발행하는 지방채를 특별히 더 선호하는 사람은 없다.

개인의 일상은 무역적자 상태

다른 방식으로 무역적자 문제를 생각해보자. 어떤 면에서 여러분은 '걸어 다니는 무역적자'라고 말할 수 있다. 여러분은 식료품점에 가서 우유, 토마토, 마카로니, 치즈를 산다. 그러나 식료품점에 어떤 것도 팔지 않는다. 단지 돈을 주기만 할 뿐이다. 그러면 이제 여러분은 파산하게 되는 건가? 누구나 이것이 멍청한 생각이고 질문이라는 걸 알 것이다. 여러분은 재정 상황과 물품의 필요성을 꼼꼼히 따져보고 구매한다. 국가적 차원의 거래 역시 마찬가지다.

여러분이 돈을 가진 이유는 다른 일을 해서 수입을 얻기 때문이다. 여러분은 직접 토마토를 재배하고 파스타와 치즈를 만들 수도 있다. 그러나 전문 농부가 아닌 이상 더 잘하는 일에 시간을 투자하는 편이 훨씬 더 이득이란 걸 안다. 일해서 월급을 타면 여러분은 어디에 쓸지 결정한다. 이 과정에서 식료품점, 전자제품점 등과 거래가 이루어지고 개인적인 무역적자를 내게 된다. 그렇다고 해서 돈을 주고 물건을 사는 대신 집에서 닭을 길러 물물교환을 해야겠다고 생각하는 사람은 없다. 여러분은 현재 이루어지는 일반적인 거래가 더 합리적이라는 사실을 안다. 영국의 위대한 경제학자인 데이비드 리카르도David Ricardo는 노동의 전문화가 개인뿐만 아니라 국가적인 차원에서도 이득이라는 사실을 증명했다. 그런데 아직도 이 사실을 확실히 이해하지 못하는 사람들이 많다. 이유는 무엇일까?

국가 사이의 무역도 개인이 직업을 통해 수입을 얻어 필요에 따라 식료품점이나 전자제품점 등에서 돈을 쓰는 것과 크게 다를 바 없다. 미국의 대규모 무역적자는 해로운 것이라기보다는 오히려 경제가 오랫동안 역동적으로 돌아갔다는 걸 보여주는 증거로 간주할 수 있다. 미국은 엄청난 소득을 올리고 있기 때문에 수출하는 것보다 더 많이 수입할 수 있는 것이다. 버는 돈 이상으로 쓰는 것과는 다르다.

올바른 척도를 적용해서 바라보자

그래도 5,040억 달러에 달하는 무역적자는 여전히 엄청나다고 믿는 사람들이 있을 것이다. 이러한 미신은 단지 절대적인 숫자만 볼 것이 아니라 올바른 척도를 적용하여 객관적인 규모를 파악하면 타파할 수 있다. 인간의 두뇌는 본래 큰 숫자를 두려워한다. 큰 것은 무섭고 작은 것은 덜 무섭다고 인식하도록 진화했기 때문이다. 토끼와 매머드가 여러분을 공격하는 경우를 상상해보면 충분히 타당한 걱정이다. 매머드가 공격하면 여러분은 다치지만 토끼가 공격하면 그냥 기이하게 보일 뿐이다. 그러나 이런 직관적인 사고는 자본시장과 전혀 맞지 않다. 결과적으로 미국 경제 규모는 14조 달러가 넘을 만큼 거대하다. 그러면 정말 얼마나 거대한지 GDP 대비 무역적자 비율을 따져보며 확인해보자. 현재 비율은 약 3.5퍼센트다.[2] 이 비율이 큰가, 작은가? 생각하기 나름이다.

영국의 무역적자는 크다고 생각하는가? 사람들은 아마도 영국의 무역적자에 대해 생각한 적이 없을 것이다. 생각해보았더라도 그냥 막무가내로 미국의 무역적자는 심각하고, 다른 모든 나라는 아주 양호할 거라고 전제한다. 그러나 이런 전제는 틀렸다. 지금 영국은 미국보다 훨씬 더 심각한 무역적자에 시달리고 있다. 영국의 경우 GDP 대비 무역적자 비율이 약 5.9퍼센트나 된다.[3] 1980년 이후 미국과 영국의 무역적자 비율은 비슷한 추이를 보였다. 최근에 그 비율이 약간 낮아진 양상도 같다. 이러한 변화가 좋은 것은 아니다. 최근의 경기침체에 따른 변화일 가능성이 높기 때문이다. 이것이 사실이라면 무역적자 감소를 긍정적인 변화로 볼 수 없다.

〔그림 48-1〕 4개국의 GDP 대비 무역수지 추이

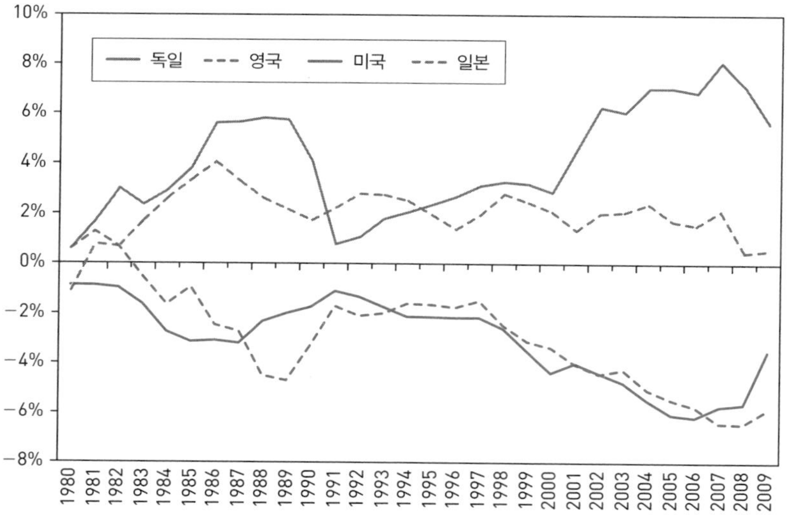

출처: 톰슨로이터

[그림 48-1]은 주요 선진국인 미국, 영국, 독일, 일본의 GDP 대비 무역적자 비율 추이를 보여준다. 보다시피 미국과 영국의 비율은 지난 30년 동안 내내 비슷한 양상의 변화를 보였다. 일본은 대부분의 기간에 무역흑자를 냈으며, 독일은 전 기간에 걸쳐 대규모 무역흑자를 달성했다.

무역수지의 이면

그러면 어느 나라가 가장 부러운 상태일까? 1980년 이후 연간 실질 GDP와 증시 상승률을 보면 미국은 각각 2.8퍼센트와 10.3퍼센트[4], 영국은 각각 2.1퍼센트와 11퍼센트였다.[5] 무역흑자가 경제에 큰 도움이 된다면 독일과 일본은 이보다 더 나은 기록을 내야 한다. 그러나 일본의 실질 GDP 성장률은 2.2퍼센트로 영국과 비슷했지만 미국에는 뒤졌다.[6] 일본 증시 상승률은 7퍼센트로 두 나라보다 크게 낮았다.[7] 독일 증시는 9.5퍼센트 올랐지만[8] 여전히 미국과 영국 증시 상승률에는 미치지 못했다. 그리고 독일의 성장률은 평균 1.7퍼센트에 불과했다.[9] 결국 무역흑자가 그렇게 대단한 일은 아닌 것이다. 무역적자 역시 나쁘게 보이지만 실은 그렇지도 않다.

대규모 무역흑자가 미국 경제와 증시에 피해를 주지 않은 것처럼 독일과 일본 경제와 증시에도 큰 도움이 되지 못했다. 사실 두 나라는 정부가 대규모 무역흑자를 촉진하려고 자유시장에 과도하게 개입하는 바람에 성장의 발목을 잡았다고 주장할 수도 있다. 미국과 영국이 누린 자유시장의 혜택을 상대적으로 덜 누리게 될 수밖에 없었다는 것이다. 데이비드 리카르도가 살아있었다면 아마 그렇게 주장했을 것이다.

무엇보다 무역적자가 난 기간 내내 미국 경제는 몇 번의 경기침체를 겪은 걸 제외하고 강력한 성장세를 유지했다. 또한 증시도 몇 번의 약세장을 제외하고 엄청난 상승률을 기록했다. 그럼에도 무역적자는 계속 늘어났다. 무역적자가 진정 나쁘기만 한 것이라면 지난 30년 동안 미국 경제와 증시는 침체일로를 걸었어야 옳다. 그러나 그렇지 않았다. 미국 경제와 증시는 되려 다른 선진국들을 이끌었다.

그렇다면 무역적자가 달러 가치를 떨어뜨린다는 주장은 어떨까? 역시 틀린 주장이다. 그 이유는 이렇다. 지난 30년 동안 달러 가치는 일정 기간 강세와 약세를 오갔다. 이러한 등락은 무역적자의 규모와 아무 상관이 없었다. 반면 같은 기간 동안 파운드 가치는 줄곧 초강세를 유지했다. 파운드 가치는 선진국 통화 가운데 최상위권에 속했다. 무역적자가 통화 가치를 떨어뜨린다는 말이 맞다면 파운드 가치도 떨어져야 한다.

한마디로 상대적으로 경제 성장 속도가 빠르면 교역국에 수출하는 것보다 더 많이 수입할 수 있게 된다. 이 말로 모든 설명이 정리된다. 2010년인 지금도 미국 경제는 신흥시장 경제보다는 느리지만 유럽과 일본을 포함한 대부분의 선진국과 후진국 경제보다 빠르게 성장하고 있다. 그리고 경제 성장은 19세기 초 중상주의에서 자본주의가 태동한 이후 가장 위대한 인간의 변화를 이루어냈던 '창조적 파괴와 재활' 모드를 통해 이뤄낸 우리 사회의 변화가 가져다준 혜택이다. 경제 성장은 무역적자를 감당할 여지를 제공한다. 반면 성장이 중단되면 도처에 불황과 궁핍이 퍼지게 된다.

이러한 사실을 이해하는 사람은 드물다. 사람들은 그저 적자는 나쁜 것 같다는 이유로 "무역적자가 크면 경제에 나쁘다"라고 말하기만 할 뿐 정말로 그렇게 나쁜지 확인하려고 하지 않는다. 이런 미신에서 벗어나야 올바른 판단을 할 수 있다. 이제 적자에 대한 두려움을 떨쳐버려라. 대신 "대규모 무역적자가 좋고, 적자가 줄어들지 말고 더 늘어나기를 바란다"라고 말하라.

투자의 배신
49

경제가 성장해야 증시도 오른다

경제가 강력하게 성장해야 증시 수익률도 오른다고 믿는 사람들이 많다. 맞는 말이다! 단, 어느 정도 선까지만 그렇지 장기적으로 꼭 그런 건 아니다. 장기적으로는 주식의 공급이 주가에 더 큰 영향력을 발휘한다(10장).

호경기와 불경기일 때마다 돋보이는 종목들이 서로 다르다. 경기 방어주로 간주되는 필수소비재, 의료, 공공 서비스 관련주들은 경기가 부진할 때 비교적 더 선전한다. 그렇다고 항상 그런 것도 아니다. 경기가 나쁘면 형편이 좋은 사람들을 제외하고 사람들은 대체로 휴가 계획이나 새 가전제품 구매를 포기한다. 그래도 치약과 두통약은 사야 하고, 전기도 써야 한다. 경기가 정말 안 좋으면 두통약 구매가 더 빈번해질지 모른다(39장). 그래서 경기 방어주들은 시장이 전반적으로 하락할 때 양호한 수익률을 기록한다. 역사적 자료를 찾아보면 경제가 좋을 때 경기 방어주들이 오르는 경우도 물론 있다.

증시는 언제나 경기에 선행한다

경제가 성장해야 증시도 오른다는 생각에는 두 가지 문제점이 있다. 첫째, 주가는 경기에 선행하지 후행하지는 않는다. 그래서 경제가 살아났다는 걸 확인할 수 있을 때까지 기다렸다가 투자하면 큰 대가를 치러야 할 수 있다(9장). 가령 1981년에 미국 경제는 2.54퍼센트라는 비교적 견조한 성장세를 보였다.[1] 그러나 중반기부터 침체가 시작됐다.[2] 시장은 이미 그 사실을 알고 있었고, 그해에 증시는 4.9퍼센트 하락했다.[3] 경제는 플러스 성장하긴 했지만 증시는 하락한 것이다.

당시 침체 상황은 1982년 11월까지 이어졌다. 1982년 미국 경제는 1.9퍼센트 역성장했다.[4] 그러나 증시는 다가올 경제 회복을 선반영하여 21.6퍼센트 상승했다.[5] 이번에는 경제가 역성장했지만 증시는 상승했다. 따라서 GDP만 보고 증시의 향방을 가늠하려 했다면 1982년의 상승을 놓치고 말았을 것이다.

2000년에도 같은 일이 일어났다. 2000년에 미국 경제는 평균보다 훨씬 높은 4.14퍼센트 성장했다.[6] 그러나 증시는 3월 고점을 찍고 내리기 시작해 연말까지 9.1퍼센트 하락하면서 2001년의 경기침체를 예고했다.[7] 이후 증시는 2007년에 다시 고점을 찍은 다음 2007~2009년 사이 경기침체가 시작되기 전 하락세로 돌아섰다. 2008년 경제는 0.44퍼센트 성장했지만[8] 그래도 증시는 37퍼센트나 하락했다.[9] 2009년에는 3분기까지 성장률이 양전하지 않았지만 증시는 3월부터 상승세로 돌아섰다. 그래서 경제는 2.44퍼센트 역성장했지만 증시는 26.5퍼센트나 뛰었다.[10] 3분기 성장률 지수는 10월 말에 발표되었다. 이때까지 기다린 투자자들은 3월 저점에서 31.5퍼센트 상승한 급등장을 놓쳤을 것이다.[11] 이처럼 증시는 경기에 선행한다.

둘째, 성장률이 평균을 웃돌아도 증시 상승률은 평균을 밑돌 수 있다는 것이다. 1992년에 실질 GDP 성장률은 평균을 상회하는 3.4퍼센트였다. 그러나 증시 상승률은 7.6퍼센트에 불과했다.[12] 반면 1995년 성장률은 2.5퍼센트였고,[13] 1980년 이후 평균 성장률에 못 미치는 수준이었다. 그래도 증시는 37.6퍼센트나 상승했다.[14]

왜 이런 일이 벌어진 것일까? 경제가 강력하게 성장하더라도 사람들의 기대치를 충족시키지 못했을 수 있기 때문이다. 경제성장률이 평균을 웃돌아도 기대에 못 미치면 그 실망감이 약세장을 초래할 만큼은 아니더라도 어쨌든 증시 상승을 제한할 수 있다. 반대의 경우도 마찬가지다. 부진할 것으로 예상했는데 평균을 밑돌더라도 예상보다 경제성장률이 좋게 나오면 증시에 호재가 될 수 있다.[15] 결국 중기적으로 시장을 움직이는 것은 좋든 나쁘든 예상을 뛰어넘는 변화다.

절대 잊어서는 안 된다. 증시는 앞을 바라보지만 성장률은 이미 일어난 일을 집계하여 뒤늦게 발표한다. 따라서 성장률이 전반적으로 시장을 움직이는 동인 역할을 하기는 하나 완벽한 지표거나 선행지표도 아니다.

성장률과 증시의 괴리

미국은 거대한 경제 규모를 가진 선진국이다. 미국 경제 규모는 타의 추종을 불허한다. 미국보다 경제 규모가 작은 선진국들에서는 성장률과 증시 사이에 상관관계를 찾아내기 더욱 힘들 수 있다. 신흥국들의 경우 이러한 괴리 정도가 사람들이 이해하기 힘들 만큼 더 클 수도 있다.

[표 49-1]에서 보듯이 중국은 최근에 눈부시게 성장해왔다. 2007년 경제성장률은 무려 13.3퍼센트가 넘었다.[16] 증시 상승률도 엄청나서 2003년에는 87.6퍼센트, 2006년에는 82.9퍼센트, 그리고 2007년에는 66.2퍼센트를 기록했다.[17] 다만 2008년에는 GDP가 9.3퍼센트 성장했지만[18] 증시는 50.8퍼센트 하락했다. 또한 호경기가 이어진 2000년에서 2002년까지 증시는 계속 떨어졌다. 일부 신흥국은 수년에 걸쳐 대단히 높은 경제성장률을 올린다. 경제가 성장하면서

〔표 49-1〕 중국의 경제성장률과 증시 수익률

연도	실질 경제성장률	증시 수익률
2000	8.0%	-30.54%
2001	7.4%	-24.70%
2002	8.0%	-14.05%
2003	9.4%	87.57%
2004	9.6%	1.89%
2005	10.2%	19.77%
2006	11.2%	82.87%
2007	13.3%	66.23%
2008	9.3%	-50.83%
2009	8.5%	62.63%

출처: 국제통화기금, 세계경제전망 데이터베이스, 톰슨로이터, MSCI 중국

1인당 GDP도 크게 늘어난다. 중산층으로 진입한 사람들이 소비에 가세하면서 경제 성장이 가속화된다. 그에 따라 인프라 건설과 부의 증가 사이에 선순환 구조가 만들어진다.

중국은 공식적으로 사회주의를 표방하지만 대규모 경제 개방에 착수했다. 덕분에 오랫동안 억눌렸던 창의성과 생산성이 한꺼번에 표출되면서 경제 규모를 급성장시켰다. 이러한 추세는 한동안 이어질 게 분명하다. 물론 중국 정부가 이런 분위기를 갑자기 망쳐버릴 수도 있겠지만 정부가 과도하게 개입하지만 않으면 중국의 경제 성장세가 둔화될 이유를 딱히 찾기 어렵다. 물론 세계 경제가 침체에 빠진 2008년과 2009년에 중국 경제도 다소 둔화됐다. 8.5퍼센트의 성장률도 낮다고 말할 수 있다면 말이다. 정부만 경제를 잘 운용한

다면 중국의 성장 잠재력은 무궁무진한 셈이다.

중국 증시의 사정은 다르다. 중국의 경제 규모는 10년 전에 비해 엄청나게 커졌다. 2009년 말 기준 중국 경제는 세계 GDP의 약 8.5퍼센트를 차지한다. 이는 미국과 일본에 이어 세 번째로 큰 규모다.[19] 현재의 성장 속도를 유지한다면 경제 규모 면에서 중국은 머지않아 미국을 따라잡을 것이다. 그러나 증시의 규모는 여전히 작아서 세계 증시에서 차지하는 비중이 2.26퍼센트에 불과하다.[20] 경제 규모에 비하면 매우 작은 편이다(다만 여기서는 외국인이 살 수 있는 주식만 집계했다. 세계적인 기준을 적용하기 위해 중국인만 살 수 있는 주식은 제외했다). 대부분의 신흥시장이 그렇듯 중국의 자본시장은 규모가 작고 깊이와 다양성이 부족해서 변동성이 크다. 또한 수요 면에서 중국 시장의 향후 움직임을 좌우할 중요한 열쇠는 앞으로 얼마나 공급될지 예측하기 어려운 신주다(10장). 증시를 단기적으로 결정하는 것은 수요고, 장기적으로 결정하는 것은 공급이다.

신흥시장은 대개 정치적으로 불안한데, 이런 불안감이 주식의 수급에 영향을 미친다. 한국이나 브라질은 예외지만 중국을 포함한 대다수 신흥국의 사유재산 보호조치는 미흡하기 그지없다. 이 점은 선진국에서는 보기 힘든 또 다른 변수다. 신흥국의 경우 주식 수급 변동이 상당히 심해서 증시 움직임이 경제성장률과 큰 괴리를 보인다.

신흥국이든 선진국이든 성장률은 과거의 경제 상태를 알게 해주는 데 큰 도움이 되는 건 맞다. 그러나 성장률이 증시의 향방을 알려줄 걸로 예상했다간 자칫 큰 낭패를 볼 수 있다.

투자의 배신

50

테러는 시장을 마비시킨다

세상은 위험한 곳이다. 미국인들은 2011년 9월 11일 이런 끔찍한 사실을 절감했다. “이번만은 정말 다르다”라고 솔직히 말할 수 있는 때는 드물다. 그러나 그날을 계기로 미국인들에게는 근본적인 변화가 생겼다. 테러범들이 마음만 먹으면 미국과 미국인을 공격할 수 있다는 사실을 알게 된 것이다.

그나마 다행인 점은 테러범들이 치명적인 공격을 가할 수 있더라도 왕성하게 돌아가는 미국 경제나 자본시장을 무너뜨리지는 못한다는 것이다. 앞으로도 결코 그런 일은 없을 것이다. 어떻게 내가 이렇게 자신할 수 있을까? 앞으로 9.11 테러에 버금가는 극심한 충격을 주는 일은 일어나기 어려울 것이라 믿기 때문이다. 대부분의 미국인들은 다시 공격을 받느냐가 아니라 언제 어떻게 공격을 받게 되느냐가 더 중요하다는 데 공감한다. 따라서 미국 본토나 미국의 우방국들을 겨냥해 향후 재발할 수 있는 대규모 테러의 영향을 파악하려면 범세계적으로 사고하는 한편 역사적인 자료를 점검해볼 필요가 있다.

세계 증시의 복원력

9.11 테러 직후 증시는 폭락했다. 테러의 규모와 엄청난 충격을 생각하면 당연한 일이었다. 거래소가 며칠간 휴장했다가 9월 17일에 거래를 재개하자 S&P500은 즉각 4.9퍼센트 하락했으며, 하락세는 다음 주까지나 내내 이어졌다.[1] S&P500은 재개장 후 9월 21일까지 11.6퍼센트 곤두박질쳤다.[2] 그러나 이후 급격한 반등이 일어났다. 10월 11일이 되자 지수는 9월 10일 수준을 회복했고, 이후 수개월 동안 그 밑으로 떨어지지 않았다.[3] 이것은 강세장에서 나타나는 조정은 아니었다. 9.11 테러는 오래전부터 진행된 긴 약세장이 3분의 2 정도 지난 시점에서 일어났고, 이 약세장은 2003년 3월이나 돼서 끝났다. 그러나 약세장의 후반은 테러의 영향 때문이 아니었다.

그렇다는 걸 어떻게 알 수 있을까? 9.11 테러와 비슷한 먼저 일어난 사건들을 살펴보면 알 수 있다. 2004년 3월 11일에 테러범들이 스페인 마드리드에서 열차 폭탄 테러를 자행했다. 이후 며칠 동안 스페인 증시는 다소 하락했지만 연간으로는 29퍼센트 넘게 상승했다.[4] 테러가 일어난 날 세계 증시도 하락했으나 20일 후 테러 발생 전 수준을 회복하고 연말까지 상승장으로 마감했다.[5] 2005년 7월 7일에는 런던 지하철에서 폭탄 테러가 발생했지만 증시는 거의 반응하지 않았다. 다음날 장 마감 시까지 영국의 FTSE100은 오히려 상승했으며, 연말까지 21퍼센트의 상승률을 기록했다.[6] 2005년 세계 증시는 9.5퍼센트 올랐다.[7]

이처럼 테러는 증시에 일시적인 영향을 줄 뿐이고 대규모 테러라 하더라도 증시의 전반적인 단기 추세를 바꾸지는 못한다. 2001년에는 어차피 약세장이어서 테러 후에도 약세장이 이어졌으며, 2004년과 2005년에는 테러도 강세장을 가로막지 못했다.

시장은 어떻게 그렇게 끔찍하면서 실질적인 위협을 느끼게 해주는 예상치 못한 테러의 영향을 쉽게 무시할 수 있는 것일까? 많은 면에서 우리가 테러를 두려워하고, 직관적으로 사고하되 반직관적으로 사고하지 못하기 때문이다. 그런데 시장은 본래 반직관적인 성향을 보인다. 그래서 테러는 분명 안타깝고 비극적인 사건이지만 전혀 새로운 위협이 아니고 세계 경제의 거대한 구조 속에서 중요한 의미를 지니지도 못한다.

테러가 증시에 미치는 영향의 역사적 증거

9.11 테러는 미국 본토에서 일어난 첫 번째 테러가 아니었다. 그에 앞서 1993년에 세계무역센터를 겨냥한 첫 번째 폭탄 테러가 있었다. 이후에도 1996년에 사우디아라비아의 군인 아파트 테러, 2000년 구축함 USS 콜Cole호 폭탄 테러가 있었다. 이 모든 테러는 알카에다가 자행한 것이었다. 테러의 역사는 여기서 그치지 않는다. 더 거슬러 올라가면 1983년 레바논 미 해군기지 폭파 사건, 1985년 아킬레 라우로Achille Lauro호 납치 사건, 1988년 팬암항공 103편 폭파 사건이 있었다. 이스라엘은 수십 년 동안 연일 테러에 시달렸다. 영국 역시 거의 한 세기 동안 아일랜드 공화군의 테러 공격을 받았다. 그러나 두 나라의 증시는 성장을 멈추지 않았다. 제1차 세계대전도 테러로부터 촉발되었다. 미 해병대는 19세기 초반에 북아프리카 근해에서 해적들로부터 미국 상선을 보호하는 임무를 수행했다. 하지만 이처럼 오랜 기간에 걸쳐 자행된 테러가 증시에 미치는 영향은 일시적인 것에 지나지 않았다. 9.11테러는 규모 면에서 역대 다른 테러들을 압도했지만 여전히 증시에는 일시적인 영향을 미치는 데 그쳤다.

[그림 50-1]은 주요 테러 이후 증시가 이전 수준을 회복하는 데 걸린 시간을 보여준다. 평균적으로 테러가 발생한 다음 날에도 증시는 횡보하거나 약간 상승했고, 이후 며칠 동안 상승세를 유지했다. 증시가 기본적으로 하락하기보다 상승한다는 점을 고려하면 이는

〔그림 50-1〕 테러 이후 증시 회복 소요일

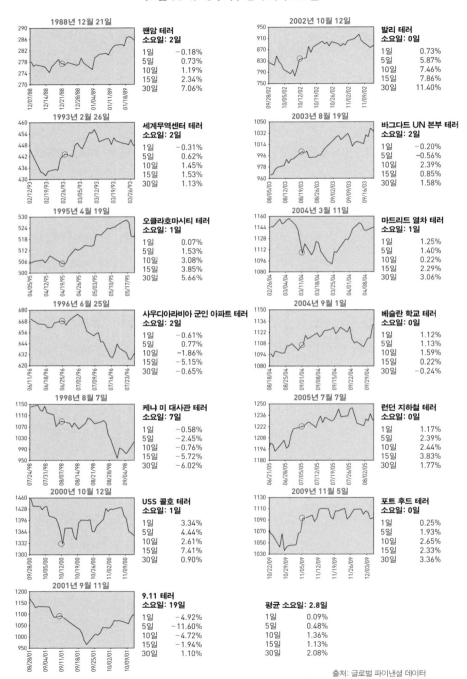

1988년 12월 21일

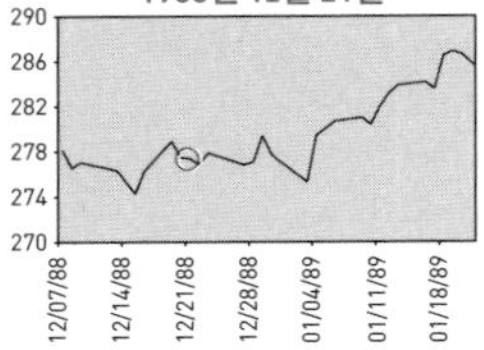

팬암 테러
소요일: 2일

1일 −0.18%
5일 0.73%
10일 1.19%
15일 2.34%
30일 7.06%

1993년 2월 26일

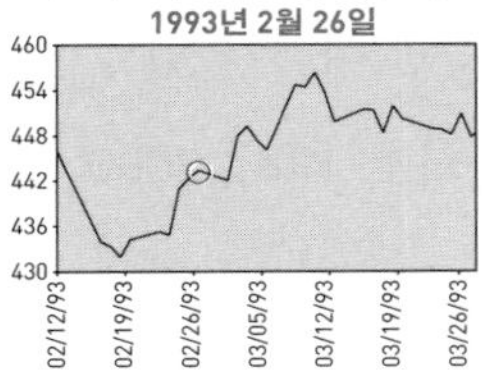

세계무역센터 테러
소요일: 2일

1일 −0.31%
5일 0.62%
10일 1.45%
15일 1.53%
30일 1.13%

1995년 4월 19일

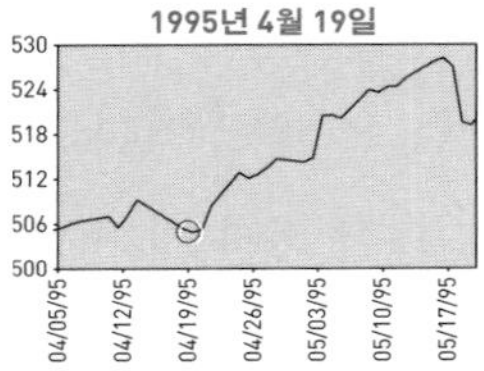

오클라호마시티 테러
소요일: 1일

1일 0.07%
5일 1.53%
10일 3.08%
15일 3.85%
30일 5.66%

1996년 6월 25일

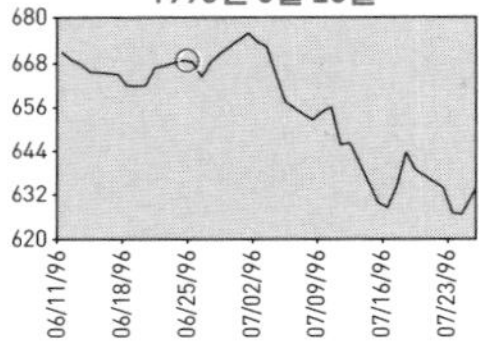

사우디아라비아 군인 아파트 테러
소요일: 2일

1일 −0.61%
5일 0.77%
10일 −1.86%
15일 −5.15%
30일 −0.65%

1998년 8월 7일

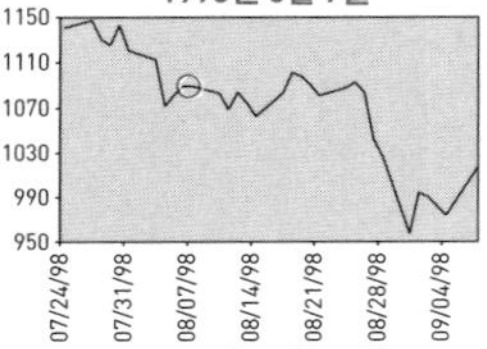

케냐 미 대사관 테러
소요일: 7일

1일 −0.58%
5일 −2.45%
10일 −0.76%
15일 −5.72%
30일 −6.02%

2000년 10월 12일

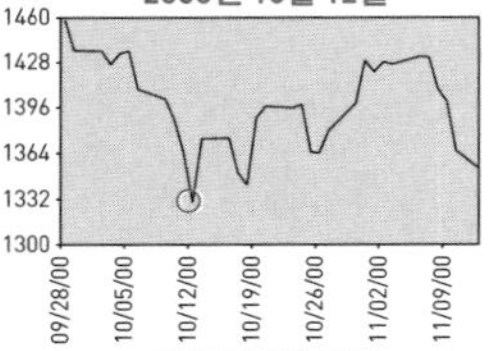

USS 콜호 테러
소요일: 1일

1일 3.34%
5일 4.44%
10일 2.61%
15일 7.41%
30일 0.90%

2001년 9월 11일

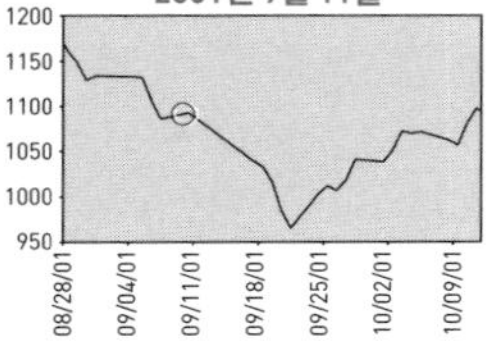

9.11 테러
소요일: 19일

1일 −4.92%
5일 −11.60%
10일 −4.72%
15일 −1.94%
30일 1.10%

2002년 10월 12일

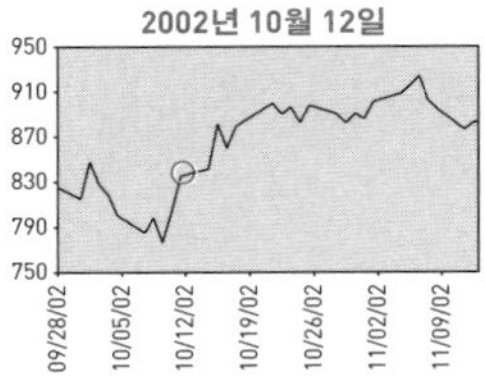

발리 테러
소요일: 0일

1일 0.73%
5일 5.87%
10일 7.46%
15일 7.86%
30일 11.40%

2003년 8월 19일

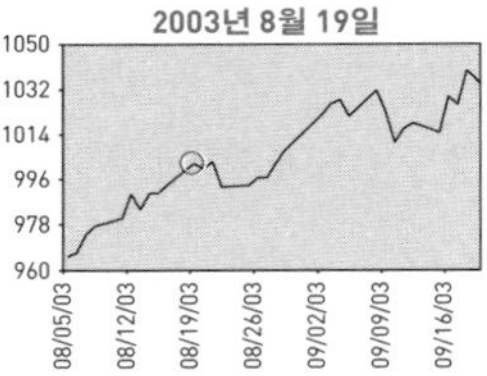

바그다드 UN 본부 테러
소요일: 2일

1일 −0.20%
5일 −0.56%
10일 2.39%
15일 0.85%
30일 1.58%

2004년 3월 11일

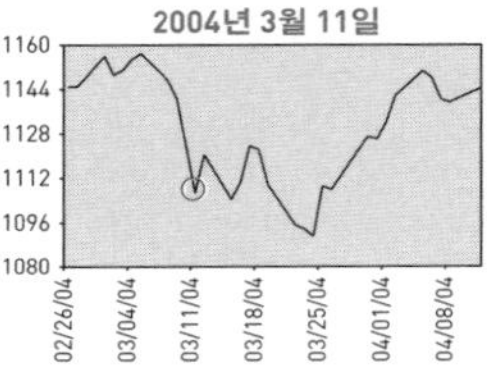

마드리드 열차 테러
소요일: 1일

1일 1.25%
5일 1.40%
10일 0.22%
15일 2.29%
30일 3.06%

2004년 9월 1일

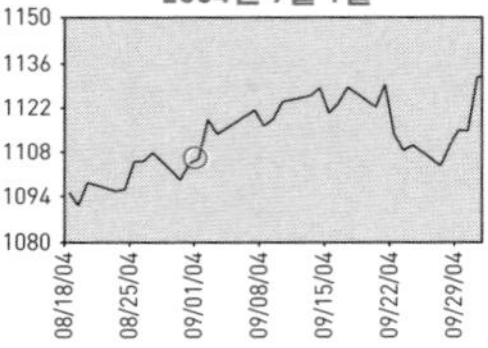

베슬란 학교 테러
소요일: 0일

1일 1.12%
5일 1.13%
10일 1.59%
15일 0.22%
30일 −0.24%

2005년 7월 7일

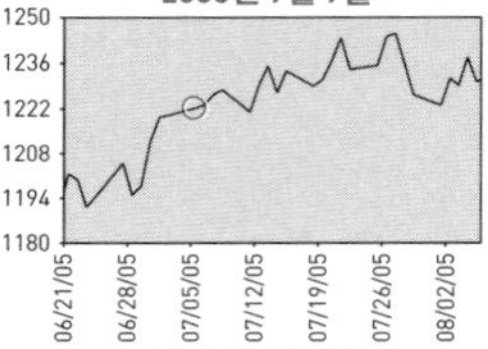

런던 지하철 테러
소요일: 0일

1일 1.17%
5일 2.39%
10일 2.44%
15일 3.83%
30일 1.77%

2009년 11월 5일

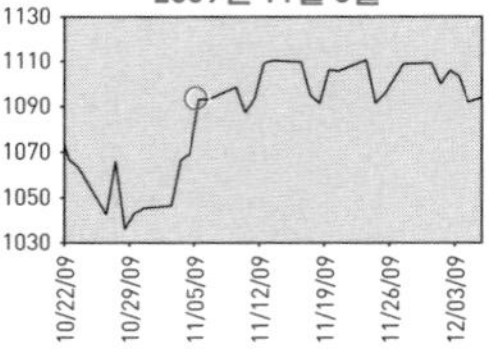

포트 후드 테러
소요일: 0일

1일 0.25%
5일 1.93%
10일 2.65%
15일 2.33%
30일 3.36%

평균 소요일: 2.8일

1일 0.09%
5일 0.48%
10일 1.36%
15일 1.13%
30일 2.08%

출처: 글로벌 파이낸셜 데이터

놀라운 일이 아니다. 한마디로 시장은 테러에 크게 겁먹지 않는다.

테러는 새로운 일이 아니지만 기술 발전이 그것을 더 치명적으로 만들어놨다. 그렇다면 핵배낭을 멘 테러범의 공격으로 도시 전체가 완전히 사라지는 정도의 사건이 일어나면 증시는 어떻게 될까? 과거에는 이 정도 규모의 테러가 발생한 적이 없기 때문에 역사적 자료를 참고할 수 없다.

그러나 불완전하게나마 참고할 사례가 있다. 2005년에 뉴올리언스를 초토화시킨 허리케인 카트리나 사태가 그것이다. 허리케인이 루이지애나주 최대 도시인 뉴올리언스를 강타한 2005년 8월 29일에 S&P500은 0.6퍼센트 올랐고, 세계 증시는 보합세를 나타냈다.[8] 주 하나가 거의 마비되다시피 했지만 2005년 4분기에 미국 경제와 증시는 세계 증시와 함께 플러스 성장했다.[9]

증시는 왜 허리케인 카트리나 사태로부터 전혀 영향을 받지 않은 걸까? 확실한 이유는 모르겠다. 그러나 세계 증시는 허리케인 카트리나 사태가 참혹한 비극이기는 하지만 전 세계 경제에 영향을 줄 만한 심각한 문제가 아니라는 사실을 알았다. 루이지애나주 전체의 GDP가 미국 GDP에서 차지하는 비중은 0.9퍼센트, 세계 GDP에서 차지하는 비중은 0.25퍼센트에 불과했기 때문이다. 평년 명목 성장률이 5퍼센트 정도라는 점을 감안하면 루이지애나주 경제가 차지하는 비중은 세계 경제나 증시에 영향을 미치기에는 너무 미미했다.

뉴올리언스는 주요 경제 중심지가 아니었지만 20세기 초 샌프란시스코는 분명 그랬다. 샌프란시스코는 1906년 4월 18일에 발생한 대지진과 그에 따른 화재로 완전히 초토화되었다. 당시 약 41만 명 정도였던 인구 중에서 무려 30만 명이 집을 잃었고, 경제활동은 중단됐다. 내 조부모(두 분은 이 지진 때문에 결혼식도 1년 연기해야 했다)를 비롯한 수많은 재해민들은 금문교 공원Golden Gate Part을 비롯한 여러 임시 거처에서 흩어져 지내야 했다. 그러나 샌프란시스코 대지진도 증시에 큰 영향을 미치지 못했다. 미국의 주요 도시가 파괴되었고 복구될 때까지 경제활동이 전면 중단되었지만, 증시는 4월에 약간 떨어졌을 뿐 5월과 6월에는 다시 상승했고 연말에도 상승장으로 마감했다.[10] 증시가 크게 하락한 것은 이듬해인 1907년이었지만 이 하락은 샌프란시스코의 경제 마비와 아무 상관없는 금융 위기에 따른 것이었다.

테러는 인간에게 엄청나게 큰 영향을 미친다. 테러범들이 테러를 자행하는 것도 그런 이유 때문이다. 그들은 애꿎은 시민이나 공격하는 겁쟁이들이다. 그러나 다행히도 지금까지 그들의 테러가 증시에 미치는 영향은 비교적 미미했다. 증시를 잠시 흔드는 정도에 불과했다. 자본주의는 비겁한 테러범들의 공격에 물러서기에는 너무나 강하다.

주석

서문

1. 2010년 6월 30일 기준

1장

1. 톰슨로이터
2. 글로벌 파이낸셜 데이터
3. 톰슨로이터

2장

1. 글로벌 파이낸셜 데이터

5장

1. 글로벌 파이낸셜 데이터

6장

1. 글로벌 파이낸셜 데이터

7장

1. 대니얼 카너먼(Daniel Kahneman), 아모스 트버스키(Amos Tversky), '전망이론: 리스크가 있을 때 결정 분석(Prospect Theory: An Analysis of Decision Under Risk)' 〈이코노메트리카(Econometrica)〉 47권, 2호(1979년 3월), 263-291
2. 톰슨로이터
3. 톰슨로이터
4. 톰슨로이터, 글로벌 파이낸셜 데이터
5. 출처: MSICI. MSCI의 정보는 개인적인 목적으로만 이용 가능하며 어떤 형태로건 무단 재생산과 배포가 금지된다. MSCI 정보는 가공된 정보가 아니며, 정보의 이용자는 이용에 따른 모든 위험을 부담하는 것을 원칙으로 한다. MSCI 정보의 취합, 전산화, 생산에 관여한 MSCI와 모든 관계사 및 관계자('MSCI 당사자')는 정보의 독창성, 정확성, 완전성, 시의성 등과 관련하여 어떠한 보증도 제공하지 않으며, 모든 직간접적인 손실에 대한 책임도 지지 않는다.

8장

1. 톰슨로이터

9장

1. 7장의 주 5) 참조
2. 톰슨로이터

10장

1. 톰슨로이터
2. S&P/씨티그룹 주요 가치주 지수(S&P/Citigroup Primary Value Index)는 S&P500 종목 가운데 높은 내재가치를 지닌 종목들로 구성되는 시가총액 가중지수다. 현재는 S&P500 순수 가치주 지수(S&P500 Pure Value Index)로 이름이 바뀌었다. S&P500/씨티그룹 성장주 지수(S&P500/Citigroup Growth Index)는 S&P500 종목 가운데 높은 성장성을 지닌 종목들로 구성되는 시가총액 가중지수다. 이 지수 역시 지금은 이름이 S&P500 성장지수(S&P500 Growth Index)로 바뀌었다.
3. 소형주 수익률은 이봇슨 어소시에이츠(Ibbotson Assoicates) SBBI 소형주 지수(1926년 1월 1일~2010년 3월 1일)로, S&P500 수익률은 글로벌 파이낸셜 데이터(2016년 1월 1일 ~2010년 3월 1일)로 산출했다.

14장

1. 마이클 로제프(Michael S. Rozeff), '일시불 투자 대 정액분할매수 투자(Lump-Sum Investing Versus Dollar-Averaging)' 〈Journal of Portfolio Management(1994년 겨울호)〉, 45-50

15장

1. 미국은퇴자협회
2. Bankrate.com
3. 2009년 연금통계연보
4. 2008년 기준 모닝스타

16장

1. 글로벌 파이낸셜 데이터
2. 글로벌 파이낸셜 데이터

17장

1. 2010년 투자자 행동의 질적 분석(Qualitative Analysis of Investor Behavior), Advisor Edition, DALBAR, Inc.
2. 글로벌 파이낸셜 데이터
3. 2010년 투자자 행동의 질적 분석(Qualitative Analysis of Investor Behavior), Advisor Edition, DALBAR, Inc.
4. 글로벌 파이낸셜 데이터
5. 톰슨로이터

18장
1. 브래드 바버(Brad M. Barber), 테런스 오딘(Terrance Odean), "Boys Will be Boys: Gender, Overconfidence, and Common Stock Investment," 〈Quarterly Journal of Economics〉 116, no.1(2001년 2월)
2. 상동

19장
1. 7장의 주 5) 참조

20장
1. 글로벌 파이낸셜 데이터

21장
1. 글로벌 파이낸셜 데이터
2. 글로벌 파이낸셜 데이터

22장
1. 톰슨로이터
2. 톰슨로이터
3. 톰슨로이터
4. 톰슨로이터

23장
1. 윌셔500 지수 2010년 5월 31일 기준, 톰슨로이터, Wilshire.com
2. 상동
3. 톰슨로이터
4. 글로벌 파이낸셜 데이터

24장
1. 톰슨로이터
2. 톰슨로이터

25장
1. 글로벌 파이낸셜 데이터
2. 글로벌 파이낸셜 데이터
3. 글로벌 파이낸셜 데이터
4. 글로벌 파이낸셜 데이터

26장

1. 글로벌 파이낸셜 데이터
2. 글로벌 파이낸셜 데이터, 톰슨로이터
3. 글로벌 파이낸셜 데이터
4. 글로벌 파이낸셜 데이터, 톰슨로이터
5. 글로벌 파이낸셜 데이터
6. 글로벌 파이낸셜 데이터
7. 글로벌 파이낸셜 데이터
8. 글로벌 파이낸셜 데이터
9. 글로벌 파이낸셜 데이터
10. 글로벌 파이낸셜 데이터
11. 글로벌 파이낸셜 데이터

27장

1. 톰슨로이터
2. 톰슨로이터, 국제통화기금(IMF), 2009년 12월 31일 기준
3. 무역가중 달러지수는 연준이 교역상대국과의 경쟁력을 토대로 달러 가치를 평가하기 위해 산출한 지수다. 이 그림에서 기준연도는 1975~1976년이며, 기준연도 지수를 100으로 잡고 1972년부터 1976년 사이 교역액에 따라 가중치를 적용한 10개국 통화를 산출에 반영한 것이다. 지수에 포함된 국가는 벨기에, 캐나다, 프랑스, 독일, 이탈리아, 일본, 네덜란드, 스웨덴, 스위스, 영국이다.

28장

1. 국제통화기금(IMF), World Economic Outlook Database, 2010년 4월
2. 7장의 주 5) 참조

29장

1. 블룸버그 파이낸스

30장

1. 톰슨로이터, 1989년 12월 31일부터 2009년 12월 31일까지의 소비자물가지수

32장

1. 매튜 밀러(Matthew Miller), 던컨 그린버그(Duncan Greenberg), "The Richest People in America," 〈포브스〉, 2009년 9월 30일
2. 글로벌 파이낸셜 데이터
3. 글로벌 파이낸셜 데이터

34장

1. 글로벌 파이낸셜 데이터, 톰슨로이터
2. 경제분석국 2009년 3월 31일 기준

35장

1. 톰슨로이터
2. 글로벌 파이낸셜 데이터
3. 상동
4. 상동, 뉴욕 금값
5. 상동
6. 상동
7. 글로벌 파이낸셜 데이터, 뉴욕 금값(US$/온스), MSCI 세계지수

36장

1. 글로벌 파이낸셜 데이터
2. 국제통화기금(IMF), World Economic Outlook Database, 2010년 4월, 톰슨로이터

38장

1. 세계보건기구(WHO) 이사회, "Severe Acute Respiratory Syndrome, Report by the Secretariat," 2004년 1월 23일
2. 톰슨로이터
3. 글로벌 파이낸셜 데이터

39장

1. 경제분석국 2009년 3월 31일 기준
2. 경제분석국, 2009년 2분기부터 2010년 1분기까지 최저치를 기록했던 실질 사업투

40장

1. 국제통화기금(IMF), World Economic Outlook Database, 2010년 4월

41장

1. 글로벌 파이낸셜 데이터
2. 글로벌 파이낸셜 데이터

42장

1. 글로벌 파이낸셜 데이터

5부

1. 국제통화기금(IMF), World Economic Outlook Database, 2010년 4월

43장

1. 톰슨로이터 2010년 3월 31일 기준
2. 상동
3. 글로벌 파이낸셜 데이터, 톰슨로이터
4. 7장의 주 5) 참조

44장

1. 7장의 주 5) 참조
2. 톰슨로이터, 1994년 6월 30일부터 1999년 6월 30일까지 순배당을 포함한 S&P500 총수익과 MSCI EAFE 총수익
3. 톰슨로이터, 1985년 2월 28일부터 1988년 11월 30일까지 순배당을 포함한 S&P500 총수익과 MSCI EAFE 총수익
4. 7장의 주 5) 참조

45장

1. 재무부 직속 의회 예산국 2010년 3월 발표 자료

48장

1. 톰슨로이터
2. 상동
3. 상동
4. 국제통화기금(IMF), World Economic Outlook Database, 2010년 4월; 톰슨로이터, 1979년 12월 31일부터 2009년 12월 31일까지 MSCI USA의 총수익
5. 국제통화기금(IMF), World Economic Outlook Database, 2010년 4월; 톰슨로이터, 1979년 12월 31일부터 2009년 12월 31일까지 MSCI UK의 총수익
6. 국제통화기금(IMF), World Economic Outlook Database, 2010년 4월
7. 톰슨로이터, 1979년 12월 31일부터 2009년 12월 31일까지 MSCI Japan의 순배당 포함 총수익
8. 톰슨로이터, 1979년 12월 31일부터 2009년 12월 31일까지 MSCI Germany의 순배당 포함 총수익
9. 국제통화기금(IMF), World Economic Outlook Database, 2010년 4월

49장

1. 국제통화기금(IMF), World Economic Outlook Database
2. 전미경제연구소(NBER)
3. 글로벌 파이낸셜 데이터, 1980년 12월 31일부터 1981년 2월 31일까지 S&P500 총수익
4. 전미경제연구소(NBER)
5. 국제통화기금(IMF), World Economic Outlook Database, 글로벌 파이낸셜 데이터, 1980년 12월 31일부터 1981년 12월 31일까지 S&P500 총수익

6. 국제통화기금(IMF), World Economic Outlook Database
7. 글로벌 파이낸셜 데이터, 1999년 12월 31일부터 2000년 12월 31일까지 S&P500 총수익
8. 국제통화기금(IMF), World Economic Outlook Database
9. 글로벌 파이낸셜 데이터, 2007년 12월 31일부터 2008년 12월 31일까지 S&P500 총수익
10. 국제통화기금(IMF), World Economic Outlook Database, 글로벌 파이낸셜 데이터, 2008년 12월 31일부터 2009년 12월 31일까지 S&P500 총수익
11. 글로벌 파이낸셜 데이터, 2009년 3월 9일부터 2009년 10월 31일까지 S&P500 총수익
12. 글로벌 파이낸셜 데이터, 1991년 12월 31일부터 1992년 12월 31일까지 S&P500 총수익
13. 국제통화기금(IMF), World Economic Outlook Database
14. 글로벌 파이낸셜, 1994년 12월 31일부터 1995년 12월 31일까지 S&P500 총수익
15. 7장의 주 5) 참조
16. 국제통화기금(IMF), World Economic Outlook Database
17. 톰슨로이터, 2006년 12월 31일부터 2007년 12월 31일까지 MSCI China의 미 달러 환산 총수익
18. 국제통화기금(IMF), World Economic Outlook Database
19. 국제통화기금(IMF), World Economic Outlook Database
20. 톰슨로이터, MSCI 세계지수(ACWI)가 측정한 세계 주식시장

50장

1. 톰슨로이터, 2001년 9월 10일부터 2001년 9월 17일까지 S&P500 총수익
2. 톰슨로이터, 2001년 9월 10일부터 2001년 9월 21일까지 S&P500 총수익
3. 톰슨로이터, S&P500 총수익
4. 톰슨로이터, 2003년 12월 31일부터 2004년 12월 31일까지 MSCI Spain의 순배당 포함 총수익
5. 톰슨로이터, 2003년 12월 31일부터 2004년 12월 31일까지 MSCI 세계지수의 순배당 포함 총수익
6. 톰슨로이터, 2004년 12월 31일부터 2005년 12월 31일까지 FTSE100의 총수익
7. 톰슨로이터, 2004년 12월 31일부터 2005년 12월 31일까지 MSCI 세계지수의 순배당 포함 총수익
8. 톰슨로이터, S&P500 총수익, MSCI 세계지수의 순배당 포함 총수익
9. 경제분석국, 톰슨로이터, S&P500 총수익, 2004년 12월 31일부터 2005년 12월 31일까지 MSCI 세계지수의 순배당 포함 총수익
10. 글로벌 파이낸셜 데이터

투자의 배신

초판 발행 | 2021년 10월 27일
초판 2쇄 발행 | 2021년 11월 19일

지은이 · 켄 피셔 · 라라 호프만스
옮긴이 · 이진원
발행인 · 이종원
발행처 · (주) 도서출판 길벗
출판사 등록일 · 1990년 12월 24일
주소 · 서울시 마포구 월드컵로 10길 56(서교동)
대표전화 · 02) 332-0931 | **팩스** · 02) 322-0586
홈페이지 · www.gilbut.co.kr | **이메일** · gilbut@gilbut.co.kr

기획 및 책임편집 · 이치영(young@gilbut.co.kr) | **영업마케팅** · 정경원, 김도현
웹마케팅 · 김진영, 장세진 | **제작** · 이준호, 손일순, 이진혁 | **영업관리** · 심선숙 | **독자지원** · 송혜란, 윤정아

교정교열 · 김은혜 | **디자인** · 霖design김희림
CTP 출력 및 인쇄 · 예림인쇄 | **제본** · 예림바인딩

ISBN 979-11-6521-722-8 03320
(길벗 도서번호 070469)

정가 : 19,800원